全国教育科学"十一五"规划教育部重点课题（DHA100248）
"开放式小学语文教学研究"核心成果

开放式小学语文教学丛书

开放式活动课程（第二版）

开放式作文教学（第二版）

开放式阅读教学（第二版）

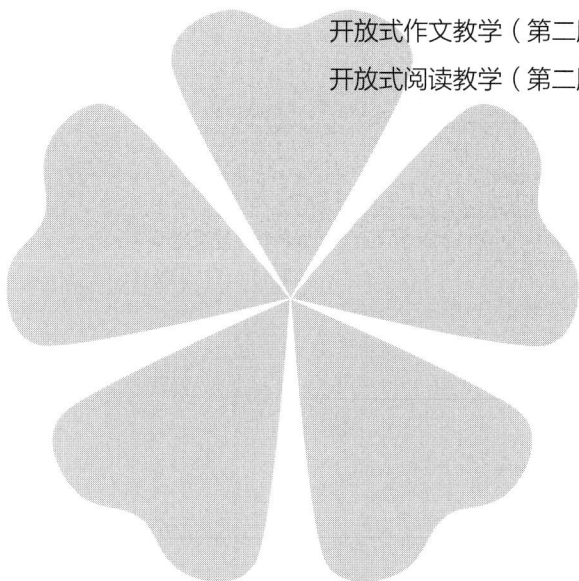

开放式作文教学
（第二版）

张云鹰　著

教育科学出版社
·北京·

序　一

走向作文教学的春天

我们常听学生抱怨"作文难"，作文"难于上青天"，学生感到难，其实教师也感到难。是作文本身难写，还是学生能力不够？抑或老师没有给学生一副解除"难"的良方？尽管不少老师正在作文教学途中知难而上、上下求索，但往往过程曲折而收效不大。

正当老师们"山重水复疑无路"时，广东省小学语文正高级教师、特级教师，深圳市名校长张云鹰老师所著的《开放式作文教学》一书，带给大家"柳暗花明又一村"。本书根据《义务教育语文课程标准（2011 年版）》（简称新课标）的基本理念，引领老师拨开云雾，摒弃纷扰，识得作文教学的本真；送给老师一颗慧心，悟出作文教学的法宝，追问作文教学的本源性，是一本实实在在的作文"教参"。

本书内容包括开放的作文理念、开放的作文思维、开放的作文情感、开放的作文内容、开放的作文表达、开放的作文过程、开放的作文文体、开放的作文范式和开放的作文评价等。取材宏富，体例新颖，结构严谨，脉络清晰，语言得体。书中的"开放"理念是针对"封闭"、"禁锢"、"狭隘"而提出的，它通过创设宽松的学习环境，放开学生的手脚，减少对学生作文的束缚，促进学生自由的、有创意的表达。它为学生提供了一个学科与学科之间相融合，作文与生活、自然、社会相渗透的大空间。让学生在全方位开放的作文教学空间里自由驰骋，全面提高自己的语文素养。

本书是站在教者的角度审视学者的作文教学蓝本，而不是某种一成不变的范式。它用开放的姿态和读者平等对话，既不拘泥，又没有矫揉造作。它不是可望而不可即的海市蜃楼，而是看得见够得着的高度，实实在在，真真切切。这本书具有很强的思想性、理论性，能从现象升华到本质，从而使教师掌握写作教学的规律，学到写作教学的精髓，而不仅仅是接触些许例子的皮毛学问，进而可相机提升教师写作教学的理论素养，助其由经验型教师向智慧型教师转变。本书每一章节都有理论指引及案例支撑。正如张云鹰老师所说，"作文，阅读是基础，生活是源泉，兴趣是动力，思维是关键，表达是重点"。区区27个字，就道破了作文的真谛。从这几句凝练的话语中，我们对作文有了清晰的认识。要想教好作文，必须让学生丰富阅读，积淀底蕴，厚积薄发，所以要构建开放的作文内容；必须热爱生活，亲近自然，走向社会；必须把培养兴趣作为起点，让学生消除畏难情绪，乐于写作，善于写作，并具有情感丰富的心灵，去追求真善美，所以要创设开放的情感；必须扎扎实实地进行语言文字的训练，让学生很好地表情达意，所以要激活开放的表达；必须让学生多元思维，立体思维，发散思维，成为有思想，有个性，有创意的人，所以要拓展开放的思维……

《开放式作文教学》一书，突破了传统的作文教学樊篱，构建起了开放的作文教学理念，自成一家之言，独树一帜，令人耳目一新。它更具有很强的指导性、操作性。书中有大量的案例、模式，甚至介绍了如何操作的具体环节。对于众多在作文教学中茫然无措的教师来说，无疑就是拐杖，就是方向标，这些案例与模式能使教师以最快的速度迈上科学高效的作文教学轨道。如本书后几章就介绍了"剪贴画式"、"情境式"、"活动式"、"日记式"、"话题式"、"读写结合式"、"网络式"、"推理式"和"下水文式"等多种范式。每一种范式都介绍得十分详细，相关的概念、意义、类型、操作程序，无不涉及。作为一线教师，我们的教学都是从"仿"到"创"的过程，《开放式作文教学》一书，正是给了我们很好的借鉴，解决了大家"教不得法"的难题，同时并非局限在"仿"中，还能引领大家"创"出作文教学更宽的路子。教师会教了，学生自然也就能在作文中得心应手，这样，作文的春天还会远吗?!

语文教育是母语教育，是民族言语生命与民族文化传承的接力艺术。正是出于这样一种对艺术的向往和守望生命田园的责任，张云鹰老师选择了语文教学中最难却最具有现实意义的"作文教学"来做研究——这是需要勇气，更是需要智慧的。她通过长期刻苦的理论学习和实践探索，终于找到了一个以"开放"为特征的、言之成理、行之有效的小学作文教学模式，并形成了独有的"开放式作文教学"流派。

在张云鹰老师的《开放式作文教学》付梓之际，我这个长期从事作文教学研究的老兵，谨向她表示热烈的祝贺和崇高的敬意!

于上海樟树园

（吴立岗，研究员，曾任上海师范大学教育科学研究所所长，《外国中小学教育》杂志主编、课程与教学论专业硕士点学术带头人）

序　二

小学作文革命的灵魂所在——开放

在古希腊神话中，一位名叫普洛克路斯忒斯的人，终日守在路边，迫使每个过路者都要躺到他特制的一张床上去，凡身体超过床的长度的部分均要被锯掉，不及者则要被硬拉成与床一样长。

神话毕竟是人类"童年时代"的产物，似乎有些荒诞。但只要我们稍加联想，不难发现这样的"床"，至今也还存在于各个领域中。就传统的小学作文教学而言，受源远流长的"科举作文"、"应试作文"的影响，一直就存在着这样一张"床"，以一种僵化的规格，束缚并且残忍地切割着儿童鲜活、自由的书面生命表达。

孩子们说："作文难，作文难，一说作文心就烦。""难"在哪里？"难"就难在这张规定的"床"上。儿童的自由表达和真情交流都被扼杀在这张"床"上，他们只能按这张"床"的规定性，亦步亦趋地组句成篇，为他人立言。所以，作文教学的改革首先就要毁掉这张"床"，从"床"的束缚中解放出来，回归儿童自由的生命表达。感谢张云鹰老师在这方面的勇敢突围和精心实践，为我们奉献了她的《开放式作文教学》一书，把传统的小学生作文在"作文"与"开放"这一新的维度上做了深入的思考和探究。

张云鹰的《开放式作文教学》并不是孤立的学科教学研究，而是她"开放式教育"整体研究的一部分。她在教育科学出版社先后出版的就有《开放式习作教学》（2008 年版）、《开放式活动课程》（2009 年版）、《开放式教育》（2011 年版）、《开放式阅读教学》（2012 年版）。当然，"开放式教育"应是"教育"的一项"子教育"研究，与"开放式教育"并行的，我们还可以看到不少"××教育"之类的探索。这些"子教育"研究正是教育整体研究的一种精细化表现。"开放式教育"正是这样，置身于教育的整体视野之中，体现的总体坐标是开发人的潜能，提升生命的价值和理解人生的意义，在推进教育改革发展的过程中，发挥了一项"子教育"研究在某一方面救弊补弱的重要作用。

综观张云鹰的《开放式作文教学》，确实是一种全方位的开放，涉足于开放的理念、开放的思维、开放的情感、开放的内容、开放的表达、开放的文体、开放的范式和开放的评价，若换一种角度解读，她更致力于强调以下这些方面——

一、 作文主体要"解放"

作文是儿童的作文，不是成人（老师、家长等）的作文。既然儿童是作文的主体，那么作文就应当只能是儿童的一种真实的生命状态。在作文里，儿童可以说他们想说的话，喜欢说的话。教师的责任担当就在于呵护孩子的敢想敢说，使他们真正获得解放。张云鹰老师在本书中十分注重这一点，正如她在书中的表白："我提倡的开放式作文教学理念是以学生生命的表达、沟通，情感的流露、滋润为本。"可以说，她的这一解放作文主体的理念在书中是一以贯之的。其实，即使在封建社会为科举考试作文的大潮里，我们也可以见到在这方面的一些金玉良言。如清代的王筠在《教童子法》中就说过"作诗文必须放，放之如野马，踉跳咆嘷，不受羁绊……"竟然在极度僵化的科举八股文时代，也还有这样的教童子作文采用"放"的主张，真是难能可贵。当然，这种"放"又是无法与"开放式作文"的"开放"完全等同的。

二、 作文实践要"粗放"

作文主体若获得真正的"解放"，他们的作文当然会出现"实话实说"、"敢想敢说"的理想生态。作为教师对此自然应"网开一面"，要允许儿童说得不太好，甚至是说错。"童言无忌"，就因为他是孩子，而且即使说得不太好，说出来肯定比捂起来好。张云鹰老师对此是重在改革"作文评价"上下功夫的。她认为："长期以来的作文评价是被作为一种筛选、选拔的工具，更多地体现了它的淘汰功能，而不是激趣、鼓励的功能。"这就使儿童的作文略显"粗放"，就有了被淘汰的危险。清代的王日休在《速成法》中提出："若改小儿文字，纵作得未是，亦须留少许，不得尽改。若尽改则沮挫其才思，不敢道也。"虽然他的主张还只是可以"须留少许"，似乎还谈不上"粗放"，但能有"若尽改则沮挫其才思"这样的认识，也着实不简单了。由此联想到老一辈教育家斯霞老师对一位一年级孩子写话的肯定："今天有一些法国的阿姨到我们学校参观。阿姨都是女的。"教研组里有人质疑她为什么不把"阿姨都是女的"这句废话删掉。斯霞老师不以为然，她说，对于一个七岁的小孩子而言，"阿姨都是女的"也许是他生活中的新发现。再说，多写了一句又有何不可。看来，要做到对孩子的写作"粗放"一点，还不是易如反掌的事。

三、 表达交流要"奔放"

张云鹰老师的作文开放，更多地聚集于她在书中一再强调的"说真话，吐真情，做真事，写真心"。确实，"美好"的最高境界便是"真实"，唯其真实，才见自信，而唯其自信，才能达到表达交流的"奔放"。叶圣陶先生曾经说过："我们作文，要写出诚实的、自己的话。"陶行知先生的名言是"千教万教，教人求真，千学万学，学做真人"。传统作文教学的种种问题，会有许多，但归结到一个根本点，便是将充满真实的人性之美、生活之美的最个性的表达、交流，变成了枯燥、机械、虚假、编造的应试训练。所以，儿童作文时的"笔下无话"其实是一种假象，因为它要无中生有地编造老师喜欢的、可得高分的假文章，往往就难以有话可说。如果能够实话实说，儿童在丰富的生活中，在爱想的小脑瓜里，还是不会无话可说的。这无疑也正是张云鹰倡导开放式作文的要义所在。

四、 课内课外要"竞放"

"树立作文教学的大课堂观"，"走出课堂，走出校门，走向社会，走进自然"，这是张云鹰《开放式写作教学》的核心思想之一。余秋雨先生在《作文连接着健康的生命》（上海教育出版社《"太阳风"中学生随笔系列》）中有一段很好的话，他认为："作文训练，说到底，是生命与生命之间表达和沟通的训练。"正因为如此，作文训练不应只是课堂里的事，确切地说，若论"生命之间的表达和沟通"，大量的还应该在课外。如何将作文生活化、普适化、常态化，让它"与生活的外延相等"，无疑是实施开放式作文的关键所在，也正是张云鹰老师开放式作文的精髓。

五、"自由表达"与"规则指导"要"齐放"

如果以为开放式作文要的只是"自由表达"，而不必重视"规则指导"，这显然是错误的。为此，张云鹰在本书中也十分重视"规则指导"的作用。当然，这种"规则指导"不是封闭的、僵化的，"开放"同样是它的生命所在。本书的第六章《开放的文体》，通过"文体"的规则来集中阐述自由表达与规则指导的相辅相成，即"要表达生命，必须掌握一些基本的技术手段；要沟通生命，又必须掌握生命理解的一些共通规则……问题是，这些手段、规则和范文，都不能代替学生要表达的自我生命"。余秋雨先生的这番话，辩证地道出了自由表达与规则指导的相互关系。

《开放式作文教学》的核心价值是"开放"，对儿童作文来说，尤其如此。因为所有的作文，都只能是作文主体写他的自得之见，抒他的自身之情，用他的自由之笔，说他的自在之趣，显他的自我之态。抓住了开放，正是小学作文革命的灵魂所在。

当我要为这篇拙文画上最后的句号时，盛夏即将来临的中午暑气，开始从窗外扑来。然而目之所及的却是不远处的一丛芭蕉，以能凉到心底的浓绿，透射出生命的旺盛之力。于是，文思涌起，一句"所有的生命之共同任务是成为自己，而不是成为别人"，就算是这"序"的结语了。儿童作文如此，即使只是一丛芭蕉也不例外。

周贯

于容膝斋

（周一贯，中学高级教师，全国著名特级教师，语文教育专家，浙江省义务教育小学语文教材编委会副主编）

第二版修订说明

2015 年，一个响亮的词进入众人视野，引起高度关注，那就是——"新常态"。中国经济转型正在步入"新常态"时代，人们现代生活的特点也进入"新常态"。中国教育也不例外，它历经第 8 次课程教材改革之后，正在实施《国家中长期教育改革和发展规划纲要（2010—2020 年）》。教育部又颁布了《关于全面深化课程改革，落实立德树人根本任务的意见》，明确提出了培养学生的"核心素养"，这正成为当今课改的着力点，也因此带来了课改的"新常态"。由此，作文教学的"新常态""新"在何处？作文教学的"核心素养"是什么？如何培育？《开放式作文教学》就是在这样的大背景下进行了修订。

一、 明确了作文的"核心素养"

学生的核心素养即为学生终身发展和社会发展所需要的必备品格和关键能力。我以为，这种"核心素养"一定是由各学科的核心素养培育而成，那么，作文的核心素养是什么？那就是培养学生运用实践祖国语言文字，鉴赏热爱祖国语言文字。书中将学生作文重新定义为：为自己的生活拍照，即每个个体的生命存在与表现。作文，既是一种学习的体验、发现过程，更是生命的探索、成长过程。为了生命的自由呼吸、自由成长，我们没有理由不作文。因而再次重申了"作文即做人"，作文即对语文"核心素养"的综合培育，由此，我对书中原有的章节内容做了更科学的调整。

二、 坚定了作文教学的"新常态课堂"

对作文教学来说，要建立"新常态课堂"，必须确立"育人是作文的目的，情感是作文的灵魂，生活是作文的源泉，阅读是作文的基础，思维是作文的关键，表达是作文的难点"的思想理念。书中的"九种范式"为作文教学的"新常态课堂"提供了更为鲜活的案例，打破了写作的神秘化，开放了写作的自由化，使"我写故我在"成为学生生活的"新常态"，学习的"新常态"，当然还包括淡化"命题"的新常态，淡化"文体"的新常态，淡化"章法"的新常态，淡化"写错"的新常态，甚至淡化"字数"的新常态。

三、 将"开放式习作" 回归到"开放式作文"

著名教育家吕型伟先生曾经说过："中国人都会讲中国话，都有能力把所想的、所看的、所做的事情说清楚，并且能说得有条有理，让听者明明白白。而作文，无非是把口头说的改成纸上写的，怎么说就怎么写，为什么就写不好了呢？我看问题就可能出在一个'作'字上，为了'作'就要加工。"可见，我们还是要在"作"字上下功夫。从古至今，我们都是讲"作文"或者"写作"，新课标为降低写作标准故而将小学作文改成"习作"，即练习写作，事实上到了高年段为了与七年级接轨都应该是"作文"了，况且，"开放式作文"教学从作文内容、体裁、要求等应略高于常规的"习作"教学，所以，无论是从开放式作文教学的内在要求来考虑，还是为了便于更多关心教育的人士（如学生家长）理解、运用，将"开放式习作"回归到"开放式作文"可能是更为恰当和妥帖的。

目 录

第五章　开放的表达

第六章　开放的文体

第七章　适合低年级的作文范式

第八章　适合中年级的作文范式

第九章　适合高年级的作文范式

第十章　开放的评价

教学实录

参考文献
后记　用文字为生活拍照

第一章
开放的理念

　　在中小学的诸多学科中，只有语文学科具有诸多功能。首先，它有着其他学科难以具备的育人使命，也就是我们经常强调的文以载道；其次，它是公认的学科之母，承担着艰巨的教学使命；更重要的是，它肩负着传承祖国和民族文明的文化使命。而作为小学语文教学重要组成部分的作文教学，在完成上述使命方面更处在举足轻重的位置，有着不可估量的地位。

　　作文本身既是学生对知识的一种重构、理解和创新，也是学生对生活的一种再现、创造和升华，更是学生开放的、流动的、递进的、复杂的思维过程。事实上，任何一篇文章都不是信手涂鸦，它映射着作文者知识的积淀，闪耀着作文者智慧的火花。鉴于此，作文教学过程应该是学生能动的、积极的参与过程，是一种开放的、民主的、自主的、和谐的过程，是师生合作、生生合作的共同学习过程，是融合听、说、读、写，融合实践、生活、自然与社会等各种因素于一体的过程。

　　新课标实施以来，我们欣喜地看到作文教学有一些积极的变化，各种作文教学流派也应运而生。但是，由于长期受应试教育的影响，作文教学的理念、思维、情感、内容、表达、文体、范式、评价等还存在着很多问题。如何在现代教育教学理念指导下深化小学作文教学改革，切实提高作文教学质量，已成为广大教育工作者，特别是广大一线语文教师和全社会共同关心的热点和难点问题。

第一节 作文教学的困境与思考

当教师难，当语文教师更难，当语文教师教作文是怎一个"难"字了得?! 长期以来，由于语文课程的相对窄化，教师为"应试"而教，学生为"应试"而学，作文教学的现状引人忧思，最大的困境无疑是"封闭"。十年来，我们一直在努力寻找破解它的良药，在这个"难"字上做文章。由此，我大胆提出并践行"开放式语文教学"。它是基于主体性发展理论，基于儿童生活，构建以活动、体验、多元表达为特征的多维的个性化教学。它注重听、说、读、写的整体关联，强调学科融合；探索语文向自然、社会、现实生活开放，关注学生生命的自由成长。

一、 封闭——作文教学的最大困境

我们语文教师都知道，现在我们使用的教材是相对孤立的，阅读课就上阅读，作文课只上作文，听说是通过口语交际完成的，从编写的体例上看是相对断裂和孤立的。

(一) 师生之间、生生之间的关系封闭

长期以来，在作文教学上教师主导作用的过度夸大和强化，在师生之间、生生之间形成了不可逾越的心理鸿沟。绝大多数教师都认为作文是"教"出来的，而且必须经过"千淘万漉，吹尽黄沙"的艰辛过程才能真正写作出来，由此导致学生害怕作文、拒绝写作。

(二) 写作与听、说、读之间封闭

写作本是学生自然形成的一种素质。可以说，从孩子会张口说话开始，他便开始进行写作了。而我们仅仅把写作定位为书面语言的规范表达，忽视了听、说、读等方面对写作的促进作用，导致语文听、说、读、写内部断裂、相互孤立，使作文教学走上了摇摇欲坠的独木桥，学生语言贫乏、无话可说的现象比比皆是。

(三) 作文与生活、自然、社会实践封闭

学生为了应付考试，应付老师，奉命作文，闭门造文，东抄西凑。于是，"假、大、空、套"便成了小学生作文的主旋律。学生在一种相对封闭的空间里进行写作，即使生活在社会、家庭之中，也很少将其真正融入作文之中，致使作文成了无源之水、无本之木，缺少生机与活力，故而会表现出千篇一律、千人一面的假象。

(四) 低、中、高三个年段之间封闭

由于缺乏有效的引导，各个年段为完成各自的任务而独立训练、各自为战，造成各个年段之间训练不衔接、不到位，以致学生的作文能力形成断

层。尤其是低年级教师认为学生作文跟他没有关系，没有作文意识，如此到了中年段，学生完整的句子都写不出，无法完成"段"的联系，也直接影响高年级"篇"的作文。由此，各年段教师也相互埋怨。

（五）写作过程各个环节的封闭

写、评、改、赏各个环节训练的不到位，教学不衔接，极大地影响了作文训练的效果。重"写"轻"评"，重"改"轻"赏"，使作文教学始终处于粗放状态。

（六）作文的输出和输入之间封闭

作文作为语言"输出"，需要有"输入"这一前提。阅读积累和生活积累是学生作文水平提高的重要基础，所以，作文教学的重点首先应让学生产生丰富的生活体验，引导学生的实践经验参与，让学生有表达的冲动，然后引导学生不由自主、恰到好处地"输出"。而一味地重视写作结果，最终会使学生语言乏力、才思枯竭。

（七）作文教学的课堂相对封闭

一方面，目前的作文教学备课常常流于形式，过于简略，设计缺乏科学性和操作性，成了阅读课的附庸；另一方面，由于作文教学没有基本的操作范式和活动流程可以借鉴，导致课堂教学长期处于对外封闭状态，教师之间互动交流的机会少之又少。

（八）作文教学的研究尚处于封闭状态

比之阅读教学和识字教学研究，作文教学的研究相对薄弱。专家讲学、专题研究、教研活动、教学比赛也很少涉及，教师们的教育科研、论文撰写对之也多采取回避策略。

上述种种问题，最终抹杀了学生写作的兴趣，阻碍了学生写作能力的形成，对于学生形成创新性品质更是有百害而无一利。因此，在作文教学中注入"开放"的理念，进而"开放"地指导学生进行写作实践就显得尤为重要。

二、 开放——破解作文教学困境的最佳对策

写作应该是人生一大快事，抒心中所感，写心中所想，酣畅淋漓，一吐为快，那才过瘾。如果写的是见所未见、闻所未闻的东西，哪里谈得上"酣畅淋漓"和"一吐为快"？抹杀的，最终是学生写作的兴趣；阻碍的，也是学生写作能力的形成。因此，让学生能够自主真实地描绘多彩生活，无所顾忌地抒发真情实感，正是"开放的写作"所希冀的。

（一）树立开放的作文教学新理念

我一贯主张和提倡的开放式作文教学新理念强调不是以考试为本，而是以学生生命的表达、沟通，情感的流露、滋润为本，鼓励言论自由，崇尚个性，重塑一种鲜活、灵动、自由、开放的小学生写作文化。注重从培养学生写作兴趣、增强学生写作动力的角度，使每个学生感到写作是自由的、随意的，是自己生命历程的再现，是撰写自己的生命史，是伴随人的一生的重要的生存技能。

1. 作文是生活的再现

万物可入文，遍地都是金，留心身边事，处处有文章。有人说，现在的孩子生活枯燥，两点一线，除了上课就是回家，当然写不好文章。但细细想来，今天的孩子们视野何其广阔：无所不包的互联网，花样迭出的电子游戏，名目繁多的各类书报，五花八门的电视节目，丰富多彩的第二课堂……真可谓"上可九天揽月，下可五洋捉鳖"。由此可见，孩子们不是没有生活，而是不懂得在看似平淡的生活中发掘属于自己的情趣和意义，正像著名雕塑家罗丹说的那样，生活中不是缺少美，而是缺少发现美的眼睛。

2. 作文是心灵的倾诉

小学生写作其实就是一种练笔，一种妙不可言的文字嬉戏，把内心的快乐、忧愁、烦恼、困惑等表达出来，就是作文，其意重在自由表达、快乐倾吐，若要求过高，就会出现"无病呻吟"、"揠苗助长"之弊端。而教师要做的应是不断地唤醒、激励和鼓舞，让学生在写作的起步阶段就感受到作文的快乐与精彩，激发写作兴趣，轻松地步入写作之门，进而实现新课标中所强调的让小学生"易于动笔，乐于表达"的目标。

3. 作文是轻松的游戏

有些学生之所以害怕写作，是因为他们被写作的森严壁垒所吓倒。有板有眼的题目，洋洋洒洒数百上千字的正文，意味悠长的结尾，加之中心明确、内容具体、条理清楚、标点正确等必达指标，学生未成文前便心有余悸，写作时更是小心翼翼，毫无轻松可言。其实，小学生作文大可不必长篇大论。一句话是作文，几句话是作文，一个片段亦是作文，甚至口头叙述也可称为作文。小学生作文可以或长或短，亦放亦收，长有洒脱之美，短有凝练之趣；可文字描绘，可拼图填补，亦可绘画渲染，不拘形式，不限篇幅，洋洋洒洒，笔走龙蛇。写作就应像快乐的儿童游戏般轻松自得。

4. 作文是自我的折射

"文为心声"，作文表达的是自己的所见所闻，吐露的是自己的所思所感，是在用笔为自己的人生"画像"。因此，教师应引导学生用眼观察，用心感受，这样学生作文时才会神聚气敛、思接千里、情动于中、文如泉涌，笼天地于形内，挫万物于笔端。

5. 作文是思维的体操

思维是作文的灵魂，倡导学生按照自己的思维方式行文，既是作文方式的一种回归，更是创新作文的一种体现。作文思维是在阅读和作文中生发出的一种智慧，作文思维的培养既需要教师在学生作文时渗透给他们一些"精要有用"的写作知识，又需要学生主动地在作文实践中通过模仿、创新等形式不断去发现、总结、提升和运用。

6. 作文是童心的记忆

尊重儿童对生活的独特体悟，珍视充满童真童趣的原生态绿色语言，淡化"主题"，倡导写真。引导学生随时记下自己成长中的点点滴滴，并在作文中充分张扬个性，是对童年的守望，对童心的呵护，对童真的珍视。

（二）从兴趣入手，使学生乐于表达

兴趣是指一个人经常倾向于某种认识、把握某种事物，力求参与某种活动的心理机能。兴趣是调动学生的积极因素，是发展智力、培养能力的基础。怎样使学生对作文教学充满期待、兴趣盎然，进而迸发出强烈的表达欲望呢？一般可从以下几方面入手。

1. 降低门槛

不在篇幅和结构方面提出过高要求，控制作文次数，尊重学生的意愿。新课标对小学写作的目标要求是"能具体明确、文从字顺地表述自己的意思"。这就是说，学生只要把自己看到的、听到的、想到的内容，用明白通畅的文字记下来就可以了。所谓作文，即强调小学生的作文就如同绘画的写生一样，是一种练习，而非"专业创作"。从篇幅上讲，根据学生所处的不同年段，凡要求写一两句话的，就绝不要求写几句话的；凡要求写一段话的，就绝不做成篇的要求；从表达上讲，绝不盲目追求学生文笔之美、辞藻之丽、立意之高、言论之精辟。总的来说，小学生作文重在使其萌生无穷的表达兴趣，而非在所谓的技术层面上大做文章。

2. 体验成功

激发学生的作文兴趣，让他们不断体验成功的快乐，尝到胜利的喜悦。转变作文评价观念，变"纠谬"为"捕捉闪光点"。教师须蹲下身子平视学生，真正树立以学生为主体的思想，在对待学生作文上，努力给学生一片舒展自我个性的空间，坚决反对字斟句酌、刀砍斧凿、体无完肤的修改，尤其要反对训斥和嘲讽。即使是学生的作文内容与要求相悖，也要尽可能保持其原汁原味，以增强学生表达的信心。

3. 指导方法

文无法则文亡。小学生作文方法的积淀一靠模仿，二靠教师的悉心指导。在模仿中习得方法，在指导中运用方法是作文教学的根本思路，"具体"是作文方法指导的关键，要让小学生写出有血有肉、文从字顺的文章，教师就必须密切关注作文方法的指导。

（三）引导学生观察生活，培养他们的发现力

1. 让学生学会"审视"

观察是一种智慧。人的眼睛是最灵敏的高科技摄像机，它可以看到任何一个细微之处，但每个人的眼睛摄取的角度不同，看到的内容也不一样。如

何让小学生真实地观察生活，多侧面地反映生活，多视角地审视生活，需要教师在小学生作文前、作文中、作文后进行方法的指导和反复训练。

2. 让学生学会"倾听"

倾听是一种习惯，也是一门艺术，声音可以还原生活的本来面貌，也可以创造出生活中原本不存在的美妙境界，同样的声音在不同人的耳朵里所想象出的画面不尽相同。树林里啁啾的鸟语、海滩上起落的潮汐、街道上鸣响的汽笛、闹市里嘈杂的叫卖……一切皆可入耳，一切皆是音乐，一切皆可入文。

3. 让学生学会"感知"

摸和闻是认识事物的有效方法。一花一世界，一叶一菩提，在感知中我们会渐渐懂得世间的一切都有生命，都有灵气。"水暖知春近，叶落闻秋声"是对自然浅层次的感知；"感时花溅泪，恨别鸟惊心"是对内心深层次的感知。要引导学生通过多种感官去认识事物，了解世界，走进自己乃至别人的内心深处，并通过作文表达自己内心深处的认识和情感。

4. 让学生学会"表达"

感悟的过程是灵感升华的过程，当学生积累了丰富的体验与感受时，就要为其提供自我倾吐和相互表达的机会。"表达"是作文的难点。这种倾吐和表达可采用多种方式，可以口语表达，也可书面表达；可以是一个人独白，也可与同伴分享……可以是寥寥数语，也可长篇大论。这些不同的表达方式可以促进学生观察和感知等能力的不断提高，因此，教师不必苛求形式，只求让学生"口咏其言、心惟其义"。

（四）准确把握年段要求，设立开放式作文目标

2013 年 11 月我去首都师范大学为研究生上培训课，当时听课的一位中文系副教授跟我说，她的孩子在北京某校上五年级，不会现场写作文。我说怎么会呢？不会现场写作文，那考试怎么办？她说学校组织考试就是提前一个月或者一个星期把考试题目给你，让孩子自己背范文，还有甚者让家长写好后给孩子，然后考试，所以孩子现场是不会写作文的。对于这件事我当时很疑惑，后来通过另一个教授得到了证实。所以看起来学生考试作文都是高分，而事实上没有表露自己的情感，或者说不是观察所得，不是体验所得，不是生命的自然流露，而是考试前提前背几篇模板，这是一个十分可怕的现象。我曾经做过一个数据统计，小学 1—12 册的教材，即使学生不读其他任何一篇课外读物，只读 12 册教材，就包含 7000 多个词汇量。最后课程标准只要求小学毕业生现场写 400 字的文章。但大家对这 400 字满意了吗？我想大家是不太满意的。我们的学生读了 12 年的书，输入了无数的养料，最终高考只要求完成 800 多字的文章。60 分的作文，不管是广东还是其他省市，学生平均分很难达到 40 分。2014 年 5 月，深圳市教育局开展"走进市民身边的好学校"活动，我们坪洲小学的一个家长声情并茂地说："我不会说漂

亮话，货就怕比，我只说一个数字。我的孩子读三年级，能写 800 多字的文章，而且写得特别好。我妹妹的孩子在一所重点小学上四年级了，还只能写 300 字的文章。"裴娣娜教授 2014 年 4 月到我们学校，随意走进我们一年级某班教室，发现一年级的孩子能写 100 多字的文章，连连称赞："真了不起，真了不起！"去过我校听课的一些老师细心地观察到，二年级学生的写话本中，每一篇作文都在 200 字以上。质变首先是量变，我有一个 "123456" 的不成文规定，即一年级 100 字，二年级 200 字，到六年级 600 字。我们的考试只要求 400 字，问题肯定解决了。这样也不至于高年级教师埋怨低年级教师。所以说，我们不提倡以考试为本，但是我们这样的开放训练最不怕考试。语文听、说、读、写的综合能力上去了，怎么考都不怕。因为考试只是手段，不是目的，但是如果把考试当成目的，为考而教，反而教不好。如果是为能力而教，分数自然就高了。吴立岗研究员也讲过，教学和考试最后是不矛盾的。因此，教师应深入研读新课标，全面把握各阶段作文教学的目标，准确捕捉学段训练要求与重点。

（五）强化作文教学研究，建设作文训练教材

将作文教学作为课题进行专题研究，充分发挥考试命题的导向功能，有针对性地开展教研活动，举行形式多样的竞赛活动。如作文课堂教学展示、作文教学案例评比、作文教学优秀论文评选、作文教学设计竞赛，以研促教，以赛促改。

目前，国内还没有一套科学的、权威的、系统的、独立的小学作文训练教材。为了充分发挥作文教学在素质教育中的独特功能，我们认为，建设一套具有理论性、实践性和可操作性的作文教材供师生使用，是很有必要的。

第二节　开放式作文的理论支撑

阅读是基础，生活是源泉，兴趣是动力，思维是关键，表达是重点。这是我们在开放式作文教学过程中获得的深刻认识。它又是基于哪些理论产生的启示呢？

一、"建构主义" 理论的启示

建构主义（constructivism）也译作结构主义，其最早的提出者可追溯至瑞士的皮亚杰（J. Piaget），它是认知学习理论的一个重要分支。建构主义认为，知识不是通过教师传授获得的，而是学习者在一定的情境即社会文化背景下，借助其他人（包括教师和学习伙伴）的帮助，利用必要的学习资料，通过意义建构的方式而获得的。因此，建构主义学习理论认为，"情境"、"协作"、"会话" 和 "意义建构" 是学习环境中的四大要素或四

大属性。

建构主义提倡在教师指导下，以学习者为中心的学习，也就是说，建构主义的学习观既强调学习者的认识主体作用，又不忽视教师的指导作用，教师是意义建构的帮助者、促进者，而不是知识的传授者与灌输者。学生是信息加工的主体，是意义的主动建构者，而不是外部刺激的被动接受者和被灌输的对象。建构主义学习环境下的教学设计原则主要强调以学生为中心，强调"情境"对意义建构的重要作用，强调"协作学习"对意义建构的关键作用，强调对学习环境的设计，强调利用各种信息资源来支持"学"。

建构主义认为，为了个体自由而有效地学习，我们不得不放弃一些有目的的控制，通过提供支持而不是干预学习环境，调节他们自己的学习行为。

由此，我们得到启发便豁然开朗，以往作文教学的病根就在于受客观主义教学原则的影响太深，而与建构主义理论背道而驰。写作并非机械地反映现实生活，相反，它总是渗透着作者的情感，染上个性的色彩，即使注目同一事物，感受也会因人而异。正因为如此，被人格化了的大千世界，才显得更加鲜活，更富魅力。但是，长期以来，我们只注重真实世界的客观性，忽视了认识活动要以个体原有的经验为基础；过多地着眼于学习者的共性，忽视了个体的差异性，致力于通过一个通用的模式，凭借外部的控制，使千差万别的个体步调一致，这就必然导致教师的垄断。这种垄断具体表现为教师控制了命题权，统一了写什么；掌握了作文指导权，统一了如何写；独揽了批改权，任由一张嘴说了算。这样，教者便主宰了作文教学的全过程，形成了从命题、指导直至批改、评讲的大一统局面，其实质是彻头彻尾的教师中心主义。这样，学生便丧失了作文的自主权，当然难有作文的情趣，要写的并非自己想写的，老师的要求常常使自己难以下笔；写好了，听任老师修修改改，自己却不明白所以然；评讲时老师讲得头头是道，只是自己难以做到，长此以往，又怎能不视作文为畏途？

建构主义认为在学习活动中，教师起组织者、帮助者和促进者的作用，利用情境、协作、会话等学习环境要素充分发挥学生的主动性、积极性和首创精神，最终使学生有效地对当前所学知识的意义进行建构。按此进行作文教学，教师应帮助学生建构作文的意旨，指导他们自由地写出对生活的体验和感悟，并组织协作评改，形成自由、开放的作文氛围，真正把作文的主动权还给学生。

二、"新基础教育" 理论的启示

叶澜教授在"新基础教育"理论中把教学过程的基本任务定位为：使学生努力学会不断地从不同方面丰富自己的经验世界，努力学会实现个人的经验世界与社会共有的"精神文化世界"的沟通和富有创造性的转换；逐渐完成个人精神世界对社会共有精神财富的个性化和创生性的占有；充分发挥人类创造的文化、科学对学生"主动、健康发展"的教育价值。教学过程中师生的内在关系是教学过程创造主体之间的交往关系，这种关系是在教学过程的动态生成中得以展开和实现的；"多向互动、动态生成"是教学过程的内在逻辑。

这一教学过程任务的定位，表达了我们对教学过程中必然出现的两个"世界"的多重变换关系的认识，对如何教学式地处理这些关系的基本立场，以及教学需要完成的任务和服务目标的要求。在有关学生对社会共有精神财富的"个性化和创生性的占有"这一要求中，"个性化"是指个人的动机、需要、基础、兴趣、特长、倾向性、学习的风格和思维方式等因素的组合，是指每个人从共有精神财富中获取的内容、方式都带有个人的选择和特征，并形成其个人精神世界的特质，促进个性的丰富化与发展。这里强调"两个世界"的转换不是千篇一律的过程，更不是要求通过教学培养出"统一的标准化"学生。

"新基础教育"理论中有关教学过程的阐述，对于作文教学具有一定的指导意义。因此，在作文教学过程中，我们要坚持以趣导教，以乐施教，以学立教。

1. 以趣导教

激发情趣，事事皆可成文；张扬个性，人人能作妙章。把作文看成是一种自然的生命状态，一种朴实的生活行为，以情感激发情感，以情趣激发情趣，引导学生用真实的生命去拥抱作文，让心灵与作文亲密无间，表达自己生命的真情实感。

2. 以乐施教

新课标中多次提到"体验"，把"体验"的理念应用到作文教学中，就是以乐定教，以发展为宗旨，以生活为主线，以体验为主导，要让学生在作文中享受到体验的愉悦，体验到探究的魅力，体验到生命的活力，体验到对话的激情，体验到生活的美丽，体验到交流的开心，体验到合作的幸福……

3. 以学立教

传统的作文教学大多是以考定教，很少考虑到学生的需要和发展，这就背离了作文教学的本真。以学立教，就是要把准学生成长的脉搏，活跃学生的身心，开拓学生的视野，找准学生的"激情点"，激发学生的创造欲望，激活学生的生命力，让学生"吾手写吾心"，兴趣盎然，激情勃发，文思泉涌，写出"清水出芙蓉"般的生命作文，让学生作文与做人齐头并进。果真如此，我们的作文教学定会再现杜牧所描绘的"狂风落尽深红色，绿叶成荫果满枝"的喜人景象。

三、"新教育实验" 理论的启示

"新教育实验"创始人朱永新教授在诠释"新教育实验"理论时指出，

教育本身就是生活，教育就是生活的方式，是行动的方式，教育在作为促进美好生活的手段的同时，本身就应该是幸福的生活，是存在的目的。朱永新认为，过一种幸福完整的教育生活，不仅有对教育终极意义的思考追求，也含有对当前某些畸形教育提出治疗的期望。在许多地方，某种形式的教育，使学生享受不到童年和青春，没有美好的梦想，许多学生已经失去了凝望世界的明眸，失去了追求理想的冲动，失去了淳朴的情怀和感恩之心。

"新教育实验"理论启示我们，在开放式作文教学中同样要让学生成为一个幸福者，那么，首先要解决的问题是如何唤起学生的主体意识，培养他们的自信心和观察力。

（一）确立学生的主体地位

以往的作文教学基本上是沿袭教师提出要求—学生奉命作文—教师批改讲评的模式。这一模式的最大弊端是师生角色错位，主导者成了主宰者，学生则是被动地听命于教师，一次次机械地重复别人的思想，结果学生逐渐失去自我，失去了体察现实生活、抒发内心真实感受的能力，失去了创造的激情、创新的勇气，成了缺乏思维、缺少思想、从事简单劳动的"学徒"。

事实上，学生才是作文的主人，各人的生活经验、情趣爱好、价值取向不同，对于怎样命题，选什么材料，想说明什么问题，如何把意思表达清楚……各有各的想法。教师应该激活学生的主体意识，让主观能动性得到最大限度的发挥。比如，教师可按大致的要求让学生自由命题，让学生按自己的习惯方式选自己喜欢的内容写，完成后让学生独自或相互欣赏一番。教师的作用仅是在适当时机加以引导、点拨与肯定。如此，作为作文的"主体"，无须看教师的"脸色"，迎合教师的好恶，学生必然会各展所能，思维的火花也必将会被点燃。

（二）增强学生的自信心理

问学生为什么怕作文，大多回答是"不会写"。为什么"不会写"？究其原因，是我们教师对学生的作文要求过高，远远超出了学生的"最近发展区"，使学生望而却步、望而生畏。新课标删去了"有中心，思想健康"等要求，"有条理"也改为"有一定条理"，旨在降低作文要求，突出练笔性质与作文能力的提高。但这一新标准、新尺度并未为广大教师所理解。从起步阶段开始，作文要求就用成人化、文学化的标准来指导、评价学生作文的做法依然大行其道，作文稍有偏题"越轨"、不符合评分要求、不合个人口味，不是否定，就是打低分、评低等级；有的教师用了不少工夫精批细改，把学生作文改得面目全非。殊不知这种"高要求"不但不能发挥学生的主体意识，而且严重打击了学生作文的自信心。

从心理学角度来看，自信是一种强大的内驱力，有自信的学生才能写出有个性、有丰富想象的作文。在作文教学过程中，教师首先要认识到学生在作文能力上的起点不一样，无论是认识水平，还是表达能力、作文志趣，都不可能在同一水平上，过多用同一"标准"衡量，必然会使一部分学生勉为其难。教师要少提要求，不定框框，使学生打消顾虑，放开手脚，放胆作文，做到"敢写"；其次，教师要用宽容、赏识的眼光发现作文中的成功之处、闪光之点，多肯定，多鼓励，让学生体验到成功的快乐。有人说过，称赞对鼓励人类灵魂而言，就像阳光一样，没有它我们就无法成长开花。小学生也有自己的个性和自尊，不能对他们吹毛求疵，要让他们感觉到老师欣赏他们的劳动成果，使他们感觉到自己在不断进步。这样，学生的自信心就会不断增强。

（三）培养学生的敏锐观察

小学生作文难的另一大原因是"不知写什么"。叶圣陶说，作文这件事离不开生活，生活充实到什么程度，才会作成什么文字。精彩多姿的生活是作文的源泉，教师要敢于破除"封闭式"的教学程序，让学生走进大自然，让生活滋润作文园地。鼓励学生做到眼观六路，耳听八方。如收看电视节目，留心身边无处不在的广告用语，阅读书报杂志；或是干脆走进自然，在与同伴捉昆虫、放风筝的游戏中学会主动观察；又或是在父母身边听他们谈论家事，听村头巷尾的"新闻"、传言，听小贩的叫卖、路人的争执……一旦"量"已足够，作文的动机就会产生。

鲁迅说，对于任何事物必须观察准确、透彻才好下笔。观察力是人们认识客观世界的一种基本能力，是提高表达能力的基础，通过观察使学生获得写作材料，便可解决"无话可说"的问题。教师要创造机会，培养学生优秀的观察能力和习惯。比如，可让学生观察春雨，捕捉它给自然界带来的细微变化，培养思维的敏锐性；可让学生观察校园一角，体会蘑菇亭、喷泉、曲径的巧妙搭配给人带来的美感，培养思维的整体性；可让学生观察蚂蚁搬家的过程，了解蚂蚁活动的特点，培养思维的条理性；可让学生观察苹果、梨，比较它们的异同，培养思维的独特性；等等。

在观察过程中教师要注意指导学生运用多感官边观察边联想，对观察对象努力探求，找出新意。学生带着问题去观察、思考、探索，才能形成自己的东西，通过内化以后，便会产生自己要说的东西。如此多角度、多侧面的长久训练，可帮助学生由无意性、情绪性观察向目的性、方向性观察发展，逐步提高观察能力。

第三节　开放是作文的创新之路

开放的作文教学是作文教学的一种新发展，一种新体系。开放作文是在开放学生生活，尊重学生主体，遵循语文说写规律，以"写"促读说听，重视学生心理机能，如感知、情感、兴趣、动机、形象思维、联想和想象、有意注意和无意注意等的基础上，引导和帮助学生书写最能体现学生个体的兴趣、爱好、需要、愿望，最能反映学生独特的性格特征和气质特点的文章的一种最有效的形式。其研究价值可概括为以下几点。

一、 开放是作文教学的创新之路

开放的作文教学，是我们针对以往的"封闭式"作文教学提出的。"开放"是指从学生作文的接受体系、组织体系、表达体系、评价体系等多元角度，减少对学生作文的束缚，促进学生自由的、有创意的表达，多维度培养学生作文能力，全面提高学生语文综合素养，促进学生全面、和谐地发展。

开放，对于教师而言，就是批判、超越、开发、探索与创新。批判长期束缚作文教学的陈腐理念，超越传统的作文教学经验，开发鲜活的作文教学资源，探索高效的作文教学课堂文化，开创科学健康的语文教育新天地。

开放，对于学生而言，就是解放。解放他们的眼睛、嘴巴、手脚、大脑、心灵……让他们用眼睛去发现，用心灵去体验，用大脑去思考，用嘴巴去表达，用双手去描绘。

二、 开放式作文是对新课程理念的确认与落实

新课标提出了四个基本理念，即"全面提高学生的语文素养；正确把握语文教育的特点；积极倡导自主、合作、探究的学习方式；努力建设开放而有活力的语文课程"。开放的作文教学作为语文教育的重要内容，在教学实践中不仅遵循这四个基本理念，还充分把握"知识与能力、过程与方法、情感态度与价值观"的三维目标，对新课标理念进行了很好的确认与落实。

新课标还对作文教学进行了具体的表述与说明，如"教学建议"中提出"减少对学生写作的束缚，鼓励自由表达和有创意的表达"。"阶段目标"中要求"能不拘形式地写下见闻、感受和想象"，"珍视个人的独特感受"等。可见，指导学生进行开放的、自由的表达是其作文教学的鲜明理念，有待我们去进一步践行。

三、 开放式作文教学遵循的基本原则

1. 全体性原则

开放的作文教学承认学生的差异性和独特性，挖掘每个学生的潜能，发挥其特长，让每个学生在原有基础上都能获得全面而富有个性的发展。

2. 主体性原则

开放的作文教学充分尊重学生的自主权，作文训练的过程是让学生主动参与、自我评价、自我发展，使他们真正成为学习的主人。

3. 开放性原则

开放的作文教学遵循小学生兴趣广泛、好奇心强、求知欲旺盛的特点，实现作文教学的多元化、开放化。

4. 趣味性原则

兴趣是最好的教师，是学生探求知识的内在动力，开放式作文训练的内容设计力求形象具体、生动活泼、吸引力强，让学生乐学乐写。

5. 有效性原则

开放的作文教学善于处理好自主、合作、探究学习与接受性学习的关系，所研究采用的作文教学方式和方法有利于提高作文教学效率。

6. 实践性原则

凡是技能，唯在实践中才能练就。认识来源于实践，实践深化认识。开放的作文教学重视引导学生去观察生活、体验生活、创造生活、表现生活，通过知识技能的反复运用，鼓励写出符合小学生特点的美文来。

四、 开放式作文教学目标的实现

开放式作文教学的直接目的就是提高学生的作文能力，但一个人的作文水平又会受到自身思想水平、文化修养、观察能力、思维能力的影响和制约，因此，我们着眼于师生的共同发展，主张通过开放的作文教学，逐步达到以下目标：

第一，突破传统作文教与学的局限，拓展教与学的范围，打通生活世界与书本世界的桥梁，开阔眼界，丰富学生的个体体验，培养学生对日常生活的敏感性，激发作文兴趣，提高书面语言表达能力。

第二，通过开放的作文训练使学生掌握交流讨论的方法，生生之间、师生之间养成交流探讨、互助合作的习惯。在互助交流的过程中锻炼综合运用语言的能力，提高学生的作文技巧，培养思维的乐趣，获得认识的升华。

第三，建立读与写有机结合、课内与课外有效融合的作文教学新体系。读有价值的书籍，写有个性的文章，课内积淀方法，课外积淀素材，树立"生活中处处皆可作文"的思想，让作文成为学生生活中必不可少的一部分。

第四，焕发生命活力，塑造一代新人。培养学生勤于观察，善于思考，勇于创新，乐于表达的习惯品质；使作文成为学生张扬个性、挥洒生命活力、抒发真实情感的内在需要。

"问渠哪得清如许，为有源头活水来。"学生个人生活情感的体验永远是作文的"源头活水"，而这种体验本身具有开放性和独特性。在"正本清源"的基础上，从关注学生生命成长出发，我们对开放的作文教学的理念、思维、情感、内容、表达、范式、评价等进行了卓有成效的探索，努力实现作文教学有本可依，有章可循，真正让教师乐教，学生乐写。

　　小学教师影响着孩子们一生的做人标尺，小学作文影响着孩子们一生的作文发展。把握当下，把握作文教学改革的新契机，贴近生活、自然和社会，切近人的意义、世界的建构和人的生命成长，把作文教学作为一项提升学生生命质量的事业，不懈探索作文教学的成功之路，是语文教育工作者肩负的重要历史使命与时代责任。

第二章
开放的思维

　　传统的作文教学是师生的畏途。因为在传统作文中，学生接受了如何审题、如何构思、如何组织和安排结构等训练后，思维几乎定型，进而导致其笔下的文章大多千篇一律，缺乏生气、缺乏灵性、缺乏个性。说到底，作文是一种思维活动。学生是作文的主体，他们缺少的不是生活的体验，而是良好的思维品质。思维是本、是根，思维的培养是我们进行作文教学时应该首先考虑的。如何抓住思维这一核心要素，培养学生的创新精神、创新意识和创新能力，是作文教学义不容辞的责任，也是作文教学改革的方向。

第一节　思维是开放式作文的核心

思维是什么？思维是人类特有的认识过程，是人的认识能力向事物本质深入的一个复杂辩证的过程，是人脑反映事物一般特性和事物之间相互联系的过程，是大脑以已有的知识为中介，进行分析、综合、判断、推理和形象创造的过程。

从文章的生成过程来看，任何一篇文章的诞生都要经过"双重转化"。首先是写作者能动地、本质地、真实地将现实生活、客观事物转化为对客体的认识观念和情感，这是由事物到认识的第一转化。而后是写作者的观念、感情向文字表现转化，将头脑中的意识、情感转化为书面语言，这是由认识到表现的第二转化。无论是第一转化还是第二转化，其主体都是学生，其中心都是思维。新课标在"总目标"中也特别提出了"在发展语言能力的同时，发展思维能力"的要求。至于发展语言能力和发展思维能力之间的关系，老一辈语文教育家，例如陈望道、叶圣陶等，都认为二者应该并重。梁启超则开创了"以思维为中心"的先河。他主张，在所有作文能力培养环节中，整理思想、组织构造文章、培养思维能力是中心环节。而朱光潜的看法与梁启超几近相同，他强调，语言的实质就是情感思想的实质，语言的形式也就是情感思想的形式。他根据自己修改文章的经验发现，话没说清楚的原因在于思想混乱。把思想条理弄清楚了，话自然就会说清楚。

在语言和思维的关系问题上，美国教育专家与我国语文教育家的认识不谋而合。威廉·韦斯特在《提高写作技能》一书中说："写作过程能帮你把凌乱的思想条理化，使你的想法经过提炼而清晰起来，并且进一步发展你的思想。"纽约大学坤思学院的唐纳德·姆奎德和罗伯特·爱特温在《写作中的思考》一书中也提出，思维和口头语言之间存在着密切联系。在整个写作过程中，写作和思考是同时产生的，写作的过程也就是思考的过程。[①]

以现代信息观点看，作文过程实际上也是思维处理信息的流程。从最初对客体自然信息的反应与选择，到大脑的转换加工，以至后期的编码组合，信息经由思维的处理，经历了从自然信息到主体自为信息，再到人工再生信息的流动过程。这一流动过程中的每个环节，无不需要作者思维的发散和思维的开放。

比如在选材定题时，需要观察力和直觉力，在炼意构思时，需要推断力和想象力。每一环节的深入，都是思维的推进。刘心武认为，写作需要有生

① 教育部课程教材研究所. 课程标准对话［EB/OL］. (2015-10-15)［2002-11-24］. http：//www.pep.com.cn/gp/01_2/wb/kcjx/201205/t20120526_1126329.htm.

活，但不对生活进行深入的思考，不能形成对生活某一方面的独到的、深刻的见解，写出来的作品就不可能有深度。美国教育家西奥多·海伯也提出，要想写清楚就必须想清楚；要想写得充分，就必须想得充分；要想写得实在并富有想象力，那就必须在思想上想得实在并展开丰富的想象。一个学生要想较好地学习作文，那他就一定要更好地学习思考。这是一条规律，其他没有第二条路可走。① 以上所说的思考就是思维，而"深入的思考"、"独到的深刻的见解"，涉及的就是开放的作文教学思维，就是创新思维。

因此，我们倾向于把开放的作文思维过程定义为：学生通过学习，运用创造性思维活动，借助语言文字符号，表达自己的认识和感情的活动过程。

开放的作文教学思维就是指在作文教学中，教师突破传统的作文教学思维定式和狭隘眼界，灵活运用多种手段调动学生的感官体验，引导学生多视角、全方位看问题，唤起学生的生命需求，减少对作文的束缚，给学生提供广阔的作文空间，从而使学生个性化地表达出自己主观感受的思维模式。这种过程充分展现出思维的广度和深度，它与把事物彼此割裂开来、孤立起来、封闭起来，使思维具有保守性、被动性和消极性的形而上学的思维过程是根本对立的。开放的作文教学思维过程可以用图表示如下：

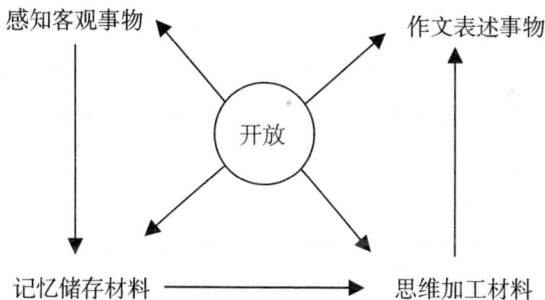

第二节 开放式作文的思维特征

综观欧美小学生作文，常常表现为自由空间大，自信心很强，因为自由，他们才自信。尤其是他们的想象力和处理信息的能力很强，特别注重研究性作文。中国的作文，包括文科的要求比美国、法国，甚至日本等国家都低，而我们的数学要求比这些国家都高。所以我在修订本书时就毅然决然地把"开放式习作"改成了"开放式作文"。为什么之前叫习作，是因为我们新课标把一、二年级定义为"写话"，三至六年级才叫"习作"，即练习写作。事实上，经

① 教育部课程教材研究所. 课程标准对话［EB/OL］.（2015-10-15）［2002-11-24］. http：// www.pep.com.cn/gp/01_2/wb/kcjx/201205/t20120526_1126329.htm.

过 10 年的开放式作文探索性研究，我现在感觉这个要求还是低了。为什么呢？看看国外五年级的研究报告。他们在写：《你来自哪个国家？请写写它的过去现在与未来》《我心目中的美国》《中日甲午战争是什么原因造成的？》《我看人类文化的发展》《我的家族史》《你是否认为当时只有投放原子弹一个办法才能结束战争？》《小布什的税收政策对什么人有利？》……尤其是他们高中毕业考试的作文题目，考查的是学生在文学、历史、哲学等方面的积累与综合运用能力。作文强调哲学思考、思辨，渗透历史事件，凸显自身的文学素养。所以欧美甚至包括日本学生的哲学思辨能力特别强，这与他们从小培养开放的思维是密不可分的。

由此，我以为，开放式作文的关键是思维的开放。

一、思维的开放性

作文思维的开放性体现在作文中，让学生思维解除禁锢和定式，而不局限于某一种固定的形式和范围，始终处于思维激活的状态，使其能在新知识与已有的知识、生活经验之间进行自由变通，并不断产生新的思维火花。

（一）激活形象思维

从某种意义上说，所谓形象思维，就是指教师在作文教学当中，提到任何一种事物，学生的脑海中就相应地浮现出一幅幅实物或生活情境的画面，并用这些画面形象地反映客观事物的内在本质或规律的思维活动。

小学阶段的儿童，特别是低年级学生处在写作的初级阶段，要充分利用意境优美、充满童真童趣的情境图，激励学生放胆去说，放胆去想。激活学生的形象思维，就像教会幼儿如何走路一般，首先要让他们有迈开步子自己走路、尝试不要人扶着的勇气。

人教版语文教材第一册第二课"a、o、e、y、w"的插图，是一幅幅富有生活情趣的画面：妈妈正在屋前晾衣服，屋前有一棵"丫"形的小树，小弟弟正在池塘旁边喂鱼，有一只乌鸦站在池塘边的大树上。教学时我们借助图画引导学生编故事，课堂上出现了很多富有创意的童言趣语，其中有的说乌鸦在看有没有敌人来侵犯，有的说乌鸦在看它的孩子是不是放学回家了，有的说小鱼跳出水面是练习跳高，还有的说那是小鱼在了解外面的世界……在此基础上，引导学生将多幅画连起来说一个故事，这样，初级的作文就完成了。

中高年级，要引导学生借助生活场景进行形象的描述。如《我爱热带鱼》。

学生作文

我爱热带鱼

我家的鱼缸里生活着十几条色彩斑斓、形状各异的热带鱼。它们有的身穿粉红色的纱裙在水中翩翩起舞，有的披着黑色的战甲不停地在水帘中穿梭，还有的身着天蓝色的花衣，摇着长长的尾巴赶到鱼缸前沿，犹如体操运动员在做垂直倒立，展示着它独特的风采。

凝神一看，只觉得精灵鱼——血鹦鹉活泼可人，显得更顽皮。那"淘气包"一会儿往上浮，一会儿往下窜，一会儿鼓鳃摆尾，扭动着娇小的身子，仿佛仙女下凡，飘飘然的，不一会儿，又躲到假山后面"羞"而不露，忽然又大摇大摆地游了出来，猛地向另一同伴发动"袭击"，没想到小血鹦鹉非常机灵，尾巴一甩，一溜烟躲到一旁去了，落了空的"淘气包"一头撞在了玻璃缸上，惹得我们哈哈大笑。暗自庆幸的小血鹦鹉这时更是睁着水汪汪的大眼睛，嘴巴一张一合的，一副幸灾乐祸的样子。失手的"淘气包"发怒不止，瞪了瞪眼，不服气地游开了。

过了许久，也许是小血鹦鹉发现"淘气包"真的生气了，生怕失去这经常一起嬉戏的好朋友，就怯怯地游向"淘气包"，发觉"淘气包"并没有特别排斥，半推半就地接受了自己，就大胆地用小嘴轻轻地碰了一下"淘气包"的嘴角，似乎讨好地说了些什么……

一缕阳光从窗口斜射进来，照在鱼缸上。五光十色的热带鱼又快乐地穿越游玩于水帘间，好一派其乐融融的景象。

文中小作者选取了活泼可人的热带鱼——血鹦鹉为代表，通过大量生动形象的动作描写，把两只"血鹦鹉"间发生的趣事惟妙惟肖地展现于读者面前，让人忍俊不禁。小作者之所以写得如此生动，是因为他有效地运用了形象思维。知觉、联想和想象是形象思维的主要形式，文中小作者有写实、有联想、有奇特的想象，因而文章有血有肉、情趣盎然。

（二）启发相似联想

相似联想，是以事物之间在结构、形状、色彩、声音、神貌等方面的相似之处为基础，从这一事物联想和迁移到另一事物的一种思维方式。教师在教学中可以启发学生由形似写到神似，许多托物咏志的诗文就是通过相似联想写出来的，这种思维对第一学段、第二学段的学生来说运用比较多，如从竹的中空外直的形状联想到虚心、挺拔、正直的品格，就使用了相似联想。下面这篇文章中，面对漫天火红的晚霞，那变幻莫测的形状使小作者生出无数联想，将这活泼有趣的画面描述出来，就成了一篇新颖美妙的文章。

学生作文

变化莫测的晚霞

夕阳、明月、繁星……是美丽的。曾有多少位作家、诗人用最美的语言描述过它们，可我却被那变幻莫测的晚霞深深吸引了。那是一个晴朗的傍晚，我吃过晚饭，站在凉台上，仰望天空，忽然在天边出现了一道红霞，红霞的范围慢慢扩大，一秒、两秒……顿时，红霞染红了西方的天空。

我聚精会神地望着，天空中出现了两朵洁白的云彩。可霎时又被霞光染红了，它们向前移动，离我越来越近了。啊！这两朵云，前一朵那么像一只狡猾的狐狸，尾随在后的不正是凶恶的老虎吗？我望着天空中的造型，不由联想起《狐假虎威》这则寓言。我真觉得好笑，但不一会儿，它们都消失了。

在我眼前又呈现出一幅有趣的画面：一只活泼可爱的小兔，正无忧无虑地吃草。忽然，在它身后屹立着一位高大的猎人。瞧！他手里还拿着猎枪呢！小兔竖起灵敏的长耳朵，迅速地向前跑去，猎人在后面紧追不舍，一眨眼，小兔钻进了浓密的云层不见了，猎人也不知哪里去了。我看着看着，眼前模糊了，当我再次仰望天空时，只见天边"尘土飞扬"，无数匹被晚霞染红了的烈马向前飞奔，随着云朵的移动，仿佛还听到了它们奔腾的声音。眼前的这幅万马奔腾图太精彩了。没有哪位画家能够描绘出来。

一时恍恍惚惚，又什么也看不清了，晚霞是不可能永留天空的，它收敛起最后的霞光，消失了。我呆呆地站在那里，久久不想离去……

啊！大自然，您创造了人类：是您给了我们花草树木，河流山川……晚霞也是您的杰作，您创造的美真不可计数啊！

（三）放飞遐思想象

坐在家里听音乐，哪里都没去，却怎么跑到大草原上观看了一场激烈的赛马呢？原来，是思想"跑"出去了。作者的思维在音乐的美妙旋律的作用下，不知不觉"飞"了出去，在大草原上尽情漫游，尽情观赏赛马的场景。把这些奇异的想象和感受，用生动的语言，有层次地描述出来，就成了一篇奇异的作文，这就是遐思想象的妙用。

学生作文

赛 马 遐 想

一缕轻纱似的月光洒进窗户，映照在我的脸上、身上。坐在月光里，打开收音机，乐曲声飘了出来。

只听一阵马蹄似的奔跑声，是那么清晰、纯净。这首乐曲好像是二胡曲《赛马》。对！是《赛马》！我认真回味着，坐在窗前，望着皎洁的月光认真回味着……

乐曲活泼、欢畅、旋律明快，时而快，时而慢，多数是马蹄那清脆的奔跑声。伴着那爽朗的乐调，我的遐想仿佛飞到那美丽的大草原上去了。

美丽的大草原一碧千里，远山在云雾中时隐时现，像披着轻纱的姑娘。蒙古族人民在大草原上欢歌。牛羊在草原上吃着嫩香的青草，望着美丽的草原，还不时发出叫声，好像在说："多美啊！"牛群羊群像是绣在草原上的巨幅图案，多美啊！人们不论男女老少，都骑着马儿，在大草原上驰骋，欢声加笑声，真快乐呀！

瞧！那么多人围在一起干什么？原来，他们在赛马呢。十多只膘肥身健的骏马做好了夺冠的准备，等枪声一响，所有的骏马齐头并进，飞快冲向终点。骑马的人不停地舞动着手中的马鞭，两边助威的人儿呐喊着为它们鼓劲。随着音乐的不断反复，我仿佛看到了骏马跑了很长一段路才冲向终点，又仿佛成为一个呐喊的人儿，正为它们鼓劲。骏马们的奔跑速度更快了。看！冲刺！一只身着绿色马鞍的 12 号骏马跑到了最前面，夺得桂冠。人们欢呼着，马的主人更高兴了。

多么优美的音乐啊！它催人振奋，怎么停止了？原来播放完了。我终于从陶醉中苏醒了。

音乐何其神妙，它是一种旋律，一种语言，一种心境，是欢乐、悲哀、忧郁、幽默、愤怒等情绪以声音为形式体现，音乐的魅力可以抵达人的心灵、拨动人的神经，让人在流动的、冥想的体验中抚慰心灵。这种神妙来源于小作者遐思想象的合理运用。

遐思想象还可以通过思维的类比、分析等其他形式产生出一系列的意象。下面是一位教师设计的沙漠探险队 7 天的用水统计图。这支沙漠探险队的装备极其简单，骑着骆驼，只带了干粮和水，在茫茫沙漠中经历了 7 天的探险生活。想象一下，写一写《沙漠 7 日探险记》，你一定会觉得很有意思吧！

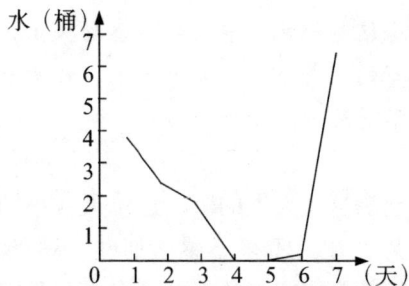

遐思想象思维，是让思想"飞"出去的方法。就是通过想象创造出现实生活中并非实有，而在情理中必然存在的生活图画的思维方式。用这种思维构思，使学生在心理上蒙上一层奇幻想象的浪漫色彩，学生就会不由自主地想调集一切生活素材、信息积累去构筑一个他们自己心目中的神秘世界。

（四）丰富假设想象

假设想象，是想象的一种，就是假设一种特定的条件或背景，利用想象，描绘出在这种前提下所产生的情景和故事。《泡泡的义举》一文就是基于现实生活的一种合理的假想。

学生作文

泡泡的义举

现在人们的活动是自由的，可是在一百万年前却不是这样。

那时的人类，都是被天上的神仙装入泡泡悬在空中的。悬在空中的泡泡在阳光的映照下，闪耀着五彩缤纷的光芒。但每个泡泡都只能容纳一个人，被囚在里面的人都没有笑容、没有欢乐、没有感情。只有离开那魔鬼般的泡泡，人类才能获得自由。

人类想得到自由，可神仙不准呀！当那些五彩的泡泡知道后，它们懊悔极了。因为它们知道是自己束缚了人类的自由，只要自己不存在，人类的希望就能实现，可现在自己还存在呀！怎么办呢？

最后，泡泡们想到了一个办法，那就是互相碰撞，让自己的生命结束，把人们放出来，让他们寻找自己的笑容、欢乐和感情。

这个办法是可行的，但泡泡们因此要为人类献出自己宝贵的生命。虽然会失去生命，但泡泡们没有退缩，坚决地选择了这条路。

开始碰撞了，泡泡们似乎不想失去同伴，只是轻轻地碰撞，可不论它们碰撞得如何轻，泡泡们还是一个个破碎了。

人们一个个从泡泡里走出来，他们找到了自己的笑容、欢乐和感情。可他们没有想到，帮助他们的正是曾经囚禁他们的泡泡。

当天上的神仙知道这是泡泡的举动后，感动极了，便为人类制作了一个美丽的大泡泡，把所有的人都放在了大泡泡上，让所有的人高高兴兴地生活在一起，这个大泡泡就是地球。

对于人类和地球起源这个天大的事，这位天才小朋友做了一个大胆的设想。他想的还真有意思，让人不得不感激那些轻薄的但却义重如山的泡泡们，因为它们以自我牺牲换取了人类美好的自由。我们又不得不热爱我们的家园——地球，因为那是无数个为人类而破碎的泡泡们换来的。故事虽短，但又新奇又有趣，寓理深刻，立意高远，作者的想象力多丰富呀！

二、思维的敏锐性

作文思维的敏锐性是指学生对客观事物感知、捕捉的速度快，容易接受新现象，发现新问题，有留心观察周围事物的习惯，珍视个人的独特感受，能够有意识地积累作文的素材。

（一）学会基本的观察方法

现在很多学生对语文不感兴趣，写文章虚假做作，其原因就在于缺少生活体验。其实，从某种意义上讲，他们缺乏的不是生活，而是观察生活的眼光。观察是心灵的门户，儿童认识事物，先从观察开始。教学生学会观察要做到以下几点：

一是在观察前要指导学生明确观察的目的，定好观察对象，引起学生对观察对象产生兴趣；

二是观察时要善于抓住事物的特征，即与其他事物的区别点，一般是从形态、情态、样式、颜色、气味等去认识观察分析。观察时不仅要用视觉，还要注意调动听觉、嗅觉、触觉等多种感官；

三是教师可设计好观察卡，要求学生认真做好观察记录；

四是对观察的信息做出正确的处理。观察是有思维活动参加的知觉过程，它总是与思维紧密地联系在一起的。通过观察，学生能从色彩斑斓、千姿百态的大自然中，从日新月异、蒸蒸日上的社会中，从丰富多彩的日常生活中，获得大量的感性材料。这些来自直接见闻的感性材料是作文素材的直接来源。

指导学生观察周围的事物，除了教给学生观察事物的方法外，还要引导学生把观察和思维结合起来。做到用眼看、用耳听、用心想，一边观察，一边思考，并展开联想和想象，使之从感性的了解达到理性的认识。这犹如蜜蜂酿蜜，采集的花粉只有经过酿造，才能形成蜂蜜。学生只有通过直接感知与积极思维，才能对客观事物有个比较透彻的了解，才能在思想上有所感受，留下难忘的印象。这样的印象，这样的感受，作文的时候就会一一涌现出来。

（二）提高捕捉素材的意识和能力

叶圣陶先生认为，写作文不是生活的点缀和装饰，而就是生活本身。确实，生活无处不文章。一次有趣的对话、一场激烈的比赛、一回小小的口角、一份纯真的友谊，甚至是窗外落下的一片树叶、教室黑板上的一道水渍，母亲眼中的一滴泪水……都是新鲜出炉的作文素材。

要让学生多写自由文、放胆文、生活文、芝麻文、实用文、游戏文、激情文。想方设法鼓励和引导他们为自己的兴趣爱好而写，为游戏好玩而写，为了记下生活中的新鲜事、可笑事、难忘事而写，为了打笔仗、比智慧、争输赢而写，为了太兴奋、太激动、太生气、太委屈而写，为了抱不平、辨是非而写，为了消除别人对自己的偏见和误解而写，为了求助于人需要充分说明理由而写，为了关心家事班事提出建议表达己见而写，为了好奇存疑发问而写，为了总结经验教训而写，为了得到启示深受感动而写，为了记录遐思幻想中的美事梦境而写，为了练笔作文没话找话也要写。

长此以往，学生的作文思路拓宽了，就会越写越欢，越写越来劲，越写越觉得写文章实在是一件太有意思的事，太轻松好玩的事。慢慢地，他们就会具备捕捉素材的意识和能力，会增强作文的敏感度。同时，学生也会渐渐意识到，在五光十色的生活天地中，作文原来也不过是一种用平常话和平常事编织起来的特好玩的"变形金刚"。

（三）树立快速写作、批阅的观念

在作文训练中，教师要树立强烈的时效观念，要实行快节奏的作文教学法和作文批阅法，要让学生加强快写的练习，提高学生快速作文的能力。为此，我们除了每周让学生在课外写一两篇自由文之外，还要经常在课堂组织学生用 5 分钟、10 分钟、20 分钟或者半小时进行话题作文，教会学生快速写人、快速记事、快速写活动场面、快速写读后感等快速作文的方法。这种作文限话题、限字数、限时间，事先不让准备，也不让打草稿。要求开门见山，一气呵成，即席写作成文，当堂抽样展读和讲评。

在小学，这类即席话题文的时效要求是：第一学段 40 分钟 100—200字；第二学段 40 分钟 300—400 字；第三学段 40 分钟 500—600 字。质量要求是：切合题意，能说明问题，表述清楚，字迹较易辨认，错别字不多。教师批阅作文也要求快节奏。我们的做法是，把学生课外写的自由文化整为零，随教随批，当天交来的文章力争当天发给学生。教师可以抽部分抓紧批阅，快速处理，及时评讲；其他的同学互批。此外，当堂写的即席话题文章，要求当堂抽样展读和讲评。这类即席作文，采用一次性抽查批阅法。

三、 思维的流畅性

作文思维的流畅性就是指学生在作文活动中，思维符合逻辑，能够条理化、系列化，对客观事物或现象有着正确的判断和严密的推理，正所谓"思才无碍"、"文思如泉"、"文从字顺"。指导学生快速构思、打腹稿、编拟写作提纲，是训练思维流畅性的好方法。

快速构思的方法有很多，如顺乎天理法、顺时构思法、顺空构思法、顺事构思法、时空结合法、分类条陈法、片段组合法等。我们也可以按文章体裁的不同来确定逻辑思维的训练内容。例如，记事的文章，可按时间、地点、人物、事情的起因、经过和结果这六个要素编拟提纲；写人的文章，要抓住人物的特点，通过人物的外貌、语言、行动和心理活动来写；写景状物的文章，则要依据景和物的本身特点，从方位、形状、颜色、静态和动态等方面加以描述，按一定的顺序组织材料；进行连句成段，连段成篇等训练，也有利于发展学生的逻辑思维。

当然，一篇文章从不同的角度去构思，也会产生不同的流畅性的结果。如写"家乡"这个话题，运用"顺乎天理法"构思，可以按"春—夏—

秋—冬"的条理写四段，也可以按"东—南—西—北"的条理写四段；可以按"过去—现在—将来"的顺序写三段，也可以按"白天—黑夜"的顺序写两段；可以按"山—水"的顺序写两段，也可以按"自然景色—人的活动"写两段；可以按"远景—近景"的顺序写两段，也可以按"山美—水美—人更美"的顺序写三段；可以按"静景—动景"的顺序写两段，也可以按"天空—地面—地下"的顺序写三段，或是按"前—后—左—右"的顺序写四段，等等。运用这样的方法构思，仅一个话题，我们就有十多种不同的段落层次安排方法，每一种安排都体现了思维的流畅性。

以下是一名六年级学生以"难忘的小学生活"为话题写的《课间十分钟》，我们看看他是怎样构思的。

学生作文

课间十分钟

"丁零零……"一阵清脆的下课铃响了。老师宣布下课的话音刚落，值日生已大步流星地走上讲台擦黑板，其余同学像一只只快乐的百灵鸟似的，叽叽喳喳、争先恐后地走出教室，兴高采烈地来到操场上，开展自己喜爱的活动。

你看，操场东边三五成群的同学正在跳绳。中间的那个同学叫小丽，她头上扎着两朵可爱的蝴蝶花，胸前戴着鲜艳的红领巾。只见她像一只轻盈的小燕子在绳子间翩翩起舞，那么轻快。旁边的几个小伙伴嘴里不停地数着："九十九、一百……二百！""哇！她跳了二百下，好棒哦！"气喘吁吁的小丽甜甜地笑了。

"加油！加油……"怎么回事？哦，原来是操场西边的同学正在进行长跑比赛呢！你瞧，小军、小吴正在跑道上不甘落后地追赶着，那速度快得惊人。落在后面的小吴同学虽然汗流浃背，但他还是坚持跑着。他准是在想：我一定要超过小军和小辉。小吴在众人的鼓励下，深深地吸了一口气，猛地加快速度，一个箭步冲上去，三米、二米、一米……"哦，终于胜利了！"围观的同学高兴地喊着。小吴神采飞扬，嘻嘻地笑着。

你瞧，操场南边有几个同学在老师的带领下正在练习舞龙。他们身强体壮，穿着舞龙服，手撑"巨龙"，威风极了。老师一声令下，蛟龙"出海"了！只见红、黄、蓝、绿、橙五条巨龙奔腾着、跳跃着，一会儿席地而坐，一会儿绕场穿行，一会儿还摆出各种造型。他们精彩的表演吸引了同学们的眼光，大家都情不自禁地鼓起掌来。

在操场的北边，一年级的老师正带领小朋友们玩"老鹰捉小鸡"的游戏。你看那狡猾的"老鹰"一会儿扑到东，一会儿扑到西，一会儿向后退，一会儿又向"鸡妈妈"发起猛攻。聪明机灵的"鸡妈妈"左躲右闪，竭尽全力地保护着它那一只只活泼可爱的"鸡宝宝"。看，"鸡宝宝"们一个个惊恐地躲在"鸡妈妈"的后面，安然无恙。可恶的"老鹰"用尽了所有的计谋都一无所获，累得气喘吁吁。最后"老鹰"无可奈何，垂头丧气地说："唉！我已经筋疲力尽了，还要受饥饿的折磨，真是罪有应得啊！"听了这番话，"鸡妈妈"和"鸡宝宝"们笑得前俯后仰。

"丁零零……"悦耳的上课铃又响了，同学们立即停止了有趣的活动，迅速走进教室，又投入到新的学习中。

这是一篇条理清晰、描写生动的记叙文。该学生运用"顺乎天理法"构思，按照"东—西—南—北"的顺序安排段落层次，文章不但内容具体，而且描写得有条不紊。

长期进行这样的训练不仅可以使学生的思维敏捷，而且有利于学生智力的早期开发。

四、 思维的独创性

相对于常规思维来说，思维的独创性是指根据已有的条件产生新的、非凡的思想的能力，表现为产生新奇、罕见、首创的观念和成就。

（一）逆向思维

逆向思维是相对于正向或顺向思维来说的，傅世侠在《科学创造方法论》中说："一切与原有的思路相反的思考，都叫作逆向思维。逆向思维指的是反向求索，或称反向法。"逆向思维不按照事物原来的逻辑顺序思考，而是从与之相反的方向思考问题，充满了辩证法，能从正反、好坏、褒贬、益损等方面去表现事物的特征，使人明白更多的道理，是作文创新、快速构思的一条好渠道。

下面这个寓言故事的续写就是用逆向思维来构思的，充满了辩证的道理，洋溢着鼓舞人、激励人的力量。

学生作文

乌鸦上当之后

话说乌鸦嘴里那块鲜美的肉被狡猾的狐狸骗走之后，众人都认为乌鸦必定懊悔不已。可谁会想到，乌鸦反倒高兴得要命：长久以来，从没有人赞赏过我们，今天狐狸先生的一席话，总算让我看到了我们乌鸦家族的优点。乌鸦越想越高兴："不就是一块肉吗？并不是所有的人都能得到狐狸先生的肯定，奖给他也是应该的。不过，我得加强练习，不能辜负狐狸大哥对我的期望。"

第二天，乌鸦早早就起来了。她面对着太阳升起的地方，清清嗓子，开始练声了："哇、哇……"虽然听众极少，有的甚至翻白眼、捂耳朵，但乌鸦并不气馁。她相信狐狸的话是对的。于是她喂养了孩子后，便开始练习发音。可刚练不久，邻居猫大姐便迈着猫步走了过来，说："乌鸦妹子，别吵了，就你那声音，还是不要浪费时间的好！再说还会影响我们的午睡。"乌鸦很有礼貌地回答道："对不起，我会小声点的。请原谅，我必须得练下去。"猫大姐看到乌鸦决心已定，便不再说什么，悻悻地走开了。

乌鸦就这么刻苦地练习着，虽然有一定的进步，但结果不太明显。而且，她听到了许多邻居对她抱怨，说她影响了他们的休息。就连她的兄长——乌鸦大哥也赶来好言相劝："妹子，认命吧！"乌鸦显然有点激动，说："哥，正因为这是我们的弱点，我们才要努力改变啊！只有这样，才能重新得到其他人的认可，也才有我们乌鸦家族的立足之地啊！"乌鸦大哥看到她如此倔强，便摇摇头走开了。

大家的相劝或埋怨反而让乌鸦觉得：只有把歌练好，才能改变大家对她的看法。于是，她更加勤奋了，遇到不懂得的地方，便记在本子上，一有机会，她便虚心请教。大家看她如此好学，便也尽力地帮助她。特别是花喜鹊，把自己所知的乐理全部传授给乌鸦。后来，在大象村长的推荐下，乌鸦被送往"百灵鸟艺术学院"深造。在那里，乌鸦被群鸟精湛的演技惊呆了，她立志一定要学好本领。

乌鸦学习的热情受到学院的一致肯定，大家并不因为她的外表而嫌弃她，也不因为她基础差而冷落她；相反，大家总是竭尽所能地帮助她。功夫不负有心人，三年后，乌鸦学成归来了。

在一年一度的"森林歌王争霸赛"上，乌鸦那优美的歌声博得了阵阵掌声，并且获得"歌王"的称号，成为红极一时的"歌星"。

又如《狼和小羊》最后一句写："狼不想再争辩了……说着向小羊扑去。"一只凶恶的狼扑过来，有可能小羊没命了，很多孩子不愿看到这样的结果，善良的孩子甚至会流泪，教师如果抓住时机，引导孩子向相反的结果想：小羊得救了。到底小羊怎样得救的，以"侥幸的小羊"为题目，让学生展开想象写一段话，生发出与课文内容相反的结果。

在学了《两只小狮子》以后，我们可以让学生设想一下懒狮子如果没听妈妈的话会吃哪些苦头，又是怎样痛改前非，刻苦练功，终于和勤狮子一起成为林中之王的过程。这样不仅开发了学生的思维，而且可以对学生良好品质的养成起到积极作用。

（二）求异思维

求异思维，是提出与普通的、平常的观点相异的观点的思维方式。这个"异"，是由衡量事物的标准不同，或看待事物的观察点不同得来的，是在众多的思维路径和结果中，另辟蹊径，克服从众性，保持独立性，具有与众不同的特点的思维。

下面是一位二年级同学的日记，求异思维闪出了智慧的火花。他写道："今天是星期天，我和弟弟在看超人碟。妈妈看了一会儿，起身说：'你们看吧，我要去美容了。'爸爸听了也连忙起身说：'我也去！我也去！'我和弟弟都笑了，男同志也美容吗？爸爸说：'无论男的、女的、老的、少的，都爱美，所以都可以去美容。'"

《渴望做差生》——读了这个题目，你不觉得这位同学有异于平常吗？但这篇作文却表达了中等生不痛快的真实感受，吐露了中等生的心声，发人深思。

学生作文

渴望做差生

我现在有一个强烈的愿望，那就是做一名差生。幸亏没人知道我的这个想法，不然，肯定要说我发神经了。我不会怪他们这么说，因为正常人都应该是希望自己好学上进的。不过，我是真的想做一名差生，原因简单得离奇——想让老师注意我。

从一年级到现在，我一直做着平凡的中等生。做尖子生这辈子恐怕是没希望了，智力有限，还不肯整日泡在书本作业里；做差生容易，可我又没这个胆。要是哪次考个不及格，我妈不骂死我，我爸不打死我才怪呢！

可我真的恨自己是个中等生。老爸老妈总是这样说："这孩子不上不下，考名牌大学没什么指望，放弃了又太可惜，真是烦人啊！"而老师更是忽略了我，鲜花样的微笑，阳光般的温暖都给了尖子生，个别辅导的机会和一些奖励性的话语全施舍给了差生。我和其他那些"不上不下不饥不饱"的中等生"难友"只能待在被遗忘的角落，没有阳光雨露，甚至连风霜雨雪都没有。

再想想平时，答题的机会大多是差生的，上黑板的良机几乎被差生包揽；好不容易有个公开课，差不多又成了尖子生的专场。"三好学生"、"优秀班干部"没我的份；进步奖、鼓励奖更是被差生所"垄断"。为了不让老师忘了我的存在，只能故意制造些事端，结果还不能如愿。差生把那一点点骂都抢走了，那骂对我来说可都是爱和关注啊！

左想想，右想想，中等生真是倒霉。如果有来生，一定要做尖子生。实在没这福分就做个差生，打死我也不做中等生了。

（三）发散思维

发散思维又称辐射思维、扩散思维，是对同一问题从不同层次、不同角度、不同方面进行思索，从而求得多种不同甚至奇异的答案的思维方式。它能开阔思路，冲破思维定式的束缚，从各个方向想出许多新奇、独特的办法。然而，只有把发散思维与聚合思维辩证地统一起来，当作一种思维方式不可分割的两方面，才能真正发挥它的作用，因为聚合思维能将各种办法、方案加以分析、比较，为创新选择方向。下面是一位学生用发散思维所写的文章。

学生作文

一次辩论赛

今天，我们班举行了辩论赛，讨论用一次性筷子好不好。老师选了正方和反方，每组五人，我们便展开了辩论。

张涵说："我认为用一次性筷子不好，因为一次性筷子只能用一次就扔掉，这样太浪费了！"

"对！对！绝对没错！我双手赞成！"张烁阳大嚷。

"哼！一次性筷子虽然有这些缺点，可带着容易！"范青衿反驳道。

话音刚落，王宇昇便抢着说："没错！这样还不会弄脏旅行包，也不会弄脏你自己，吃完后更不会让病毒交叉感染。"

"同学们，停一下。"李老师开腔了，"你们各有各的道理，其实，一次性筷子有好处也有坏处。无论什么事物都有优点和缺点，所以看什么东西都要一分为二。"

听了老师的话，教室里掀起的高潮才平息了。但我想：为了环保，还是用消毒筷子比较科学。

运用发散思维，可以从某一个中心出发，根据它的特征，进行自由自在的畅想，向各个方向、各个角度发散出去，最后又运用聚合思维加以分析，从而将新的观点表现出来，大大地开拓我们的思维空间。在调查报告、课堂辩论、发明设想等作文活动中都可鼓励学生使用这种思维方式。

总之，创新思维在作文的生成过程中，对作文主题的创新、内容的创新、形式的创新、语言的创新起着决定作用。

第三节　教师思维开放是关键

写作是人的生存选择，是作为个体的人的生命价值的自我实现。写作显示了人的生命意志和本质需求。小学生写作是一种成长需求，更是一种生命需要。他们观察生活，记录生命历程，抒发情感体验，表达自己对自然、社会和人生的感受与思考，都需要一种有效的途径，这种途径除了口头交流就是作文。而口头交流有其相对的局限性，因而作文便成为人人都应具备的素质之一。作为传道、授业、解惑者的教师，无疑是唤醒学生这种生命需求的倡导者、引领者，从某种意义上说，学生作文思维的形成与教师思维的开放有着极为密切的联系。

一、 树立作文教学的"大课堂" 观

开放式作文不局限于每个单元的作文教学，它同时要求我们开展以课外阅读、课外练笔为主的活动来发展学生的语言，并适时适量地引导学生走出课堂，走出校门，走向社会，走进自然，让他们在广阔的天地里学语言、学作文。

叶圣陶先生说过，生活如泉源，文章如溪水，泉源丰富而不枯竭，溪水自然活泼地流个不歇。可见，作文的内容不能仅限于课堂，而应与生活的外延相等。因此，在作文教学中，要努力延伸学生思维的触角，从培养学生学习和实践的态度、思维和能力出发，激活学生主动地去发现、去想象、去探索，充分凸显学生的创新精神和综合实践能力，建立开放的、全方位的"大语文"、"大课堂" 教学观，为学生学语文、用语文开辟广阔的时空领域，同时强化学生的语文综合能力训练，提高学生的整体素养。

二、 解放思想， 相信学生

写作是一个活泼的儿童生命个体在写。教师只有解放思想、相信学生是作文的天才，才能让学生是真正为了表达、为了交流而写作，而不是为了评判而写作，是真正的写自己对生活的观察、对生命的感悟，用文字为生活拍照。

教师要充分地尊重学生，极大地信任他们、肯定他们，让他们用自己的心灵感悟人生，用自己的眼睛看待事物；让他们在实践中磨炼自己，并在实践中有所收获；让他们在交流碰撞中成熟，大胆创新；让他们自主学习、自主思考、自主参与，创造一个平等、和谐、自主、自立的作文氛围；让他们说真话、吐真情、做真事、干真活。

正如陶行知先生所说的，解放学生的头脑，使他能想；解放他的双手，使他能干；解放他的眼睛，使他能看；解放他的嘴，使他能谈；解放他的空间，使他能到大自然、大社会里去取得更丰富的学问；解放他的时间，要他消化所学。

三、 开放作文教学的全过程

在作文教学中，要敢于打破传统的"命题—立意—选材—构思—成稿"式封闭教学过程，不刻意追求格式标准、写法标准，而是让作文教学回归生活，回归学生内心的需要，"以我手写我心"，力求让学生能够表达自己对自然、社会、人生的独特感受和真切体验。

新课标还明确指出，写作教学应引导学生关注现实，热爱生活，表达真情实感。因此，我们应该制定多元化的作文题目，尽可能地淡化文体，随时随地地捕捉创设作文的时机和情境，鼓励个性化的表达，开放作文评价等做法都能让学生积极参与，凸显作文的个性。让学生把作文过程看作是一种自然的生命状态、一种朴实的生活行为、一种心灵与心灵间的对话，引导学生亲历生活，用真实的生命去拥抱作文，让心灵与文字共舞，让激情与梦想起飞。

四、 注重培养学生创新思维

陶行知先生曾说，人人是创造之人，天天是创造之时，处处是创造之地。创新思维能力是人类普遍具有的素质。一切创造性的活动，都源于创造性思维。创新思维虽然是一种复杂的、高级的心智活动，但绝不是神秘莫测、高不可攀、仅属少数天才人物的"专利"。

1996 年，国际 21 世纪教育委员会的报告《教育——财富蕴藏其中》指出，教育的任务是毫无例外地使所有人的创造才能、创造潜能都能结出丰硕的果实。裴斯泰洛齐也强调，教学的主要任务不是积累知识，而是发展思维。如何培养学生的开放性思维，提升其作文思维的品质呢？刘勰在《文心雕龙·总术》中说："才之能通，必资晓术。"可见，要想使才思通达，立意深刻而新颖，除了让学生通晓立意的技巧与方法外，重要的是教师要下大力气培养学生敏锐的感受力、深刻的观察力、丰富的想象力，提高学生的思维水平。

第三章
开放的情感

　　花开花落，本是一种自然现象，龚自珍写下"落红不是无情物，化作春泥更护花"；苏轼吟出"细看来，不是杨花，点点是离人泪"；舒婷叹息"那不是花瓣，那是我凋零的心"。

　　雨，在《春雨沙沙》中显得那么活泼可爱、生机盎然：飘在果林，点红桃花；洒在树梢，染绿柳芽；落在四野，滋润庄稼；降在池塘，唤醒青蛙……在朱自清的《春》里是那样的清新自然：像牛毛，像花针，像细丝，密密地斜织着，人家屋顶上全笼着一层薄烟……在戴望舒的《雨巷》里却显得那么忧郁感伤：撑着油纸伞，独自彷徨在悠长悠长又寂寥的雨巷……

　　这些语言都是因"情感"而生，是发自内心的倾吐，是一种情怀的展现。因为情感的流动，寻常的东西变得诗情画意，变得饶有情趣，变得耐人寻味，变得多姿多彩。"情感"无疑成了作品中流淌着的河，或潺潺流过，轻缓细润；或浩浩荡荡，浩瀚无边；或浊浪排空，乾坤沉浮……同是一条河，因水的性情而变幻万千。

　　新课标强调"写作教学应贴近学生实际，让学生易于动笔，乐于表达，应引导学生关注现实，热爱生活，表达真情实感"。列宁说过，没有情感的认识就失去了情感的深入。叶圣陶先生说得好，"心有所思、情有所感，而后有所撰作"。

　　我们的学生为什么把写文章当成老大难的事呢？听一听学生中流传的口头禅，便知道答案了：作文难，难作文，下笔无言难成文；头儿空，肚儿空，空来空去空对空。对此，我们一贯认为是学生缺少生活体验。其实并非如此！有意，一草一木都可入文；无情，万水千山都会视若无睹。学生稀缺的正是"情感"！而我们的老师在作文教学中不也是过多地重视"技巧"的训练，忽视了情感的"培育"吗？没有"情感"，再丰富多彩的生活也无法走进他们冷漠的内心，再感人的事迹也湿润不了他们的眼睛，再美好的景致也只能等闲视之。心灵的沙漠，必然注定文章或空洞苍白或无病呻吟，或拙劣地模仿他人。因此，教师在作文教学中必须重视"情感"的开放，打开学生的心扉——让阳光进来；深入学生的内心——让情感激荡。有了情感的萌发与流动，才会激荡起表达的主观欲望，流泻出来的语言才会有生命的质感！

第一节　消除封闭的心理障碍

作文难，很多时候是我们老师习惯于给作文"造势"。学生在一、二年级写话练习时还敢写、还能写，到了三年级却不敢写、不会写了，这其中，教师对学生作文的过分束缚不能不被视为一个重要原因。

许多教师在作文教学中总是不停地警示学生：作文在考试中占 25 分、占 30 分，你们一定要写够多少字，一定要突出中心，一定要有优美的词语，开头要怎样，结尾应如何……在改作文时，一看学生写得满满的，不管写的是什么，看在"没有功劳也有苦劳"的分上多给了分数；看到学生给内容戴了"高帽子"，就认为"有思想"；瞅到几则成语，就认为文章生动……原本自然而然、自由自觉的活动，变得不自由、不自然。渐渐地，作文离学生的心灵越来越远，也成了学生越来越重的心灵负担。解铃还须系铃人，教师只有为学生松绑，让学生简简单单作文，拉近作文与学生的距离，才能迎来作文的春天。

一、 减少束缚， 真情流露

在首届冰心作文奖比赛中，一个一年级学生写的一篇 107 字的文章获得了一等奖。

学生作文

妈妈回来了

前段时间，妈妈去杭州学习，去了好长时间，可能有一个月吧。今天，妈妈终于从杭州回来了，我非常高兴！因为妈妈的怀抱很暖和，因为妈妈回来会给爸爸过生日，因为妈妈在家里会给我读书……妈妈不在家的时候，我很想她，想妈妈的 gǎn 觉，就是一种想哭的 gǎn 觉。

这篇短短的文章为什么能在上万份稿件中脱颖而出，赢得评委的青睐呢？定然是那份不加修饰的纯真和一份自然流露的真情打动了评委。评委们这样总结："作者用自己纯真的感受，带领我们重温了'母爱'的温馨及其无所不在的美丽。真实情感就是我们的评选标准。回头看看这篇文章，一个孩子内心情感的自然流露是我们最愿意看到的作品。"这正体现了真实是文章的生命，情感是文章的灵魂。

我们的学生能写出这样的文章吗？答案是肯定的！可见写文章并不难，写出好文章也并不是一件难事！然而，这样的好文章，在一些老师眼中，可

开放式作文教学（第二版）

能因为其不符合种种"标准"而被给予负面评价。这说明什么，这说明这些老师已经让作文丢失了最本真的东西，以至于教出来的孩子心灵没有说话，思想没有说话，当他们想说时，真实的思想与心灵的感觉往往被公众的言辞所淹没。

从上述实例中我们体会到，只要让真实的生活、真挚的情感、真切的思想在孩子的心灵里安营扎寨，学生也就不会为"作文难"而唉声叹气了。

二、 找到感觉， 品尝甜头

何为找到写作的感觉呢？我们知道学唱歌要找到乐感，也常说"跟着感觉走"，可见"感觉"很重要。特别是对于刚步入写话阶段的学生来说，尤为重要。

比如，学生说，我今天在公园玩，太高兴了！你马上让他把这句话记下来，并告诉他为什么要把这句话写下来。就这么慢慢引导，让学生明白，记下来，以后读到它，就又会想起那天高兴的事情。你还可以问学生，以后万一是"哪天"忘了，怎么办？引导学生把日期写上。并告诉学生，这就是写作，写作就是这么容易！而且要对学生强调：写文章就有这样的好处，留住美好。

当然，你还可以引导学生，让他们找到更多的写作的感觉，使表达的内容更加丰富。例如，你在公园里都看了什么？（花、小池塘、假山、碰碰车，等等）你还可以根据学生的学情和心情，选择还要不要继续谈下去。如果学生饶有兴趣地想让你分享他的快乐、他的发现，就继续引导。等他说完，你告诉学生，把你刚才说的，全部写下来，以后，哪怕10年，再看到这些文字，你依然会感到这天生活的美好。

这就叫作找感觉，找到写作的感觉。

何为尝到写作的甜头？

在帮学生找感觉的过程中，我们首要的是呵护孩子作文的"幼苗"。在孩子最初的写作过程中，千万别去纠缠他的错别字，千万别去纠缠他的语句是不是通顺、用词是不是生动、文章布局是不是合理，等等。否则，这些做法将严重破坏学生刚刚才产生的写作的感觉。那些事情，是当孩子写到一定程度，才应该去注意的问题。如果像下面的故事那样，就适得其反了。

在长城上，一位妈妈问八岁的儿子，长城好不好看？儿子说，好看。妈妈又问，你看那长城像什么？妈妈循循善诱，孩子心不在焉。孩子想了半天，说，看不出来。妈妈说，儿子，你真笨啦！你看这长城多像一条蜿蜒的巨龙，多么雄伟，多有气势！

一个八岁的孩子哪里知道什么是蜿蜒，什么是气势！对话之后，孩子垂着头，玩的兴致也没了，像泄了气的皮球。我们可以想象孩子在写文章的时候，被迫用妈妈给出的句子，是多么沉重的心理感受。也就是这样，孩子失去了写的乐趣，失去了孩子的语言，变得成人化和虚假化。我们必须还孩子"吾笔写吾口"的自由，呵护孩子写作时简简单单的快乐。

当学生有了一定的练写经历，教师仍然要小心呵护孩子对作文的兴趣，使每个层次的孩子都能体会到成功的喜悦，产生饱满的热情。有些教师在班中组织学生编辑"优秀作文卷"、"名言录集"。在批改作文时，以"找亮点"为主，画出精彩的地方，然后让学生把自己作文中别出心裁的句子誊写在"名言录集"里，并让他们认真地写上自己的名字。

例如：老师带着蒙娜丽莎般神秘的笑容走上了讲台。——王媛

如果说"优秀作文卷"入选的只是一部分写作优秀的学生的文章的话，那么"名言录集"将会使每个学生都品尝到成功的喜悦。每一次发作文本，学生就会迫不及待地查看自己写的句子有没有被录取。每个学期下来，班上就有三四本沉甸甸的"名言录集"！渐渐地，能写出一句"名言"的，变成两句、三句，最后自然也就能写出质量好的片段与文章。

三、 以情促情， 意在熏染

一个语文教师只有情感饱满，且带有文人敏感的特质，才能感染、丰富学生的情感。我们以为：首要是解放教师的心灵。成年人往往对作文的要求高、审美严，导致学生学会编造、学会矫揉造作地抒情与议论，或无病呻吟，若长此以往，他们将不愿也不习惯坦诚地把自己的内心想法表露出来。所以，解放教师的心灵尤为重要且迫切。其次是要解放孩子的心灵。作文是学生内心世界的外显，教师正可透过这扇窗户来了解学生的情感世界。当学生关闭了情感这扇窗，我们离学生就越来越远，离真情也就越来越远了。因而，"两情相悦"，才能"擦出火花"。

比如，当校园的木棉花开的时候，你会兴奋地带着学生去聆听花开的声音；当花落了一地的时候，你会带着学生去感受另一种生命的美丽；当落雪纷飞，你能舍得丢下一节课，带学生走进大自然这个大课堂，去享受另一种学习方式的乐趣；当你读到一段感人的故事时，你会在学生面前毫不掩饰地落泪……当我们成为这种"性情中人"的时候，我们的学生也会随之"染"上文学的特质，那么，学生所拥有的就将是两种不同的世界——一个是眼睛里的，一个是心灵里的！他们既能发现和欣赏一棵茂密的绿树在阳光下如何摇曳生姿，也懂得欣赏一棵死亡的枯树在月光下的静默……

教师情感的开放最怕的就是一个语文教师神经迟钝，感觉木讷，对一切无动于衷；或者有了感觉却不知道向学生发出信号，那么学生自然也是眼睛空空、心灵空空了。

第二节　唤醒内心的情感体悟

开放式作文教学是探索作文向自然、社会和现实生活开放，拓宽作文教学的途径，开发和整合多元课程资源，真正关注学生的学习体验和感悟，真正唤醒学生内心的情感。

一、灵活命题，激荡情感

学生作文首先接触的是题目，题目新颖，有鲜明的色彩，且饱含着激情，才能使学生的写作情感在心中激荡起来。反之，命题不考虑学生的生活积累，不考虑能否引起学生作文的兴趣，在一定意义上讲，就会压抑学生的作文情感，对学生的写作心理产生负面影响。

叶圣陶先生说过，只有儿童的心底流出来的命题，儿童才能以极大的兴趣对待它。这正说出了作文命题的真谛。作文命题要充分考虑儿童的心理和需要，符合学生的生活积累，触动学生的心弦，诱发学生的情感，才能激发他们作文的积极性和主动性。

开放的作文命题要注意"四性"。

1. 启发性

有启发性的题目不但能勾起学生对生活的回忆，使头脑中浮现出作为写作素材的各种各样的鲜明形象，而且能开拓学生的思路，能由此及彼产生联想，激发他们潜在的情感。

2. 趣味性

心理学研究表明，大脑皮层下的中枢神经传至大脑皮层引起情绪冲动，好像在唤醒正在沉睡的大脑皮层细胞，使他们积极活动起来。趣味性的命题能唤起学生的这种情绪，使之产生"我要写"的积极愿望。

3. 动情性

叶圣陶先生说过，命题作文是"不得已而为之"。学生所写的必须是自己积累的。因此，动实情的命题是学生作文的兴奋点，能引起学生的创造激情，产生写作冲动。

4. 灵活性

教师在给学生作文命题时，应克服公式化、概念化、成人化的倾向，注重灵活性，可以只出范围，提示写作方向，出半个题目任填后半题、自拟题目等，使学生在无心理压力的情况下，根据自己的需要，按照自己的爱好，拓宽思路，畅所欲言，"吾口说吾心，吾手当吾口"。

下面试举一些例子，来看看如何体现"四性"原则。

就拿"写事"的命题来说，我们常让学生写"一件难忘的事"。学生从三年级开始写甚至到小学毕业都是这个题目，就不免老套、乏味、死板。假如换一下，变成《我落泪了……》这个题目，就能一下子触动学生的心灵，学生读题目的声调也会一下子低沉起来。当然，这个题目绝对不是局限在"伤感、难过、忏悔"等方面，它还包括"含着泪水的微笑"、"感动的泪水"，甚至是"乐极生悲"，等等。学生既可以写发生在自己身上的事，也可以写自己目睹的一个场景、听到的一个故事，等等，文章的记叙方式既可以是叙述式的，也可以是边叙边议式的。

再如，写"我的妈妈"这个内容，如果题目是"＿＿＿＿的妈妈"，那么学生就不会局限在"妈妈雨中给我送伞"、"黑夜背我看病"这些老生常谈的事情上了。在这种半开放的命题下，学生补充的词语可谓丰富多彩：爱美、唠叨、能干、小心眼、温柔、宽容……有个学生写的是《懒惰的妈妈》，大概内容是：妈妈什么事都让"我"做，"我"成了家里的"苦力"，她却悠闲地坐在沙发上看电视。直到一次外出军训，"我"在内务整理比赛中获得了冠军，在骄傲的同时，体会到没有妈妈的"懒"，说不定就没有这个冠军啦。还有个孩子学生写的是《胆小的妈妈》，讲妈妈虽然是大人了，却胆小如鼠，看到蟑螂吓得魂不附体，还是"我"出手相助，擒获了蟑螂……其中的细节描写，尤为生动，读起来让人捧腹大笑！

如此开放的题目，也开放了学生的情感，同时也激活了属于学生自己的真情实感。

二、 创造情境， 激发欲望

"情以物迁、辞以情发"，只有受到环境、气氛的感染时，人才会产生相应的情感，当内心涌起不能抑制的情感时，便要用文字表达出来。

赞科夫也说过，应该打开窗户，让沸腾的社会生活、奇异的自然现象映入学生的脑海，借以丰富学生的感情经验，激发学生表达情感。因此，教师应不失时机地引导学生观察奇异的自然现象，参与丰富的社会生活。此外，还可以有意识地创造情境，渲染气氛，为学生创造"有话可说，有话要说"的语言环境，帮助学生捕捉写作时机，激发学生写作欲望。

教师可以在班上组织"语言描绘"、"声像渲染"、"生活再现"和"现场表演"等活动。把学生带入特定的情境之中，激发学生的欲望，使其产生不吐不快之感。这样不仅是引导学生在特定的环境中观察、思维，更重要的是使学生入境生情，融情入境，带着感情去观察，去深刻体验和感受所观察的事物，以言其心声，而不为文造情。如此经过长期的练习，学生积累了丰富的情感，语言的积累也随之丰厚起来。

叶圣陶先生说得好："作文的自然程序，应该是我认识事物，我心中有感。感情的波澜冲击我，有说话的欲望，这时我就要倾吐。"这样学生作文时，就已经形成要写作文的强烈欲望，自然不会发愁没有内容可写了。

三、 及时反馈， 深化情感

教学实践表明，学生了解学习结果比不了解学习结果更能提高学习的积极性，激发学生的学习情感，促进其学习进步。因此，作文批改首先要及时，以满足学生尽快了解自己写作结果的情感需要。在具体评价时，教师要注意以下几点。

1. 善于点拨，富有启发性

恰当的评语能使学生明确方向，逐步找到作文的门径，又能增进师生之间的情感。如，学生在写《校园的春天》时，从班级门前的一株木棉树的变化写起，说明春天来到了，春天的校园很美丽。但如果再多找几个观察点体验春天的来临，会使内容更加丰富，也更加凸显"春天已经走进校园"这一主题。教师在评语中这样写道："你对木棉树的观察非常细致，描写得很美，如果能在校园里多寻找到几处春天的脚步，校园会美上加美。"这既指出了这篇文章的优点，又很婉转地指出了不足之处，让学生容易接受，并能使其明确努力方向。

2. 褒贬适度，注重鼓励

积极的鼓励是一种巨大的情感力量，对激发学生的写作情感具有催化作用。因此，作文的批改要善于捕捉学生作文中的闪光点。如"这个比喻句真贴切"、"这句话真有水平"、"有意思"、"妙极了"等，这样的批语，学生看了肯定喜上眉梢，笑在心里，急于写好下次作文，特别是对后进生，更要多加鼓励，让每个学生看了作文评语后都能享受成功的乐趣。

3. 评语亲切，态度真诚

学生在接受知识和评语时的情感参与是有选择的，若教师的评语内容空泛，缺乏导向性或不痛不痒，草草了事，就会使学生从感情上拒绝它，讨厌它，甚至产生消极情绪。真诚的态度、亲切的口吻、提示性的磋商语气，有利于创造和谐、轻松的写作氛围。

第三节　厚积薄发的创作欲望

苏轼的"博观而约取，厚积而薄发"影响了一代又一代的文人志士。作文教学也不例外。然而，新课程实施以后，作文教学课堂依然弥漫着"雾霾"：或只训练方法不注重语言、思维和情感的丰富性，或囿于教科书的方寸纸材盒之间，没有任何的延伸与开放，或用大量的优秀作文信息，淹没了学生的情感灵性……究其根源，就是没有处理好作文教学的"博"、"约"关系。学生作文是一个日积月累的过程，把脉开放式作文教学，"厚积薄发"的形成有其特别的路径。

一、 阅读作品

引导学生大量阅读，让学生的情感与作品的情感充分交融，引起共鸣，是厚积而薄发的一个重要渠道。优秀的文学作品对学生的影响力是不言而喻的，要让学生走进书籍，在阅读中感受世事沧桑，人生百态，喜怒哀乐。同时，学会欣赏和享受文字带给我们的美丽、生动与平静，使学生亲近文字，养成阅读的习惯，并终生与之相伴，把书当成真正的朋友。那么，学生的心灵便会受到书籍的终生呵护。

当然，学生阅读书籍的过程中少不了教师的指点和引导。教师可以开设美文赏析课，或者学完一篇课文后，引导学生再回过头来品味文章的语言、思想和作者的情致等。如，从《珍珠鸟》里，感受作者对动物的呵护，从而懂得"信赖，往往创造出美好的境界"；从《理想的风筝》中体会作者对生命的无限热爱和乐观向上的情怀，从而体会"心中有阳光，生活就没有残疾"；从童话故事里感受真善美和美妙的想象；从散文中享受文字的清新明丽和作者如歌的心灵；从寓言中收获乐趣和点点滴滴的智慧；从传记中感受理性的思考和知识的浩渺……在教师有效的引导下，学生通过广泛阅读，提升了思想，丰富了情感，改变了头脑，滋润了心灵。

二、 阅读生活

如果说书是一本有字的教材，那么大自然和生活就是一本无字的教科书。"好鸟枝头亦朋友，落花水面皆文章"。作文教学不应受太多的约束，它是有生命力的，应该与大自然和社会同呼吸。教师应经常带领学生到郊外去走走，让他们嗅闻花的芳香，聆听鸟的鸣叫，感受四季的轮回，寓作文教学于轻松愉快的活动中。

教师要帮助学生正确认识生活，如果说"生活"这个词太笼统的话，我们可将其分成家庭生活、学校生活和社会生活。对于生活中的人和事、景和物进行由表及里、去粗取精的分析，使情感得以升华。

教师要努力使学生养成对生活敏锐的感悟能力，同时，带着文学的情怀去感受生活，让学生对身边发生的事从不同的角度去揣摩。生活中有许许多多的动情点，只要教师加以正确引导，学生就会情不自禁地掀起心底的波澜。如在平时教学中引导学生进行"生活万花筒"、"心灵独语"、"家庭哈哈镜"、"街头一瞥"等主题的练笔，在练笔的过程中，养成认识、感悟生活的能力。

三、"阅读" 媒体

提及作文，学生常常是"横眉冷对作文题，俯首狠咬钢笔头"，不少教师也是一筹莫展，黯然神伤。因此，教师应当打破传统的作文教学思路，开放课堂教学内容，让课堂充满活力，拓展作文的广度。比如：提倡学生观看一些电视节目，如《道德观察》《焦点访谈》，优秀的动画片、电视剧等，使学生的视角得到扩展、心灵得到碰撞。教师还可以在教室里进行这方面的热点讨论、话题辩论。如得知"轮椅英雄"尹小星穿越了塔克拉玛干沙漠的事迹后，可以引导学生在班级畅谈"观后感"，学生在相互沟通与启发之下，情感、思想、价值观都受到冲击。学生如此感慨："我觉得，判断一个人是否残疾的标准，不是躯体，而是他的心理和精神是否健康。在我的心中，心理和精神残缺的人才是真正的残疾人！""我要不断挑战精神和体能的极限，做一个真正的强者！""心有多高，梦就有多远！""此时，我的心中充满了力量，我也要活出我的精彩！""我想说，让我们热爱生活，珍惜拥有！"……学生也争着朗诵尹小星的名言：再柔弱的生命，也有权利在阳光下歌唱。我要用自己独特的方式告诉世界，人，不管他是否残疾，只要心中有梦，就一定能飞翔！……难道说这不是一堂生动的作文课吗？

当学生内心积淀了丰富的情感，有了"厚积"，必定能在写作时得以"薄发"。

第四章
开放的内容

新课标明确指出，"为学生的自主写作提供有利条件和广阔空间，减少对写作的束缚，鼓励自由表达和有创意的表达。提倡学生自主拟题，少写命题作文"。这一理念告诉我们，作文教学的内容应该是开放的，在教学内容的深度、广度上要做到既与学生的实际能力相衔接，又要有利于培养和发展学生的潜能。

由此可见，小学作文教学要解决的问题是：为什么写，写什么，怎样写。而"写什么"是最基本的问题，它是作文教学的主体，是作文教学的灵魂。一篇好的作文应表达儿童的真情实感，反映儿童的内心世界，彰显儿童的个性，生发儿童的智慧。鉴于此，关注儿童作文内容就显得尤为重要。

第一节 内容开放的基本特征

没东西可写，这是学生作文的通病。虽然日记天天写，但只是为了完成老师的任务而已；书经常看，却只是浏览有趣的情节而已。事实上，学生写作的源泉很多：个人、家庭、学校、社会，万事万物都可能引起学生的关注，都可以成为写作的材料和内容，只是他们常常视而不见或根本不会去采摘。

作文教学步入这样的窘境，除了一些客观的原因之外，与我们教师死抠教材，轻视作文教学内容，忽视学生心智年龄特征，重形式技巧训练、轻思维训练有很大关系。

那么，作文教学内容的开放具有哪些基本特征呢？

一、作文命题个性化

我们应改革作文命题方式，让学生从生活中、阅读中产生命题，把作文的命题权交还给学生，并给予较大的自由空间，作文可以有文无题，可以先有题后有文，也可先有文后有题，只要能围绕一个意思写就行。

中高年级的学生其实很喜欢自由命题，学生也完全有能力拟出新颖恰当且极富个性的题目。教师与其绞尽脑汁地为学生"拟题"，不如轻轻松松"征题"。让我们看看学生拟的作文题目：《都是××惹的祸》《虚惊一场》《当个小孩不容易》《我们班中"明星"多》——让人一看就有表达的欲望；《校园"封神榜"》《没有大人的世界》《我们班的"三大妈"》——让人一看就生好奇之心；《"智斗"妈妈》《给小狗刷牙》《我是大厨师》——多有童真童趣；《魔法世家》《古屋幽灵》《四毛流浪记》——这是学生写的童话故事……事实证明，用学生喜爱的有话可说的题目作文，他们的写作热情空前高涨。

在作文命题个性化的实际操作中，我们还可以将教材的命题、教师的命题和学生的命题优化组合，即教师出宽题，学生根据自己的实际情况自由出题。比如，有位教师在组织学生一起回忆童年生活后，出了这样的一个主题——"童年趣事"，让学生根据自己的实际情况拟副标题。学生的题目丰富多样，充满个性，如"抓泥鳅"、"我穿上了妈妈的高跟鞋"、"酒醉麻雀"、"我是'武林高手'"、"和弟弟斗嘴""抹地板"、"帮布娃娃缝衣服"……

教学中，我们还结合学生的认知规律、生活经验，联系学生的生活实际，使作文教学内容更加丰富生动。如何指导学生写出新颖有趣、有个性的文章呢？我们可以让学生写生活中的平凡事：用不凡的视角，写出生活中的平凡事，有时会产生"妙笔生花"的效果。

学生作文

"粉 丝"

马乐也是值得一说的人物。他是个"粉丝"。什么？你不知道什么是"粉丝"？这说明你还不够网络。"粉丝"就是"fans"，追星族！你看他今天脚蹬带有蜘蛛图的运动鞋，脑门上贴着蜘蛛侠，就连 T 恤衫上也有个大大的蜘蛛网。一眼就可以看出他现在正热"蜘蛛侠"呢。

有一天他不知从哪捉到一只硕大的蜘蛛，然后把蜘蛛放到手臂上对大家说：我要大变蜘蛛侠了！那一天，他不但没有变成蜘蛛侠，反而弄得皮肤过敏，屁股上还挨了一针。

这不由得使人想起在二年级时，他是个奥特曼迷，对于宇宙英雄奥特曼家族中的各个兄弟了如指掌，如艾斯、赛文、杰克、泰罗、雷欧、爱迪……这一连串古怪的名字他竟然以闪电般的速度记了下来（平常记单词他可没有这么聪明过）。

每天他都拿着大大小小的奥特曼模型和各种版本的奥特曼连环画书，如果谁愿意扮演怪兽和他进行宇宙大战，他就会把奥特曼送给谁。每到下课，他就会和几个"怪兽"展开激烈的战斗，当然最终都是他——奥特曼的扮演者取得胜利。就连上课他也完全着迷在奥特曼上，几乎每个老师都收缴过他的奥特曼，不过没关系，他买的奥特曼多着呢。有时还竟然在老师讲着课的时候，忽然摆出奥特曼的经典 pose（姿势）：双手交叉放在胸前摆成十字状，两脚分立，腰板挺直，嘴里还不停地哼哼哈哈，像念咒语一样。老师说他是鬼附身了。就连照相的时候，他都是摆这个姿势。

有一次他突然拉起肚子来，老师带他到校医室拿了些药，可是他死活不吃，嫌药苦呗。老师灵机一动说："现在你肚子里面有很多病菌，而这支药里面有赛文有雷欧，他们专门帮助你来杀细菌和怪兽的，吃了这支药，肚子里的细菌和怪兽会马上死掉的，你就会好起来了……"老师的这些话果然起作用了，马乐一口就把药送到肚子里面了。看样子马乐对奥特曼真是走火入魔了。

老师看他这样，特意到他们家进行了家访。不知道是班主任教育有方，还是随后"奥特曼"的热潮过去了，他再也没有拿过奥特曼。如今他被"蜘蛛"附了身，半句不离"蜘蛛侠"。看，同学们围成一团的地方就是马乐在津津有味地给大家边讲边演蜘蛛侠呢。

"老师来了！"不知谁一声喊，大家如鸟兽散。

我们清楚地知道，教师的任务就是有目的地引导学生自觉主动地将视野投向生活，主动观察生活并进行思考，从而形成一种能力和习惯；不仅同语文打交道，而且能善于捕捉生活中有意义的材料，领会和感悟其中闪光的思想道理，然后指导他们形之于文，包括观察内容的取舍、观察角度的选取和中心材料的提炼，等等。这就是解决写什么和怎么写的问题，也是让作文教学走出困境的有效途径。

二、 作文内容生活化

生活是丰富多彩的，学生的作文是社会生活的反映。初学作文的小学生，不知道作文是怎么一回事，也不明白到底写什么、怎么写、哪些该写、哪些不该写，一时间难以下笔。因此，我们应当鼓励学生树立信心，放下包袱，大胆地写，用自己的语言写自己的生活，不受条条框框的束缚，想写什么就写什么，想怎么写就怎么写。

作文教学不仅要求淡化作文限制，减少作文束缚，还要求拓宽作文内容和形式，从过去的教师命题为主，变为学生自主拟题为主，从过去的"闭门造车"，变为投向大自然的怀抱寻找灵感，折射出浓郁的开放性和人文性。然而，现状往往并非如此。我们的作文教学往往局限于每学期8篇"积累·运用"中的训练，除此之外，教师很少引导学生关注周围的事物，做生活的有心人。

即使有，大多也仅限于口头要求，没有亲自引领学生去观察生活、体验生活，因此，学生不能真正将作文融入生活当中，学生的作文远离了生活。他们的作文不是来自生活，不是源于需要，他们的作文内容仅限于"高墙上四角的天空"。作文内容的狭隘也导致了作文形式的狭隘，很多以"练笔"为目的的丰富多样的作文形式，诸如笑话、谜语、儿歌、绕口令、歌词、广告语、留言条、寻物启事、表扬信等，很难出现在我们作文教学的课堂上。

所以，我们还应鼓励学生自主地选择作文内容。现在学生作文的题材基本都是教材给定的，不少题材的选材空间、思维空间的确比较大。但事实上不管多好的题材，它所指向的作文对象都不可能是全部。因此，我们应当树立一种开放题材的观念，增加随时捕捉到的鲜活素材，如世界杯足球赛，"神舟"飞船顺利返回地面，中国申奥成功，抗击雪灾，"5·12汶川大地震"，等等；增加能体现地方特色的传统素材，如集市庙会、传统节日等。小学生作文只是一种练笔，只要达到练的效果即可。应该让学生自由选材，自由抒写，写出自己个人的独特感受，见人所见，见人所不见；闻人所闻，闻人所不闻；写人所写，写人所不写。可以是真诚高尚的情怀，也可以是平凡有趣的小事；可以写现实的景物，也可以是神奇美丽的幻想；可以给老师提意见，也可以评论名家经典；可以大江东去，也可以小桥流水……所谓"能飞到九霄云外，能潜入万丈深潭；敢猜五千年前，敢想五千年后；敢上蓝天戏白云，敢下深海弄蛟龙……"

只有这样，学生作文才会符合儿童的内心需求，写作之妙、之奇、之趣、之乐自在其中。下面是一位四年级学生写的一篇生活作文《温暖》，很好地体现了作文内容的生活化。

学生作文

温　暖

"儿子！快起床，要迟到了！"不知为什么，今天妈妈叫我的声音格外急切。我迷迷糊糊地揉了揉眼睛。"啊，快六点半了！妈，你怎么搞的，又起来晚了，明天干脆给我买个闹钟算了！"

忙乱中的妈妈被我的连番轰炸弄得一下子停了下来，她低着头声音低到了极点："快吃饭吧，我明天早点儿。"

原本打算不吃早饭的我，不知被什么力量推到了餐桌旁，看着妈妈失落的样子，自己心里不禁觉得酸酸的。

"我吃完了，该走了！"我拿起书包，向门外走去。清楚地感到妈妈正小步地跟在身后，也许由于匆忙的原因，我没有回头和她说一声再见。

"铛……"一个清脆的响声传进了我的耳朵，接着，大衣的前襟被风吹开了，一阵凉风猛然吹来，这时我才注意到大衣上的一个纽扣掉在了地上。算了，什么纽扣不纽扣的，上学要紧。"等一下！"我猛地一回头，眼前的场面让我不禁一怔：妈妈早已拿了针线走到了我跟前。

"妈妈别缝了，放学再说吧！快迟到了。"我有点不耐烦地说。妈妈一声也不吭，蹲了下去，捡起地上的纽扣，用手熟练地在线上打了个结，接着便扯过我大衣的前襟，在上面飞快地缝了起来。

一阵冷风扫过，我不禁打了个喷嚏，随着我身体的抖动，妈妈把手中的针扎到了地上。"儿子，扎到没有？"妈妈立即把我拉过来，左看右看，可我分明看见妈妈的手指上有一个米粒般大小的血滴。看到这里，我几乎说不出话来，哽咽了好久，才从嗓子眼里挤出了一句："妈妈，你的手流血了。"妈妈看了看自己的手指说："没事。"接着把手指放在嘴里吮了一下，捡起了地上的针，又给我缝起了扣子。

又一阵冷风扫过，我和妈妈站在风中，但这次我丝毫没有感到寒冷，我多想将这一刻永远地延续下去，永远体验着母爱给我带来的温暖。

读罢此文，我们在内心为之感动的同时，很自然会想到美国教育家华特说的一句话："语文的外延与生活的外延相等。"可见，在作文教学中，首先要引导学生热爱生活，对生活有敏锐的感悟力。热爱生活，笔端才会淌出源源清流，妙笔才会生花。观察生活，才会发现生活中的真善美、假恶丑；积累生活，思考生活，才能拥有自己的思想，对周围的点点滴滴形成自己的看法或独到的见解。对生活观察得越细致，描写的事物就越生动形象；对生活体验得越深刻，内心所流露的情感就会越真实感人；对生活积淀得越丰富，就会练就一双热爱生活、描绘生活、讴歌生活的慧眼。

三、 作文形式自主化

小学生的作文主要是"练笔"性质，为减轻学生的写作压力，让学生自由地倾吐自己的所见所闻所感，我们可以模糊体裁的界限，也可以淡化记叙文为主的理念，可"放手"让学生试着用各种形式去作文，同样的内容可用记叙文写，也可用诗歌写，同样的主题可用寓言写，也可用童话写……

记得有一次，学校一位教师因为讲课太投入，没注意台阶，结果摔倒了。学生就这件事写了篇文章。结果发现，即使是同一个题材，不同个性的学生也会写出不同形式的文章。擅长记事的用记叙文的形式写出了老师摔倒的经过；有人用书信的形式提醒老师要保重自己的身体；爱抒情的写了赞美老师的小诗《老师，您小心点》；爱画画的，以给画写解说词的形式，写成了图文结合的文稿。

我们不仅要让学生写一些写人、记事、状物的文章，还应拓宽写作的路子，把各种题材引入作文训练之中。以往我们总认为小学生能写好记叙文就不错了，其实我们不必拘泥于体裁，不管学生采用何种表达形式，只要是学生喜欢的、对路的都可以。可以尝试写写诗歌、小说、戏剧、童话、寓言，也可以加强交际应用的作文训练，只要学生想试试的都可以仿练。

比如，有的教师在教学中，尝试让学生为自己的科技小制作写解说词，给自己的照片、图画写文字说明，为自己的家乡或生活的城市写广告词，为学校设计一句形象语等。此外，还让学生写寻物启事、招领启事、招聘启事、竞选报告、广播稿、主持词、建议书、介绍信等，多方面培养其实际应用能力。

拓宽思路，你会发现一、二年级的孩子同样能写好议论性的文章。请看一位二年级学生写的《乞丐》。

学生作文

乞 丐

今天，我看了一幅图画，画的是一个乞丐的下肢残废了，只能趴在一个滑板上靠上肢爬行。他衣衫破烂，混浊的眼里露出可怜的眼神。每当路人走过，他就说："行行好吧！"但路人却对他不屑一顾，甚至还有人在旁边指指点点，骂他是残疾。看到这一幕，我有点气愤：我们怎能没有同情心呢？在社会上，有许多像这样的人孤苦无靠，我们应该帮帮他们，让他们觉得人间也有温暖。

实践证明，这样不限文体地放手去写，学生兴趣浓、思维活跃，其创造能力和创造意识会得到充分展示。同时，作文体裁的这种开放性对发展学生个性特长，培养创新意识和创新能力也很有帮助。

教学中，教师还鼓励学生细心观察生活，写生活中的新鲜事，写出自己的感受和经历。例如，《欢乐谷奇遇》写的就是身边的新鲜事，其片段如下。

学生作文

爸爸妈妈带我去深圳欢乐谷，本是为了去看魔术表演，却不料情报有误，搞错了时间。不过既来之则安之，总不能白来，况且爸爸妈妈之前也没有来过，于是我们就四处转了转，玩了一些游戏。眼看天色已晚，我们便回家去。妈妈在路过报亭时顺便买她喜欢的《凤凰周刊》去了，我和爸爸便在远处说笑着。这时一个卖花的小贩缠住我们，不住地问我爸爸："买一枝玫瑰吧，送给小姐。"刚开始我还莫名其妙，后来见爸爸大笑，才明白过来：今天是情人节，小贩把我们父女当成了情侣。

妈妈知道了，也笑翻了。

第二节　内容开放的主要途径

新课标指出，"语文课程应该是开放而富有创新活力的，应尽可能满足不同地区、不同学校、不同学生的需求，并能够根据社会的需要不断自我调节、更新发展"。作文教学更是如此，其内容的开放大致有以下主要途径。

一、 把选材的自由还给学生

教学中我们要创造性地处理教材，不应将作文内容看成固定不变的，而应结合学生的认知规律、生活经验，注意与学生的实际联系起来，吸收时代信息，收集信息资料，从而扩展、补充或更替教材内容，使教学内容更加丰富生动。

我们的生活日新月异，新事物、新产品层出不穷，教师可以鼓励学生把它们写下来。例如，《移动改变生活》就是生活中的时尚事，写的是手机对于我们生活的影响，其三年级的学生作文片段如下。

学生作文

奶奶这段时间可乐坏了，她整天捧着个手机，琢磨着说明书，不时按着键钮，连吃饭时都念念有词。为啥？就因为姑姑帮她买了个新手机呗。

这个新手机功能可真多！不仅能打电话，还能照相、发短信和微信、设置彩铃、上网呢。它虽然外形小巧玲珑，可里面却能装下大千世界。自从买了手机，奶奶就学会了发短信、收短信，而且使用手机的功能也变得易如反掌了，移动的发展使她跟上了时代的步伐。

那么，对教材中作文训练如何体现选材的自由呢？下面以人教社十一册第二单元习作要求"选择身边的一个人写一篇文章"为例，我们就一改过去小学生只习惯于写《记一个最熟悉的人》《我的妈妈爸爸》《我最尊敬的老师》等做法，极力主张学生进行研究性写作。首先是要求学生利用较长的时间去开展一系列的研究活动，比如选题、收集资料、处理信息、分析归类、阅读书籍、得出结论，然后再下笔成文。宽松的时间为学生营造了自由的思维天地，而且还不拘形式，不限文体。其次是组织学生留心观察，拍摄现场，捕捉家庭、学校、社会的精彩瞬间，鼓励学生跟踪采访。比如有四个孩子写《泡在眼泪里的打工一族》，他们就拍打工人的生活场景，跟人访谈，四人小组写调查采访一手素材近 7000 字。还有写《我与校长亲切"会晤"》，学生撰写笔录 5000 余字。这就比写《我的爸爸妈妈》更有意思，因为它是一个研究性习作的过程。这样，《"傻"妹妹》《坐在"烟囱"上的爸爸》《黑心老板画像》等反映小学生内心世界的文章破土而出。没有无病呻吟的痛苦，没有无情可抒的烦恼，也没有无人可写的纠结，突破了传统的人物写作"高、大、全"的形象束缚。最后是在形式上可以让学生独立完成，也可以让学生优劣搭配，强强联手，抑或以小组为单位合作完成。每次研究性习作还可以装订成册，相互传阅。所以每一次选材内容开放的过程，也是孩子们心灵开放、情感开放、思维开放的过程。

二、 把想象的自由让给学生

"人是一根能思想的苇草"。想象作文能培养学生的创新思维，小学生也特别喜爱写这类文章。

英国小学生的作文想象力是这样培养的：他们首先在一个屏幕出示——20个数字、10个代表人物、10个代表事物，请一个同学随意挑选数字，先挑一个人物，再挑一个事物，这个人物就是故事的主人公，而这件事物必须出现在故事中，用这两个要素写出一个故事，看谁的故事好玩、吸引人。英国著名儿童文学《柳林风声》就是基于这样的想象而诞生的。

借此，如果我们让学生每人拟一个自己最喜爱的作文题，你会发现大多数学生拟的都是想象作文，如《二十年后再相会》《一元钱旅行记》《假如我会飞》《假如地球的寿命只剩三天》《神笔李白》……所以，教师应努力在作文教学中为学生提供想象的情境，让学生多写一些来自内心想象的东西。学了《只有一个地球》之后，学生纷纷讲述了耳闻目睹的破坏环境的现象，认识到破坏环境的危害，教师因势利导让学生假设自己是树木、垃圾桶、河水……以第一人称的口吻讲述各自的经历与愿望。同学们很快编出了童话故事《课桌哭了》《青蛙的控诉》《塑料袋流浪记》《垃圾桶的对话》……生动有趣地揭露并谴责了一些破坏环境的不良行为，表达了自己保护美好家园的愿望。

三、 把体验的自由交给学生

美国小学教师在指导学生写《感谢信》的过程，是让学生如此进行体验的：第一天讨论——学生之间进行头脑风暴，确定要感谢的人和事；第二天预写——交流写信的对象、具体事情、写信的动机和目的，接触感谢信的格式；第三天起草——按照感谢信的框架格式和要求打草稿；第四天修改——对照写作要求，检查修改；第五天完成——呈现与发表。这种写作过程不仅仅是完成了感谢信的写作，更重要的是体验了写作情感的过程。

正如新课标所说的，作文教学是以学生为学习主体，承认个体差异，重视个体体验的具体表现。因为即便同一件事，不同的学生也会有不同的体验与感悟，有不同的兴趣点，因此他们会选择从不同的角度、不同的侧面入手，写出来的文章自然也会各不相同。

如教师在课堂上与学生一起玩了"锤子锤蛋不烂"的小游戏后，学生自主拟题，自由写作，《老师的魔术》《开心时刻》《神奇的中国字》《锤子锤蛋不烂?》《超级大赢家》……孩子们以一个个独特的视角写下了他们难忘的一刻，不仅文章内容让人忍俊不禁，就是五花八门的题目也充分体现了孩子们的创造性。

生活中的重大新闻事件也是时有发生，引导学生把最近发生的新闻时事写出来，加以了解和观察也不失为好的内容。

例如，《苏丹红1号》写的就是最近闹得沸沸扬扬的新闻，其片段如下。

学生作文

最近，"苏丹红1号"闹得人心惶惶，人们简直是谈"红"色变。

这天下午，我坐在电视机前，津津有味地看着电视，按动着手中的遥控器。突然，我停住了，一则新闻吸引了我的目光，主持人正报道有关"苏丹红1号"的消息。"苏丹红是什么呀？干什么用的？"从未听说过这个名字的我在心里疑惑地想。这使我对这则新闻产生了浓厚的兴趣。听主持人介绍说，"苏丹红1号"色素是一种红色的工业合成染色剂，在我国及多数国家都不属于食用色素，一般用于汽油、机油、鞋油和汽车蜡等工业产品中，不能添加在食品中。2002年研究人员发现，"苏丹红1号"可能造成人类肝脏细胞的DNA突变。

第三节　内容开放的拓展渠道

"写什么"往往是小学生作文最头痛的事。事实上，大千世界、人海茫茫，要写作的内容是丰富多彩的，况且我们每天都要上阅读课，在"输入"的同时，有意无意间都会获得灵感；各学科的教学渗透也会拓宽写作内容的渠道。

一、　向阅读教学开放

叶圣陶先生说，学生读得好，才能写得好。阅读得其方，写作之能亦即随而增长。阅读课本，阅读课外书，阅读生活，就能丰富学生的内存。

可见，读是作文的基础，学生从阅读中既可以吸收语言材料和思维材料，也能够见识古今中外的人、事、景、物，并能产生许多感情和联想，扩大他们的文化视野，增强其文化底蕴，丰富素材积累，扩大选材的范围，培养作文的良好感觉和创新意识。

（一）课前读，读生活

生活是色彩斑斓的。教师应让学生学会感受生活，体验生活，认识生活，读懂生活，做生活的有心人。让学生养成随时注意生活积累，随时记录自己的所见所闻，乐于表达的好习惯，并且通过生活写真鼓励学生大胆表达对生活的看法，释放自己真实的情感。培养学生"说真话，表真情"的习惯，让生活成为学生作文取之不尽的源泉，丰富作文素材。课前几分钟，可通过聊天的形式，采用白描的手法来激发学生的表达欲望，提升学生的表达技巧；还可以利用"猜一猜"、"哑剧"、"图片展示"等形式引导学生细致地观察，细腻地描述，训练学生的观察能力和快速组织语言的能力。

教学示例

有一天，老师嘴巴里含着一颗龙眼核，神秘兮兮地走进教室，一张口就问："大家猜猜，老师嘴巴里含着什么东西？"同学们顿时精神大振，你一言，他一语，有的说是舌头，有的说是糖，有的说是一个古怪精灵的小宝贝……老师将嘴轻轻一张，龙眼核顺势滚出，同学们的表情、心情可谓五花八门。几分钟的时间，就有了日记《这样的老师》《老师的孩子气》《猜错了》……

（二）课中读，读教材

在课文的学习中，教师要有意识地帮助学生积累语言、运用语言。比如在《青海湖，梦幻般的湖》这课中，出现了"徜徉"这个词，教师就问学生，除了文中所说的徜徉在梦中，还可以徜徉在什么地方？学生说出了知识的海洋里、充满智慧的思想里、回忆中、美景中、自由的天空，等等。于是他们马上就学会了这个词语的用法。再如，《乌塔》这课中出现了"惬意"这个词，乌塔趴在床垫上一边吃糖，一边看书，感到很惬意！你在什么情况下很惬意呢？有的学生说躺在草地上望着蓝天白云，悠闲地想着心事很惬意，有的说吃着冰激凌听着流行歌曲很惬意，有的说爬上山顶后吹着山风很惬意，有的说光着脚丫踩在沙滩上拾捡贝壳很惬意，有的说站在窗前眺望远处的风景很惬意，还有的说终于完成了作业很惬意……

当学习《自然之道》时，教师让学生想一想生活中"鱼贯而出"、"争先恐后"的场面。随机提醒同学：看看谁最先把它用到自己的作文中。于是，他们就有了运用的意识。进而，教师又引导学生学会语言的个性化表达，这样一来，在丰富学生语言的同时，也引导学生关注了生活，做生活的有心人，为写做了铺垫。

（三）课后读，拓思维

陆游说过，"汝果欲学诗，功夫在诗外"。因此，加强课外的读写结合，能让学生用一双智慧的耳朵随时倾听花开的声音，并把这种世界上最美的声音用个性的文字表达出来。

1. 在课外阅读中丰富内容和情感

引导学生阅读课外书，可以分几个阶段。

第一阶段以培养兴趣为主，使学生"悦"读。在这个阶段最好不要给学生布置抄抄写写的作业，让阅读成为纯粹的阅读，让学生完全享受读书的乐趣。如果学生陷入抄抄写写的负担当中，故事情节就会变得支离破碎，变成好词好句好段的组合，完全破坏了故事的情节美。当学生进入三、四年级后，就应该注重内容和语言的积累了，随之进入第二阶段。

第二个阶段——摘抄积累阶段。这时候，可以让学生准备一个漂亮的摘抄本，随时记下所读的内容和摘抄自己欣赏的句子。也可以引导学生在摘抄本中设计出美观的版式和插图，那么摘抄本的每一页就成了一个微缩的手抄报了。一本摘抄本就成了一本精美的作品。

第三个阶段是注重运用的阶段。这个时候就要以"读后感"为主。我们应该既注重读后感的书面表达，又注重当堂的口头演讲。比如，读书课的时候，可用20分钟作为默读时间，然后给学生3—5分钟组织语言，接着就进入读书汇报。"哪篇文章给你留下了深刻的印象，大概情节是什么，触动你心灵的是什么？有什么收获？联想到了什么……"这样既训练了学生快速组织语言的能力，也提醒了学生读书要用心去体会。有人说，一旦你能用语言表达出某种知识，那么这种知识就属于你了。这个时候，也要教给学生读书的方法和读书的智慧。在读书中或赞赏，或陶醉，或意会，或质疑，或指点文字、挑战作品。这个过程不仅丰富了学生的语言，还丰富了他们的情感、提升了他们的思想。

2. 在名篇名著中吸收养料和智慧

教师在布置寒、暑假作业时，应有针对性地给学生推荐一些好书，让学生接触名著，感受作家的"平实"与"不一般"。如：读了杨红樱的《五三班的"坏"小子》等作品后，要求学生特别关注作家的选材和语言风格，并且试着写写自己班的极富个性的人与鲜活动人的事。学生可以先读再写，也可以先确定自己的构思再去选读章节。我们教师还出版了《五二班"翻天"了》这样的小说。

教学示例

续编《猪八戒吃西瓜》

教学目标：

1. 以课文《猪八戒吃西瓜》为基础，把握猪八戒的个性特点，学作文者的表达方法，续编故事；

2. 想象合理，符合猪八戒的形象特点；续编的故事做到语句通顺，内容具体、完整。

教学准备：《西游记》相关画面，《敢问路在何方》乐曲等。

教学流程：

一、启发谈话，激发兴趣

课件播放《西游记》画面，并配以主题曲《敢问路在何方》，把学生带入影片情境中。你们对猪八戒这个人物有哪些了解？

二、出示课件，学习写法

1. 课件出示题目：猪八戒吃西瓜。请同学们回忆一下，这篇课文讲的是一个怎样的故事？故事的结尾是什么？

2. 文中的猪八戒给你留下了怎样的印象？

3.《猪八戒吃西瓜》这篇课文，是作者包蕾根据《西游记》里的人物新编的童话故事，同学们分组讨论一下，作者是怎样把猪八戒这个人物塑造得生动、形象的？以小组为单位进行总结。

三、明确要求，续编故事

（一）课件出示题目，明确题目要求

题目：续编《猪八戒吃西瓜》

想一想，还可能会发生什么事情？猪八戒是不是真的改了自私、懒惰、贪吃的缺点？请你根据课文的内容，展开想象，续编一个大家都爱听的故事。

读一读作文要求。你读懂了什么？不明白的地方请提出来。

（二）学生展开想象，续编故事

（三）小组交流并推选出代表

学生以四人为一个小组讲故事。讲完故事，小组同学讨论，注意提醒同学之间要相互肯定、补充、修改，使学生在帮助别人的同时，自己也受到启发。教师巡回指导，使小组活动有序、有效地开展。

（四）全班交流，共同评议

小组代表讲故事，教师引导评议。

四、学生作文，编写故事。

二、 向其他学科开放

学科间是融会贯通的，其他学科中蕴含着丰富的作文资源，如数学的解题思路，品德与社会科中有关古今中外、天涯海角、美丑是非的素材，美术的欣赏与创作，音乐的微妙与怡情，科学的观察实验报告，等等，都是练笔的好题材。将作文教学与其他学科有机融合，常常能起到事半功倍的功效。

如结合美术学科，低年级可以记绘画日记，写绘本故事，中年级可以创作连环画，高年级可以编辑作文小报；结合音乐学科，可以上一堂音乐作文课，如《月光曲》中的盲姑娘和皮鞋匠能听着贝多芬的《月光曲》产生美妙的幻想，我们让学生也听着《月光曲》幻想，并把幻想的内容写下来；而作文中的学生要记叙的喜闻乐见的体育活动就更得结合体育学科不可了；还有综合实践学科中的研究实验，为学生的科学小论文提供了素材；信息学科为学生提供了广阔的虚拟天地……

有位教师在《听音乐写〈赞美母亲〉作文教学设计》中设计了一个环节——"听歌曲《母亲》，升华对母亲的情感"，这种设计是值得倡导的。

教学示例

（1）师：母爱是和煦的春风，是温暖的阳光，大家听了《母亲》这首歌，对母爱的感受会更深刻。

（2）播放歌曲《母爱》。

（3）师：多么感人的歌曲呀！请同学们讲讲母爱的故事，可以讲自己的母亲，也可以讲别人的母亲，只要是母爱的话题都可以讲。

（4）学生谈有关母爱的故事。有的谈母亲看到自己生病心疼得哭了，有的谈课本中的《游子吟》，有的谈影视中母亲的感人故事……

（5）师：谁言寸草心，报得三春晖。母亲的爱我们永远报答不完。请用手中的笔，把你最想对母亲说的话写下来。

（6）学生写作文。

（7）让学生在配乐声中朗读最想对母亲说的话，教师赠送有关母爱的名言。

这一教学环节的设计，由听赞美母亲的歌曲，到讲母爱的故事，最后抒发对母亲的情感，学生无不被母爱所感动。学生情动而辞发，为写好这次作文打下了良好的基础。教学要取得良好的效果，取决于由师生互动而生成的教学内容。就这个设计而言，教师的言语包括诗句的恰当引用，学生谈论现实中的母亲、影视中的母亲，以及配乐朗读等，形成了充满情感的课堂。

三、 向生活实践开放

人们常说生活是个万花筒，色彩斑斓，五光十色，但其反映在学生的作文中却是单一的、纯色的。原因之一就是在传统的作文教学中我们过多地限定了作文的内容。孩子们奉命去写一些单调、乏味、过时的内容，使得他们作文中所反映的内容并非其生活的外延。

事实上，孩子们每天都置身于社会生活之中，日月星辰、风霜雨雪、江河湖泊、花草树木、街头巷陌、超市公园加之报刊、电视、网络中各种各样的信息，还有形形色色的标语、广告、题联、题诗以及小品、相声磁带、VCD，等等，这些最生动、最形象、最有活力的生活素材，都是作文课程的资源。所有这些，我们不能熟视无睹、充耳不闻，而应敏锐地将其把握，根据需求予以筛选，为积累鲜活的作文素材打下良好基础。

第五章
开放的表达

　　新课标关于作文总目标的表述是："能具体明确、文从字顺地表述自己的意思。能根据日常生活需要，运用常见的表达方式写作。"我们认为，"自己的"尤为重要，其内涵就是引导学生说真话、实话、心里话，呈现真实的个性。所以，"开放的表达"就是教师不给学生强加高于生活的具有"深刻立意"的价值取向，而是引导他们去除"假、大、空"，真实地再现自身的体验，成为自己思想感情的主人，从而既讴歌生活中的真、善、美，又批评现实中的假、恶、丑。

第一节　开放表达的基本原则

所谓表达，就是用语言（口语或书面语）来陈述自己的思想、感情、意见和观点。而"开放的表达"就是指鼓励和引导学生自主真实地描绘真人真事，无所顾忌地抒发真情实感。为此，开放的作文表达必须遵循以下基本原则。

一、真实性原则

顾名思义，真实性原则就是要求学生在写作过程中讲真话、实话和心里话，摒弃假话、空话和套话。针对学生作文辞藻华丽、内容空洞的现象，如何让学生明白作文与做人紧密相连，文贵其人？外表华丽而缺乏内涵、缺乏内容和情感的东西，不会打动读者。如何引导学生写自己最熟悉、最动情的东西，写自己的真实经历、真实情感、真实感受和体会，写出作文里一个富有个性、富有灵气、富有情趣的真实的我呢？我们遵循真实性原则，要求做到以下几点。

（一）消除顾忌，让学生说真心话

文字是表意工具，是承载情感的符号，最平实的语言才能开出动人的花朵。而学生作文大多是应付式的，教师要求写什么，他们就写什么，也只得写什么。这种封闭的作文造成了学生作文时的种种顾忌：担心离题，老师不高兴；害怕材料不新，老师不给高分；苦恼字数不够，挨老师批评……总之，学生是在绞尽脑汁地完成作文任务，成了作文的奴隶，几乎没有了主见，没有了个性。

要让学生的作文富有个性，必须做到让学生能够"我手写我心"，怎么想就怎么写。在一次作文课上，一位教师要求学生以自己的理想或者愿望来写一篇作文。大多数学生写自己将来想当科学家、医生、教师。但是一个学生写的是想当一只小鸟，尽管他知道这个愿望不可能实现，但他还是用儿童诗的形式呈现出来。

学生作文

我 多 想

是一只展翅高飞的小鸟
自由自在地在蓝天白云间飞翔
不像现在
背着沉甸甸的书包走进不愿走进的课堂……

这样的作文，如果按照传统的标准评价，绝对是不合格的。但是，这是孩子的真实想法，是他的个性追求和梦想，不容我们去否定，去歧视。如果我们积极引导和鼓励学生说"自己的话"，让其无拘无束地表达出来，那么，作文就不再是教师个人意识、个人权威的体现，也不再是学生的鹦鹉学舌、闭门造车，而是真正做到个性化的真实表达。

（二）敞开心扉，让学生说真感受

小学生的天性就是活泼好动，敢想敢说，但一遇到作文，就是"横眉冷对方格纸，俯首咬碎铅笔头"，思路狭窄，无从下笔。即使写出来，往往也是千人一面，如出一辙，文中没有一个真实的"我"。

面对这种情况，教师自己首先要有一颗包容之心，能容纳学生的奇思怪想，哪怕是异想天开。对于某些超出常情、有违现实的前卫想法要细细斟酌，不可断然一概否定、一棍子打死或视为异端。此时，我们教师最需要的是积极引导、接纳或肯定。

有这样一个故事：作家三毛当学生的时候，老师让每个学生写出自己将来想干什么，也就是我们所说的理想。三毛当时的真实想法就是想当一名捡垃圾的人。谁知写出来以后，竟遭到老师的严厉指责和歧视，最后不得不违心地写自己想当一名救死扶伤的医生。老师对后一理想大加赞赏——其实他不知，自己的武断正在扼杀一个孩子的真实想法！事实上，后来的三毛，无论是在撒哈拉沙漠，还是在芳草绿洲，辗转反侧之间，她一直都在实践着自己的真实想法——捡垃圾，捡一些别人认为完全失去价值而丢掉的东西！她在撒哈拉捡石头，捡别人丢掉的棺材板，甚至骆驼骨，将自己临时的家布置得舒适美观。回头再看三毛的那篇作文，不能不让人感叹"假作真时真亦假"，悲哉！所以，我们要引导学生放开手脚，走出人为的误区，摒弃那些陈词滥调，这样才会思路开阔，才会构思新颖，才会自由表达。让学生想自己所想，说自己所说，写自己所写，作文才会彰显个性。

（三）谈话交流，表达真实情感

叶圣陶先生说，小学生练作文之要求，唯在理真情切而达意。个性的作文，就是个性化的生活经历、个性化的认识感悟、个性化的审美情感的真实再现。诸如课余时间的闲聊，毫无顾忌地说笑，都是日常生活中最敏感、最有兴趣的事。

但是，学生一见到老师，往往打住，担心所聊的内容被老师否定。作为教师，要有一颗平常的心，积极地以孩童的身份参与其中，和孩子们一道，说出自己的真实想法，发表真实的见解。当然，也要适时地加以引导和点拨。在这种平等、宽松的氛围中，学生的"真我"就展示出来，所谓喜怒哀乐、酸甜苦辣，乃至鸡毛蒜皮的小事，都会一一呈现，一览无余。所以，教师若能利用好平时与学生的每一次沟通与交流，将促进学生真实地表达情感。

（四）去除束缚，表达一气呵成

小学生总感觉作文难，除了缺乏生活积累以外，还有一个更重要的原因，那就是不知怎么去表达。

表达，是横在他们面前的一道壁垒，需要绞尽脑汁去考虑。要考虑怎样开头结尾，怎样前后照应，怎样布局谋篇……虽然这些都没错，但我们却过于追求完美：要有一个好的开头，是什么模式；要有一个好的结尾，要注重点题；还要前后照应……一系列的特别强调，给学生带上了一个又一个束缚和限制。最终，学生将会将绝大部分的精力投入到怎样表达上。缺少了一气呵成，缺少了自我表达、直抒胸臆、真情实感、个性创造，乃至真实自我都将逐步迷失。如果摒弃了这些强加给他们的限制，去除了这些条条框框的束缚，学生心情舒畅了，信心十足了，作文不就一气呵成，游刃有余了吗？

学生作文

两　行　泪

皓月当空，繁星闪烁，不时从远处传来阵阵蛙鸣。这就是我去异地求学的前一天晚上。月光无私地泼洒在我的脸上，我的眼前十分明亮，我想起每一个亲人的模样，不禁对家乡有不舍之情。

又听得窗外一声蛙鸣，才意识到我刚才已经入睡。妈妈走到我的床前，把我唤醒，"快起来吧，儿子，吃点早餐省得晕车。"虽然知道妈妈说的话没有道理，但我知道那是妈妈对我的一份关怀。我起来了，洗漱之后，走到桌前，大口大口地吃了起来，那顿早餐是我长这么大吃得最香、吃得最饱的一顿。吃完饭，看了看表，车马上到站了，我背上书包向家门口走去，当我回头说："妈，我走了。"我却没有听到应答。我走进屋，惊异地发现，妈妈的脸上两行泪在不停地淌着，手已湿漉漉的了，还不停地在揉眼睛。妈妈见我回来，便放下了手说："怎么回来了。"我天真地问了一句："妈，你怎么了？"妈妈说："没事，刚才风迷了眼睛，现在已经好了。"然后，面带笑容地对我说："快走吧，一会车过去了。在外好好学习吧。"我爽快地答应着："放心吧，我会的。"

妈妈在我的印象中一直都是坚强的，从不落泪。记得两年前的一天，中午放学我走在回家的小路上，猛一抬头，远处的天空浓烟滚滚，这时听到一声："洪超，还不快走，你们家的磨米坊失火了。"我立即跑了起来，飞奔向家而去，心中十五个吊桶——七上八下。到了家，手忙脚乱，不知做什么，急得我不由自主地哭了起来。妈妈看见了说："哭什么哭，大不了重新再开。"妈妈的一句话，使我感到绝望的心一下子平静下来。我下定决心，我不哭，而且盼望我们家的磨米坊越办越兴旺。妈妈在我心中一直保持着一个坚强而伟大的形象。

现在想想，也许正是因为妈妈在我心中是坚强的，我才会相信妈妈那美丽的谎言——那天早上是那么晴朗，又怎么会有风，妈妈的眼睛又怎么会吹进风沙呢？一切都源于一句话：儿行千里母担忧。

如今，我已读懂了妈妈的两行泪，那里面淌的是妈妈对我深深的爱呀！

真实源于生活。《两行泪》是关于妈妈的泪水的真实故事，字里行间饱含深情。这种情，可以穿透读者的心，与读者引起情感的共鸣，体现了较强的真实性。

二、 自主性原则

每个学生的天赋、能力、行为、阅历都有所不同，因此，每一篇文章理应是作者对生活观察与思考的反映，是作者思想与情感的升华，应该体现鲜明、独特的个性特征。因此，我们只有尊重学生的个性，鼓励学生自由表达和有创意的表达，才能激发他们表达的愿望，作文也才会个性盎然。

针对学生情感丰富、个性色彩浓郁的特点，我们提倡学生写"放胆文"，鼓励不拘形式地表达见闻和感受，开放作文的"表达"。

比如，学完《跳水》之后，学生对课文的内容议论纷纷。教师认真听取了同学们的争论。在征求大多数同学的意见后，教师便让他们根据自己的想象重新写个结尾。孩子们一下子来了兴趣：有的说孩子掉到海里之后，被水手们救起来住进了医院；有的说孩子被救后非常后悔，认为自己不该因为一顶帽子而差一点送了自己的性命；还有的说老船长真的开了枪，但枪不是对准孩子开的，而是故意偏离了一点儿。孩子上来以后不明白父亲为什么这么做，老船长告诉了他原因，孩子很后悔。这种自主性的表达，真实地展示了孩子们的内心世界，合情合理。

三、 目标分层原则

学生的作文能力参差不齐，相当一部分学困生距离教师的要求甚远，让他们达到新课标作文要求"内容具体，感情真实，语句通顺，有一定条理，书写工整，注意不写错别字，正确使用常用的标点符号"的目标，几乎很难。因而教师要对学生作文的实际水平做到心中有数，然后设置一个个"阶段目标"，引导他们逐次跨过一道道坎，实现一个个近期目标。

然而，传统的作文教学不顾学生的客观实际，以成人化的标准来要求小学生作文。不仅要求语句通顺，内容具体，有中心，有条理，还要讲究表达的技巧，结构的安排等。面面俱到的要求，使学生无所适从，望而生畏。这样的整齐划一，这样的节节拔高，学生的作文能力差距日益悬殊。

因此，我们在执行既面向全体学生，又从学生实际出发，承认学生的差异，设立分层目标。既要让学优生"吃饱"，又要让学困生"吃好"。

开放式作文教学（第二版）

作文能力强的学生，已经不满足于写好课本中要求的几篇作文，而是把视野投向了更广阔的天地。我们采取"门户开放"政策，引导他们尝试着编童话剧，写小说、科技小论文、调查报告等，不管他们写的这些文章的格式、结构、行文是否完全符合要求，只要他们思考了、动笔了，就应该肯定和欣赏其创新的火花，为他们喝彩，为他们创设交流发表的机会，让他们体验成功的乐趣。

作文基础较差的学生，我们不能等同而论，而应视其基础，逐次提升要求，从写几句话到一段话，再过渡到整篇文章，既保护其体面、尊严，又能使其不失进取之心。

比如，某同学有看到作文题无从下手的困难，我们就不妨先帮助他把生活中的事记录下来，先完成积累素材的阶段目标；过一段时间，再帮助他把句子写通顺，标点符号用正确，完成字句通顺、表述清楚的目标；最后，帮助他把内容写具体。在这一漫长而又分阶段的过程中，如果他达到了某一个要求，就给他评"优秀"，而不急于去考虑其他几个方面怎么样。在这样的欣赏过程和成长历程中，学生慢慢地消除了"我不会写文章"的顾虑，坚定了"我也能写好文章"的信心。当然，这需要一个比较漫长的过程，需要我们教师有足够的耐心。

学生作文——

课本上的单元作文，同样都是写景，写校园的景物，其要求是不同的。

学生作文

作文1：

我们的校园很美。操场上有两棵高大的榕树，一年四季都是绿绿的。足球场上的草地也是一年四季绿绿的，很柔软。我最喜欢足球场旁边的小花园，那里有好多树，有榕树、大王椰，还有我叫不上名字的树。有一种树的叶子是一条条的，就像毛毛虫一样，很奇怪。我爱我们的校园。

作文2：

我来说说学校的喷水池吧。这个水池的形状是8字形的，就像一个大葫芦。水池的边上和底部都是蓝色的，映衬着清清的水，很干净，很明亮。水池中有一座假山，就像是刀劈斧砍似的。上面有一座小巧玲珑的宝塔，旁边还有一座草房子，还有两位小人。我想那肯定是诗人吧，他们一定在吟诗作对。

作文3：

走进文化一条街，首先映入眼帘的就是一个大大的红红的中国结。它高高地挂在古色古香的墙壁上，引人注目。中国结的旁边就是京剧中各种各样的脸谱，有的黑脸，有的红脸，还有的黑、红、白、黄都有，老师告诉我这就是京剧中的花脸。仔细看这些花脸，有的眉宇间透着英勇之气，应该是驰骋战场的英雄；有的眯着眼睛，似乎在奸笑，令人想起古代的奸臣。脸谱的对面是十二生肖的雕刻像。我最喜欢的是那只老鼠。瞧！它昂首挺胸，两只耳朵竖得高高的，一只白，一只黑，似乎在屏息凝视。今年刚好是鼠年，我也希望自己有"鼠"不完的开心……

教师评价

这三个例子分别是低、中、高年级学生描写校园景物的作文。第一篇作文语句通顺，描写了学校的树和草，能表达自己的真情实感。从低年级的写作要求来看，是合格的。第二篇能选择一处景物，抓住景物的特点进行描写，写出了水池的形状，水的清亮以及假山的样子。在中年级应该是不错的。第三篇能选择比较复杂的内容来进行描写，抓住特点写出了自己的所见、所闻、所想。如果将三篇作文放在同一尺度来评价，就会失去评价的意义。如果我们遵循目标分成原则，将会发现，孩子们在进步，其作文水平在逐步提升。

第二节　开放表达的分类方法

学生的作文过程是学生进行个性学习和创造活动的过程，是极具个性和创造性的实践活动。尤其体现在不同的表达风格上，不同的表达形式反映出写作者个人的独特感受。

表达的分类方法按照划分标准的不同，亦有不同的分类方法，除两种常见的划分方法外，还有一些常规的表达方式在此也简要陈述。

一、按照表达形式划分

提到表达，人们会不由自主地想到以下两种形式：一是口语表达；二是书面表达。二者有其内在的联系，但也不尽相同。一般情况下，能说的大都能写，正所谓"我手写我口"；但也有不少人，会说却不能写或写不好，会写却不会说或说不好。"能说会写"的人就是"表达"的"极品"了。开放式作文表达的训练就力求培养既能说又会写的学生。

（一）口头表达

"开放式"作文教学的口头表达训练，就是有针对性地对学生进行语言和多种作文技巧的专项训练，以口代笔，走"日积月累，潜移默化"之路。

我们尝试每节语文课都安排一个片段——用3—5分钟时间，选取学生感兴趣、新鲜、敏感、有挑战性、有争议性的内容，如电视广播节目、报刊新闻、寓言故事、幽默笑话、中外文学作品、生活趣闻、社会热点等进行口语训练。或事先提供场景或当场设置情境，通过抢答、指名、讨论、采访等形式，融科学性与知识性、趣味性与针对性于一体，或审题，或立意，或谋篇，或拟提纲，以练习修辞，推敲字句，训练思维，训练语言表述速度……

此外，广告词、导游词、儿童诗等时代发展的产物，儿童喜闻乐见，也可以有效地加以利用，发挥其功用，较好地激发学生演说的欲望。

"人人争当演讲家"，训练的是口语，但同时，与作文紧密相关的思维能力、遣词造句能力、布局谋篇能力也随之提升。

（二）书面表达

"书面表达"在展示自我，再现生活，实现作者与读者的思想、情感的交流方面显得非常重要。学生作文大都采取这种方式，因它不受任何限制，可以在不同时间与空间任意表达自己的真情实感。

当然，对于小学生的作文来说，他们一般以书面文本为载体，交流也多局限于写作者本身与教师之间。偶有课堂交流，也往往是全班的佼佼者才有此"殊荣"，很难实现大面积的交流与鉴赏。久而久之，学生得不到大多数人的认可和评价，那份作文的热情与期待，将逐步消退；同时，相当一部分可学习可借鉴之作、可采摘可欣赏之长处也因无从发挥其优势，被束之高阁，随着时间的流逝而沉寂。因此，在培养学生书面表达能力方面，教师要另辟蹊径，提高实效性。

比如，"手抄报作业"就是学生喜闻乐见的一种书面表达形式。教师可以创造性地将常规作文的作业上交形式改为作文手抄报，让每个学生主办一份作文手抄报，主要发表自己的作品，辅之以同学的评价。整个创作过程中，每个学生既是记者又是编辑，既是读者又是评委和鉴赏家。学生自己定主题，写佳作，配插图，说创意，论优劣，虽然长短不一，形式多样，内容也参差不齐，但是，每个小作者的作文意识、参与意识、竞争意识、审美意识，在潜移默化之中，悄然得到培养。

诸如此类开放式的书面作文表达训练形式，带给学生的收益远远超过教师的想象。

二、 按照表达内容划分

在书面写作中，我们耳熟能详的表达方式大致有五种：记叙、描写、议论、抒情和说明。写作者一般会根据不同的文章内容采用不同的表达方式。

（一）记叙

记叙是作文中最基本、最常见的一种表达方式，它是作者对人物的经历、事件的发展变化过程，以及场景、空间的转换所做的叙说和交代。叙述有多种功能，如介绍事件发生、发展的过程，给读者以整体感；介绍人物的经历和事迹，使读者有概述性的了解；介绍人物生活的环境和事件发生的背景，交代时间、场面的变化和转移。

（二）描写

描写是用生动形象的语言把人物或景物具体描绘出来的一种表达方式。它是记叙文的主要表达方式之一。在一般的抒情、议论、说明文中，有时也把它作为一种辅助手段。描写的手法运用得好，能逼真传神、生动形象，使读者如见其人、如闻其声、如临其境，从中受到强烈的艺术感染。

（三）议论

议论就是作者对某个对象发表见解，以表明自己的观点和态度。它的作用在于使文章立意鲜明、深刻，具有较强的哲理性和理论深度。在议论文中，它是主要表达方式；在一般记叙文、说明文或文学作品中，也常被当作辅助表达手段。

（四）抒情

抒发和表现作者的感情。它是抒情文体中的主要表达方式，在一般的文学作品和记叙文中，也常常把它作为重要的辅助表达手段。抒情的作用很多，如以情动人，感染读者；创设情境，深化主题；显示基调，贯通文脉等。

（五）说明

说明是用简明扼要的文字，把事物的形状、性质、特征、成因、关系、功用等解说清楚的表达方式。这种被解说的对象，有的是实体的事物，如山川、江河、花草、树木、建筑、器物等；有的是抽象的道理，如思想、意识、修养、观点、概念、原理、技术等。

语言是一种机智，一种才华，一种素养。一篇文章里常常同时运用几种不同的语言表达方式，教师应该引导学生运用不同的语言和表达方式描述同一事物，让学生感悟语言文字的无穷奥妙，从而爱上语言，促使学生语言丰富多彩，思维活跃通达。

三、 其他常规的表达方式

（一）改写

改写一般是在不改变原文基本内容的前提下，改变原文的表达方式，它是一个再创作过程。改写对原作的思想内容基本上不作改动，大都只侧重于形式的改变，如改变人称、改变文体、改变结构等。

1. 要忠实于原文的基本内容和中心思想

改写只是改变原文的表达方式，可以增加一些情节，但不能另外编造情节；可以做一些必要的省略，但不能使原文走样。因此要把握想象和联想的分寸，想象、联想的有关内容要以原文为依据，与原文叙述的事件、情节一脉相承。

2. 可改变体裁

小学生改写文章，主要有两种形式：把古文改写成现代文，把诗歌改写成记叙文。改写不同于对诗歌或古文进行"翻译"，可不受原文结构、句式的约束，通过合理的想象、联想，对原文进行巧妙的构思，并进行具体的叙述和描写。

3. 可改变结构

通常把倒叙改为顺叙，或把顺叙改为倒叙。这种改写，一般只要变动文章的开头部分，或删或增，当然，必须注意上下文之间的自然衔接和前后照应。

4. 可改变表达方式

如将记叙改为对话或描写等。要写好这种改写，首先要掌握与表达方式有关的知识，如什么叫叙述，什么叫描写等。其次要懂得怎样进行描写，怎样写人物的对话。

5. 改写后的人称要用得准确无误

改变人称，要明确原文中"我"、"你"、"他"等词所指的对象。

（二）续写

它是指从原文出发，遵循原文的思路，展开丰富而又合理的想象，想象事情的发展结果，完成一篇记叙文。这样的作文练习，既可以发展学生的想象力和思维力，又可以培养其语言表达能力。

续写的分类大致有：根据"开头"进行续写；根据"前文"进行续写；根据"原文"进行续写；根据"开头"（或"前文"）和"结尾"进行续写。续写文章，要注意以下几点。

1. 要认真阅读原文

不管是提供情节的续写，还是续编课文的故事，我们都要认真阅读原文，深刻理解作者的本来意图。续写主要是靠自己的想象写成的，但是想象必须循着原作的思想轨迹，去做延伸想象。如"意想不到的事发生了……"这"意想不到"四个字非常重要。比如小朋友背着一个漂亮的新书包去上学，到了教室里，同学们看到了很羡慕，自己心情十分愉快，这些都是意想之中的事，是顺理成章的。要写"意想不到"的事，就不能写这些内容，否则就不符合原作的思路。

2. 要确定文章中心

续写、续编的故事，已成为单独的一篇文章，必须有个中心明确地表达自己的一个观点。如新书包被弄脏了，该怎么办？续写后的文章，要有一个正确的处理办法。再如续编《凡卡》一课，凡卡的信寄出去后，爷爷会收到他的信吗？凡卡在老板家会怎样呢？今后的事情会发生多种多样的变化，会有多种多样的结局。这要先确定一个观点，选择一种结局。而且我们选择的结局必须和原作者的观点一致，要忠实于原作者。

3. 考虑问题要周全

看图作文虽然也要想象，但只要把图上提供的主要情节想得再具体一点即可。而续写作文则不同，不仅要想象事情发展的主要过程，而且要想象得具体、周到，符合情理，没有漏洞。这就要求我们先想象几个要点并列好提纲，然后再细细思考。如果命题者提供的文字已揭示出人物的年龄、职业、身份、性格，那么续接后的文章，就必须按照人物特征和性格的逻辑以及情节发展的逻辑往下续写。

续写命题作文的思维活动，除了想象外，还体现为推测，推测要比想象复杂一些，因为它融合了不少判断。续写式作文中的推测主要是从情节的开端去推测情节的发展、高潮、结局，从人物的性格去推测人或物在特定的情境中做什么、怎样做。

如《珍珠鸟飞出笼子以后》这一续写作文，即应做如下推测：珍珠鸟飞出笼子以后，它是怎么想的？是贪图眼前养尊处优的生活还是远走高飞去谋求新生？若是前者，它必在它"钟情"的笼子旁打转，然后回到笼子里；若是后者，则又有两种情况可能发生：一种是获得新生，一种是颓然死亡——当然也有这种可能：先是享受放飞喜悦，寻求新生，在受到挫折后失去勇气和信心，重新回到主人身边……

4. 要反复推敲修改

作文写好后一定要反复推敲，仔细修改，不仅要注意事情的前因后果，首尾连贯，而且要注意段落之间的过渡，句子间的衔接，还要注意文章的感情。因为续写与写自己亲身经历的事情不太一样，作文时不容易进入情境，写出来的话会很干瘪，没有感情。

（三）串写

1. 串写的定义

它是将看似无联系的几个词语、句子有机地通过一段话或一篇文章展现出来。串写对培养思维能力、想象能力、联想能力及运用语言的能力等都有很高的价值，是我们提高学生词语运用水平的一种行之有效的方法。

2. 串写的基本方法

动手串写之前，一定要认真理解所给词语、句子的意思。因为只有完全理解它们，才能让我们展开想象的翅膀，进行构思。

3. 串写时要通篇考虑

串写的词语、句子的运用要合情合理，用恰当的表达方法将它们充实到文章中去，不要生搬硬套，要使完成的段落或文章顺理成章，不使段落或文章有生涩感或产生歧义。

第三节　开放表达的指导策略

旧时的八股文讲求各种套路，起笔时讲究"启"，中间要"承"，然后表明观点要"转"，这些套路严重地束缚了人们的思维。八股文虽然随着封建制度的消亡而消失，但是这种束缚，这种影响，发展到今天，演变为精细指导。去除了八股的外衣，却迎来了八股的模式：怎样开头，怎样结尾；怎样点题，怎样过渡……一环又一环，环环扣住了学生。针对这样的状况，我们认为应该对作文表达的指导进行全面开放。

一、　由重形式指导改为重内容指导

学生作文为什么"假、大、空"？这与教师的教学方法有关。传统的作文教学经常是"出题—讲解—作文"，甚至有些教师在作文教学中采用"体操"式的方法，把人物描写、环境描写以及特定的事件叙述搞成范本，然后让学生抄下来，背下来，这就无怪乎孩子的作文千篇一律了。

开放的作文教学尽可能地淡化了审题、立意、结构等方面的指导，把作文指导的着重点放在内容上，即指导学生观察社会生活，关注喜怒哀乐，撷取真情实感……真正让学生从繁杂的、受束缚的条条框框中解脱出来，写亲眼之所见，写亲耳之所闻，写真心之所感，品味生活中的真、善、美。

二、　由重课堂指导改为重课前指导

作文教学时，一般教师特别重视在课堂上滔滔不绝，精心指导。殊不知，学生仅仅是听得天花乱坠，收获的也仅仅只是一些纯技巧性的东西。事实上，巧妇难为无米之炊，没有"米"，怎么能做出可口的饭菜？如果将这份辛劳放在课前，如，我们十月份是学校观察节，孩子们到竹节园、地理园、生物园等地方去实地观察，产生适当的想象，然后再写下来。诸如还组织学生参与各种各样的活动，或爬山，或赏花，或猜灯谜，或讲故事……有了生活积累，有了真实体验，谁说学生表达无物，抒发无情？！

三、　由重套路指导改为重思路开拓

作文应当不再要求有明确的中心，有完整的结构；不再要求怎样开头、结尾、过渡；不再要求先写什么，后写什么。只要求学生写真话，写实话，把真情实感写具体。

为考试而作文最可怕的就是告诉套路。南京师范大学有个教师，退休后写了一篇文章，发表在《人民教育》上。他当时就是教学生写套路，每次考试他们班的语文分数都非常高。但是他剖析自己说，"其实我是在害孩子"。比如说，不管什么作文题，他都要求学生套用"屈原向我们走来了……"或"鲁迅向我们走来了……"的句式；杨朔写《荔枝蜜》，最后写"我变成一只小蜜蜂", 我们老师就指导学生不管写什么, 最后都写"我变成了什么", 等等。这些都是套路, 都会僵化学生的思维。

而开放式作文则不再要求怎样写开头、怎样结尾、怎样过渡, 不再要求先写什么后写什么。如, 学生游览了公园后, 可以让学生说说所见所闻及感受: 有的学生直接描写公园美丽的春色, 抒发了热爱大自然的感情; 有的再现了愉快的活动场面, 展示了童心童趣; 有的追忆了美丽动人的传说, 赞扬美的创造者; 还有的刻画了游人的言行, 倾注了对公园内一草一木的关怀之情。这一篇篇作文, 不能不说是孩子们心底流淌的泉水、涌动的激情。

思路的开拓, 将激发学生思维, 拓宽写作思路, 展示学生们极富个性的一面。同时, 作文形式也不宜做限制, 同一次作文, 可以是记实也可以是想象, 可以抒情也可以状物, 可以写日记体也可以写书信体……学生有选择文体、选择表达方式和写作内容的自由, 想怎么写就可以怎么写。

教学示例

联词编故事

教学目标:

1. 能够在理解一组词语意思并弄清楚它们内在联系的基础上, 展开丰富的想象, 编有意义的故事。

2. 经历"从想到说, 由说到写"的过程, 体味完成一篇作文的成功乐趣。

3. 通过作文, 增强生活的情趣。

教学流程:

一、引入游戏, 巧悟作文要求

(一) 学生准备

一组学生在纸条上写表示时间的词语 (从古至今都可以); 二组学生写地点; 三组学生写人物; 四组学生写做什么, 即干什么事。

(二) 游戏开始

各组派一名学生。这四名学生按顺序说出自己所写的词语, 使四个词语连成一句话, 其他感受其中的乐趣 (各组以此程序循环进行)。

(三) 弄清"联词编故事"的意思

"联词编故事"就是弄清几个词语之间的联系后, 编写一个发生在它们之间的小故事。

(四) 明确作文要求

(出示四年级"积累运用·五"的"作文要求): 从下面几组事物中选择一组, 以他们为主人公, 想象一下, 它们之间可能会发生什么事情, 编一个故事，先说说，再写下来。故事要有意义，叙述要清楚，语句要通顺，另选其他一组词编故事也可以。①笔、橡皮、转笔刀；②小溪、河流、大海；③眼睛、耳朵、鼻子、嘴）

1. 教师：结合我们刚才编的小故事，谁能说说，若要编出好故事需要注意些什么？你有什么好建议吗？

2. 教师小结：以"作文建议"的形式出示"联词编故事"的要求，注意词语之间的联系，讲清楚故事发生的经过，故事情节的想象要合理，要编有意义的小故事。

二、小组合作，编写故事

1. 教师过渡：下面就看看谁编的故事最生动、最精彩。可以从这三组词语中选择你最感兴趣的一组，也可以自选。

2. 学生小组合作编故事，教师巡视。

三、以评促改，指导作文

（一）听同学讲故事

学生选择最感兴趣的一组词，并请创意者讲故事。

（二）以评促改，领悟写法

师生对照"作文建议"评议故事，重在感悟如何才能做到在弄清楚词语之间有联系的基础上，构思一个有意思的小故事，在作文中如何借助内容将丰富、合理的想象表达具体。

（三）展开想象，妙笔生花

1. 学生选择自己最感兴趣的一组词，认真写作。

2. 学生作文，教师指导。

四、作文展评

（一）感受生动优美的语言

1. 出示片段，师生交流感受；2. 四人小组交流，推荐好词佳句。

（二）感受新颖的选材、巧妙的构思

1. 出示学生作文；2. 小组讨论作文的选材和构思好在哪里。

四、 融合多种表达方式， 掌握语言表达技巧

作文是语言的艺术，它直接来自于生活，又反映生活。正如苏联著名作家高尔基所说，文学的第一要素是语言。

教师们一定有这样的感觉：同样一件令人感动的事，有的学生写得干巴巴的，既不具体也不生动；而有的学生却写得让人如见其人，如闻其声，如睹其物，如临其境，给人留下鲜明深刻的印象。其原因就在于语言表达能力的差异。如何在作文指导中提高学生遣词造句的能力，使学生作文文辞生动、笔下生辉呢？我们认为在作文教学中，应着重从表达方法的运用和作文

技巧的培养上进行指导。

（一）表达方式的运用

新课标中关于作文表达的要求是："能文从字顺地表述自己的意思；能根据日常生活需要，运用常见的表达方式作文。"可见记叙、议论、描写、抒情和说明这些表达方式的灵活应用是至关重要的。

我们在指导学生作文时，既要要求学生根据内容选择相应的表达方式，又要提醒学生注意表达方式的交互使用，使学生能够把自己的观点、意见或抒发的思想、情感，准确、简明、有条理、有层次地表达出来。

比如，在《话说西乡河》的作文课上，教师让学生自由选择记叙、议论、抒情等综合表达方法和广告词、导游词、儿童诗、记叙文等体裁，自由展现个性。在题为《减负》的作文中，一位学生首先叙述浙江徐力杀母的事件，接着描述深圳的小学生书包平均重达5.5公斤，再对"减负"的概念进行说明，全文使用了记叙、议论、说明等多种表达方式，在平实的语言中显示出思想认识的深刻性。

下面是学生在描写西乡河时，运用不同表达方式的几则案例。

学生作文

作文1：

我看到了乌黑的河水正在肆意横流，河面上的饮料瓶、塑料制品挨挨挤挤，连同河水一起散发出阵阵令人作呕的臭味。河的两岸，稀疏的树木无力地摆动着自己的身躯，似乎在诉说自己的忧伤。（描写）

作文2：

据统计：每年流入西乡河的污水约有十万立方米。有毒的废品约有百吨抛进了河里，这条西乡人民曾引以为荣的母亲河，如今只是一条废河，它再也起不到任何作用。（说明）

作文3：

人们啊，请行动起来吧，工厂滚滚的污水，不要排放到母亲河里；家里的果皮纸屑，不要丢到母亲河里；刚喝完的饮料瓶，不要随手抛到母亲河里。为了西乡河能重现昔日风采，请您保护环境，保护我们的母亲河！（抒情）

下面是学生写的关于《五彩池》的广告词：

天堂美景何足美，五彩瑶池在人间。

赤橙黄绿青蓝紫，五彩池水无与比。

大似水塘小似碟，如同宝石嵌山间。

石粉凝成彩带边，大小池水分隔开。

任何深刻的思想、精巧的构思，最终要借助语言工具，才能表现出来。要使学生的作文语言新颖活泼，还可以从以下几个方面进行训练提升。

1. 综合运用多种表达方式

曲折有致的叙事、具体逼真的描写，是文章抒情的依托，议论、抒情若不与叙事、写景相结合，情感表达就会成为无源之水、无本之木。适当的议论，能使所抒发的感情得以升华。恰当的抒情，或直抒胸臆，或间接抒怀，对表达感情无疑也有直接功效。

【例文】……搭乘过"神舟"一号无人飞船的茄子种子，栽培后结出的果实有的比篮球还大，有的却比鸡蛋还小。科学家们从中筛选培育出优良品种，加以推广，从而推进农林牧业的发展。经过多年努力，专家们已经培育出"太空水稻"、"太空番茄"、"太空黄瓜"、"太空辣椒"等新品种。它们普遍具有产量高、品质好、生命力强等优点。（表达方式：叙述、说明）

2. 灵活运用各种多变句式

排比句、设问句、反问句、感叹句等的综合运用，能够改变单一的陈述方式。此外，适当运用某些语气词，如"呀"、"啊"、"啦"、"吗"等，也能增强表达的效果。

【例文1】难道友谊不是你心灵的一张创可贴吗？难道友谊不是你劳累时的一杯清茶吗？难道友谊不是你摔倒时伸出的一只温暖的手吗？难道友谊不是雨天为你撑起的一把伞吗？（排比与反问的有机整合，突出了友谊的作用）

【例文2】友谊如同创可贴一样可以疗伤，如同清茶一样可以消除疲劳，如同手一样可以给人以温暖，如同伞一样可以遮雨。（排比与比喻的有机结合，增强了表达效果）

3. 生动运用鲜活的生活语言

口语来自于生活，极富生命力和感染力。适当将其引入作文，将增强文章的生活情趣，读起来就如同品味生活一样有滋有味。当然，也可引用成语、典故、诗词歌赋、文言词句等，增强文章的表达效果。

【例文】弟弟长得虎头虎脑，双眼炯炯有神。唯一不足就是爱流鼻涕。爸爸常常称这是两条永不干枯的瀑布。我呢，常常说上一句"飞流直下三千尺，疑是银河落九天"，气得弟弟总是鼓着眼睛追着我打。（成语、诗词增添了作文的幽默感）

4. 交替运用多样的人称变换

语言表达中对故事内容进行观察和讲述的角度不同，即使是同样的事件看上去也会呈现出不同的面貌，在不同的人看来也会有不同的意义。

表达的魅力不仅在于讲述了什么事件，还在于是什么人、从什么角度观察和讲述这些事件的，因而灵活变换人称，可以增强表达张力。第一人称：亲切自然，能自由地表达思想感情，给读者以真实生动之感。第二人称：直接对话，拉近与读者的距离，显得亲切，便于抒情，加强感染力，有拟人化的效果。第三人称：能比较直接地展现丰富的生活，不受时间和空间的限制，反映现实比较灵活自由。通过人称的交替变换，能准确把握故事叙述的远近粗细，因而能增强表达的生动性和感染力。

比如，人教版七年级上册《谁是最可爱的人》的结束段落就非常奇特，作者采用变换人称的方法，增强了表达效果。

【例文】 亲爱的朋友们，当你坐上早晨第一列电车走向工厂的时候，当你扛上犁耙走向田野的时候，当你喝完一杯豆浆，提着书包走向学校的时候，当你安安静静坐到办公桌前计划这一天工作的时候，当你向孩子嘴里塞着苹果的时候，当你和爱人悠闲散步的时候，朋友，你是否意识到你是在幸福之中呢？你也许很惊讶地看我："这是很平常的呀！"可是，从朝鲜归来的人，会知道你正生活在幸福中。请你们意识到这是一种幸福吧，因为只有你意识到这一点，你才能更深刻了解我们的战士在朝鲜奋不顾身的原因。朋友！你已经知道了爱我们的祖国，爱我们的领袖，请再深深地爱我们的战士吧，他们确实是我们最可爱的人！

采用第二人称形式，如聊天一般流畅自然，亲切而又不失劝慰。热爱战士、珍惜幸福的意愿淋漓尽致地表达了出来。

（二）表达技巧的培养

古人云，能言利齿安天下，说退群雄百万兵。语言的功用由此可见。语言不只是一种表达技巧，还是一种思维的艺术，是智慧与情趣的闪光。对于学生而言，重点在于学习语言在作文和交际上的表达功用。俗话说，三分姿质，七分打扮。作文也是如此，只要经过"事事四五通"的装扮，何愁它不"精妙世无双"。装扮的手段通常很多，能让学生自信地用饱含深情的笔，飞扬文字，流淌真情，使感人肺腑的亮丽语言跃然纸上。

1. 准确生动的词语

客观事物是丰富多彩和千变万化的，用于描述客观事物的语言也应该如此。写文章首先要选用最能反映事物本质特征的那一个词语。用词准确精当，鲜明生动，富于变化，才能增添文章的文采。

2. 灵活善变的句式

作文时，教师要善于引导学生根据抒发感情、体现思想或表达内容的不同需要，恰当选用不同的句式，以变换节奏，使语言抑扬有致，波澜起伏。要善于指导学生把握有关句式的特点和作用。如文言语句含蓄典雅，口头用语简练泼辣，长句周详严密，短句简洁明快，独词句鲜明突出，感叹句便于抒情，对偶句铿锵凝练，反复句余韵悠长，排比句气势磅礴，反问句加重强调，引人深思，等等。文章中若能综合运用多种句式，语言就会大放异彩。

【例文】鱼儿喜欢清澈的河水，那是它们的家园。花儿喜欢肥沃的土壤，那是它们的家园。鸟儿喜欢澄澈的天空，那是它们的家园。人类需要没有硝烟的世界，需要一个和谐美好的家园。（短句、排比句）

有时特意安排一些重要的句式，可以形成文章的特色。如前后句式的照应，可使文章结构完整、思路严密；排比句式可增强文章的论证力度，或使情感的表达更充分；设问句式可提出重要的问题，以引起读者的注意；比喻句式可使内容的表达更形象、更有文采、更有意蕴；对偶句式可使语言凝练，形式整齐……当然，句式的运用，一定要注意作文的实际需要，切不可单纯去追求句式的变化，那样是没有什么益处的。

3. 巧妙贴切的修辞

常用的修辞手法有比喻、拟人、夸张、反复、设问、反问、排比、对偶、反语、借代等。引导学生巧妙运用修辞手法，能勾勒出事物的立体特征，状难言之物如在眼前，增强语言的形象性，这样就把事物写活了。修辞手法的运用，更能增强语言的文学性，增强语言的表现力和感染力。

【例文1】这是什么？原来是调皮的橡皮。（设问+拟人）

【例文2】北京申奥成功的消息，没等播音员说完，就传到长城内外，传到天山南北，传到白山黑水之间，传到大河长江之南。（排比+夸张）

【例文3】看，那青松的边沿，闪动着白桦的银裙，不像海边的浪花吗？（反问+比喻+拟人）（摘自老舍《林海》）

三个句子，运用不同的修辞，突出了橡皮的调皮、申奥成功时的喜悦、林海的美丽。

【例文4】我是一颗不知名的种子，妈妈把我抛向空中的那一刻，便注定了我一生的艰难。

我最后一次回头望了望地上的妈妈，她只是轻轻地摇了摇墨绿色的右臂，说："孩子，坚强一点，去寻找自己的幸福吧！"随着风姐姐，我向着陌生的远方飞去。（拟人）

【例文5】开始，我读的是带拼音的童话书，年龄稍长，我"野心膨胀"，开始了我的"殖民扩张"，获奖作文、古典名著都成了我涉猎的对象，我省下零食的钱同班里的同学换书看。为了一本借不到的好书，我常常"悠哉悠哉，辗转反侧"……（夸张）

【例文6】感动好像暖暖的春风，"二月春风似剪刀"，给大地带来春的消息，让世界充满生机和活力。

感动仿佛隐隐的春雷，驱散了人们心中的阴霾，使沉睡者苏醒，使懒散者振奋。

感动犹如纤纤的春雨，滋润了干涸的心田，"好雨知时节"，"润物细无声"。

四个语段，分别运用不同的修辞，或清新，或庄重，或大气，或灵性，增强了表达效果。

4. 细腻生动的描写

文章用语要含蓄，描写要有情境，才能激发读者的联想与想象，才能促使读者去思考。特别是关键地方的用语，要做到含蓄、有意蕴，就会使内容更丰富，更耐人寻味，更有深度。要做到细腻生动的描写，我们可以从以下几个方面对学生进行指导：

关于人物的描写方面：

① 生动贴切的语言描写。

【例文】

"老爸，你快点呀！"

"女儿——我来也！"老爸拉起了京腔。

"嘿哧嘿哧，左三扫，桌子下面，椅子下面，快扫快扫，我们得赶时间。"我边扫地边唱着歌。

"快点干，快点干，老婆马上就要回来，给她一个惊喜，让她高兴高兴！"爸爸接过了我的声腔，唱着说着，但我不知道是何方曲调。

我扫地，爸拖地；爸买菜，我洗菜；我切菜，爸烧菜，忙得不亦乐乎，合作得得心应手。

语言描写要注意符合生活实际，要符合人物性格、身份。这段文字描写两人干家务的情景，其中，女儿的话，女儿的歌，父亲的话，父亲的歌，均体现出浓郁的个性，写出了人物间和谐亲密的关系，生动活泼地再现了生活画面，拉近了文章与读者的距离。

② 细致准确的动作描写。

【例文】

两人脸憋得通红，两只眼睛瞪得溜圆，边使劲边鼓气！

"压过来了，压……过……来了！"旁边的几位啦啦队员卷起袖子，吴刚蹲下身子，起劲地鼓掌为王小明助威："小明，好样的，给我顶住，给我顶——住！"而人称"书呆子"的胖子李华则在华阳的身后打出 V 形手势，不停地挥舞着手中的尺子，高兴地有节奏地直喊"华——阳，华——阳！"

写人叙事，一要准确，二要细致。上面这段文字很好地把握了这两点。文中描写了两位同学"较量"的全过程，对阵双方的动作，旁观者的动作一一展现。读之，比赛的场景如在面前。

③ 精细入微的心理描写。

【例文】荻握着落叶的手攥得更紧了，她不知道老师为什么给了她希望，却又让她失望。荻想，或许我根本就是这片叶子，飘落地上，还要受风吹雨淋，被脚踩，直碾成碎片。一阵风拂过，又哗哗地落下一大片残叶，荻站起来，小心翼翼地避开那些枯黄的树叶，她不愿再去踩踏它们残破的身躯。

作者通过心理描写展现了文中人物"荻"孤立无助的感受，表现了"荻"对公平的渴望。心理描写可用细腻的心理刻画，也可用内心独白，并可用景物描写映衬，多种手法结合使用，会使文章富于感染力。

④ 惟妙惟肖的神态描写。

【例文】"这不是你的钱！"我不禁脱口而出。车子里顿时静下来，众人的眼光都转向这里。那位先生脸"唰"地一下红了。那位妇女像从噩梦中醒来一样，惊慌地摸了摸自己的口袋。"是我的，我丢了钱。"她看着大家的眼神，急得掉下眼泪。"我看见这钱是从你口袋里掉下来的。"她看着我，眼神里有求助，也有感激。"大家别这样，我准备把钱捡起来还给她。"那男人把钱送到妇女面前，她低着头迅速接过。我瞟了那男人一眼，看起来还像个君子，其实……

神态是一个人性格与精神面貌的体现。上面几段文字中，小作者仔细描绘了众多人物的神态变化，"我"的神态、"众人"的神态、"男人"的神态、"妇女"的神态都写出了特点，突出了细节。人物情感的微妙变化通过神态描写生动地展现在读者面前。

关于环境的描写方面：

【例文】天下着蒙蒙细雨，一切都是那么缥缈，那么模糊不清。芹躺在床上，望着白色的墙壁、白色的床单、白色的被子……这儿所有的一切都是白色的，可是这白色让芹心里也渐渐沥沥地下着小雨。

人的活动离不开环境。一般来说，环境描写既可提供人物活动的场所，还可以烘托人物心情，表现人物性格，渲染气氛，推动情节发展。王国维在《人间词话》中说："一切景语皆情语。"景物的特点往往同人物的心情融合在一起。

关于细节的描写方面：

小说《麦琪的礼物》一开始就反复讲述德拉数"一块八角七分钱"；然

后用"房租"、"信箱"、"电铃"、"名片"等细节描写，突出德拉夫妇的穷困。接着写德拉为无钱给丈夫买礼物而悲痛，"突然她从窗口转过身来，站在镜子前面。她的两眼晶莹明亮，但是在 20 秒钟内她的脸失色了。她很快地把头发解开，叫它完全披散下来"，她想到了自己的头发，"她又神经质地很快地把头发梳起来。她踌躇了一会儿，静静地站在那里，有一两滴泪水溅落在破旧的红地毯上"。一系列细节描写把她内心的斗争表现得淋漓尽致。

"细微之处见精神"，因此，抓住生活中细微而又具体的典型情节，或形象勾勒，或动态造型，或神态描摹，或心理刻画，惜墨如金而生动传神。

5. 充满意蕴的表达

"读书破万卷，下笔如有神"，在综合运用以上多种语言表达方式的基础上，如果再让学生充分调动自己的文学积累，并指导学生在立意上做深刻思考，更好地驾驭语言，使其能够妙笔生花，文章就会深刻而充满意蕴。

【例文 1】我的心开始与鲁滨孙在一起流浪，在孤魂野岛上经历凄风苦雨；我开始寻找一位吉卜赛姑娘优美的身影，体味她对加西莫多的震撼；我开始接触苔丝的温柔，柯察金的坚韧，罗密欧与朱丽叶的情韵……

【例文 2】我在"落花流水春去也"中感受了李煜人生浮沉的无奈；我在"人生如梦，一樽还酹江月"中体味苏轼壮志难酬的压抑；我在"征鸿过尽，万千心事难寄"中聆听李清照国破家亡的心语。

作文案例

阅读下面一首诗，根据要求作文。

一个海员说，/他最喜欢的是起锚所激起的/那一片洁白的浪花……一个海员说，/最使他高兴的是抛锚所发出的/那一阵铁链的喧哗……

一个盼望出发，/一个盼望到达。

"一个盼望出发，/一个盼望到达"，诗中的"出发"、"到达"使你想些什么呢？请以此为话题，写一篇文章。注意：（1）立意自定。（2）除诗歌外，文体自选。（3）题目自拟。（4）不少于 600 字。

从诗歌来说，诗中选取了海轮起航和返航抛锚这两个瞬间，以两个海员不同的"盼望"，表达了一个同样的心情和愿望，那就是对航海事业的无限热爱——出发是海员的愿望，而到达既是一个征程的胜利，又是另一次出发的起点。了解诗歌的基本内容，有助于学生写作时确立立意及写作角度。

从以上分析可以看出，此话题可能更适合于写成记叙、抒情类文章。写作时，可结合"发展等级"中"有文采"一项的有关要求，尽可能在词语生动、句式灵活、善于运用修辞手法、文句有意蕴等方面出彩。

第六章
开放的文体

　　文体，是指独立成篇的文本体裁，是文本构成的规格和模式，是一种独特的文化现象，是某种历史内容长期积淀的产物。

　　文体是内容和形式的统一。文本内容决定体裁形式，选择、运用哪种文体，取决于表现对象的特点以及作者反映内容的具体方式。任何文体都同其一定的表达内容相适应。

　　长期以来，写人、记事、写景、状物这四种文体，一直被众多的教师作为小学惯用的作文文体。也不知从何时起，传统的作文教学演变成了老师的一言堂，作文总是以写人记事、写景状物为主，总是让学生跟着老师规定的"先写什么，再写什么，最后写什么"的写作模式走。这样做的结果，是学生作文的自由度小了，想象的空间窄了，他们受到各种条条框框的限制，文章变得呆板、虚伪、乏味。

第一节 文体开放的现实意义

作文文体的开放呈现的是多元化的特点，除了写人、记事、写景、状物外，还增加了想象作文，如编童话小故事、续写寓言、写科幻作文等，还有实用性作文，如写自我介绍、自我推荐，写导游词、解说词等。一位教师曾设计了这样一堂作文课，任意提供给学生两个材料，如鲜花与花瓶、猫与布娃娃、纸箱与小老鼠……让学生根据这两个材料展开联想。如此看来，所选材料丰富多彩，有时是两个词，有时是两张卡片，有时是两个实物等。学生不受体裁所限，任意发挥，短短的 20 分钟，一篇篇有趣有味的作文就诞生了，就连学困生也从中品尝到了成功的喜悦，增强了写好作文的信心。

可见，开放作文文体有以下作用。

一、 彰显学生的主体地位

英国教育家洛克说过，每个人的心灵都像他们的脸一样各不相同。正是因为他们无时无刻不在表现自己的个性，才使今天这个世界如此丰富多彩。

记得有这样一个很好的作文例子："最近，你有没有特别想写的内容？这次作文，就请你把最想写的内容写下来……总之，写景、记事、写物、写人、展开想象编故事都可以。要注意把内容写具体，把句子写通顺。"此次作文的内容没有做任何规定，而是充分尊重学生写作的愿望，学生获得了宽松的写作空间，有机会在作文中反映自己生活与情感的积累。至于怎样表达，以何种方式表达，则可以根据自己的喜好和习惯选择。这种充分尊重学生主体意愿、经验积累、个性体验的作文设计，在如今的课改教材中频频出现。

我们还经常看到诸如"可以……可以……可以……也可以……""或者……或者……或者……"等句式，提供了作文内容、形式的多元选择，给学生以充分的写作自由度，学生的表达不会因为过多的附加要求而被束缚了手脚。少了羁绊与约束，学生的主体体验才能充分彰显。

二、 尝试体验不同的写作文体

"文体的开放"就是指引导学生根据同一题材，写出不同文体的作文。在一个班级中，往往是有的学生擅长写记叙文，有的喜欢写散文，有的热衷于简短的小诗歌，有的喜欢写日记、游记、周记，还有的喜欢写侦探故事和童话故事……总而言之，各种文体都是学生学习的模板。如果教师能放开手，让学生选择自己喜欢的文体，学生对作文就会有兴趣，内容也会富有新意。

如以"荔枝"为题材的作文，可以写成说明文，介绍其种类、特点、生长过程；可写成一般记叙文，描绘荔枝的色、形、味，赞美荔枝的美；也可以写成观察日记，记录其生长过程中的变化，还可以写成游记，甚至可以写成以物喻人的小散文，抒发对美好事物的赞美之情。

现在大家都喜欢看电影，喜欢看电视剧。我还专门上了一节《微型影评》作文指导课，因为影评可以培养学生细致的观察力，广泛的思考力，准确的表达力。学生不光是写看到什么，体会到什么，更重要的是还能体会到电影或电视中有哪些不足，提出哪些建设性意见。我想，通过这样的课，很有可能会无形中培养出未来的导演、编剧和剧作者。

教学示例

微 型 影 评

教学目的：

1. 让学生了解什么是影评，初步学习微型影评的写法；培养学生基本的审美能力、评价能力和审美情趣以及信息处理的能力。

2. 初步掌握记叙、描写、议论、抒情等多种手法在影评写作中的综合运用。

教学重点： 影评写法的指导。

教学难点： 影评角度的确定。

教学准备： 收集相关影评资料。

教学流程：

课前引言：谁能告诉大家，课余时间你们都有哪些兴趣爱好？

一、评莫言，铺垫激趣

提问：最近，国内外媒体和社会公众都在关注一个焦点，他也成了全中国大江南北令人瞩目的人物，你知道他是谁吗？

莫言先生获得了诺贝尔奖，听到这个消息，你有什么感受？你对他了解多少？

叙述：莫言中篇小说《红高粱家族》，曾荣获第四届全国中篇优秀小说奖，据此小说改编的电影《红高粱》为中国电影夺得了第一个世界冠军级大奖——柏林国际电影节金熊奖。它是中国电影的高峰，也是中国艺术史上的高峰。翻译莫言小说的美籍作家坦言，这次莫言之所以获得诺贝尔文学奖，与当年这部电影走向世界舞台密不可分。

提问：有没有人看过电影《红高粱》？

叙述：它充分地表达了影片对原始生命力的赞美与崇拜。本片一个显著的特点就是大胆使用了红色：红衣裳、红盖头、红轿子、红高粱、红高粱酒以及红色的太阳。

据说莫言的家乡山东省高密市会种植千万红高粱并有可能改为"红高粱市"。

二、聊影视，选择角度

（一）轻松自由聊影视

提问：你们看过哪些电影或者电视剧？哪一部让你记忆犹新？请用一句或是几句话简要说一说。

板书：主题、人物、情节、细节、语言、演技、音乐、场面、道具……

提问：聊了这么多，能用自己的话讲一讲，什么是电影吗？

点拨一：电影是以现代科技为手段，以画面与声音为媒介，在运动着的时间和空间里创造银幕形象，反映现实生活和思想感情的一种艺术。

点拨二：电影的诞生给人一种很大的冲击，它使一个固定的影像活动了起来，复制了我们的生活，这也是我们喜欢电影的一个最根本的原因。所以说，电影超越了照相和绘画的功能。

点拨三：2010年暑假，我曾经去过亚洲一个国家，到了那里以后我非常震惊，因为那里不允许照相，更不可以拿摄影机拍摄。当时我就想如果能拍下来，等到时代前进和变化以后，这些影像资料是多么珍贵。

（二）比较教学显重点

提问：平时我们读了很多好书，就会尝试着写一些读后感，一般的读后感是怎样写的？

那么，我们也看了很多好电影、电视，也有很多的感触，你有没有写作的冲动？其实写观后感跟读后感的整体思路是有基本相似的。

a. 写一下电影或电视的梗概，提炼你想写的重点；

b. 列举一两处情节重点阐述；

c. 概括总结。

教师小结：因为今天我们是第一次写影评，只要求大家用一句或者几句比较短小精悍的话对影视作品的某个方面进行评价，也就叫"微型影评"（板书）。这节课我们就着重进行"微型影评"的训练。

三、展微评，渗透写法

出示微评一：电影《功夫熊猫》，一部高质量的表现中国元素、反映美国故事的好莱坞动画片。它帅气的动作设计，可爱的形象设计，诙谐的语言设计，将中西方文化和习惯完美地地融合到了一起（背景音乐、背景建筑都很中国，师傅的说话内容、语气和神态都符合华语动作片高手的设计）。

出示微评二：缺水的西北荒漠，贫穷的山村，清贫而热心的老师，活泼的孩子，勤劳朴实的农家妇女，所有一切都是那么典型。但它用一种诗意的表达为我们展现了物质的贫乏和精神的充实，看过之后，你不因他们的困苦感到绝望，而是在轻快的配乐，逗人笑的场景中让人看到了希望。这就是电影《上学路上》。

出示微评三：看过电视剧《三国演义》，深有感触的就是一个"义"字。桃园结义，关羽的"义"盖云天，赵云的忠肝"义"胆，诸葛亮用一生的光阴诠释了"义"的真谛……如果没有"义"的存在，哪有三国鼎立的时代？义——三画一字，简简单单，寓意深刻；三国演义，义贯三国，失去了义，就失去了三国的精彩；失去了义，三国就没有意义；失去了义，三国就再也演不起来。

小结：影片中值得评论的方面很多，比如影片中人物形象、故事情节、演员的表演技巧、背景音乐，甚至其中的某一镜头、一个场面、一个细节、一个眼神，一个道具，都可纳入我们评论的范围。微型影评就是要抓住其中一个方面，选取一个角度，阐述一个观点，以小见大，以微见著，反映影片的精髓。

四、忆影视，尝试写作

1. 选择印象最深刻的一部电影或者电视剧（剧情片、战争片、喜剧片、科幻片、动作片、魔幻片和动画片等），选取一个角度，写一个短小的评论。

2. 学生习作，教师巡回指导。

3. 师生欣赏、评议。

五、荐电影，开放训练

1. 推荐电影习作练习。当今电影发展娱乐性、商业化趋势较为严重，欣赏电影就像选择书籍一样，一定要注重它的艺术价值。

在这方面法国做得比较好，法国电影被好莱坞冲击得很厉害，但政府补贴给一些影院不放大片，只放人们心目中的艺术电影，这样就保护了很多商业之外的艺术电影的存在。他们还有电影基金会，从商业电影里面抽10%—15%的盈利，必须投拍到具有艺术价值的非营利性的电影，这样一套措施使电影作为文化和艺术得以在法国很好地发展。

a. 国产儿童电影排行榜：《自古英雄出少年》《上学路上》《城南旧事》《别碰我的童年》

b. 外国经典电影：《博物馆奇妙夜》《零下八度》

c. 文学作品改编：《狐狸和孩子》《雾都孤儿》《绿野仙踪》

结合其中一部电影，写一个微型影评并张贴在板报栏内。

2. 利用黑板报介绍电影知识，在读书笔记中增设影评栏目。

板书设计：

微 型 影 评

角度独特：主题、人物、情节、场面、细节、语言音乐、演技……
主题鲜明

见解新颖

表达生动

行文流畅……

开放式作文教学（第二版）

专家点评

张云鹰校长是开放式教学流派的创始人。

《微型影评》一课的教学，成功突破了教材单元训练内容的束缚，大胆地将文学、电影、电视、文艺评论等元素融入课堂。或《狮子王》，或《功夫熊猫》，开拓了学生作文的内容。正如新课标倡导的"为学生的自主写作提供了有利条件和广阔空间"。谈笑间，师生联袂完成了对影视作品中人物、情节、主题甚至演员表演艺术恰到好处的评议。

作文内容的突破与开放让我们耳目一新。尤其是《微型影评》在思维训练、文体创新方面更是独树一帜。长期以来，小学生停留在写人叙事上，而这节课从谈莫言、评《红高粱》、议作品价值入手，鼓励学生从不同角度评议影视作品，比如学生聊电视剧《亮剑》并想出不同的看法，呈现出的不再是单一的叙述和描写，不再是纯粹的认同和赞美，而是一种思维的激活，视野的开拓，铅华的洗尽，真情的回归，并逐步走向对议论文体的写作尝试。

孩子们在快乐、轻松、自主的课堂中，在老师优美的语言的引领下，从拘谨到想说、试说最后到争说，产生了巨大的变化。可以说是真正开放的课堂。有一位省级教研员在信息交流平台上发表了这样的感受：张老师不拘泥于教材，以微影评为教育内容，拓展语文课堂的视野，相信孩子们都喜欢这样"不务正业"的语文课。《微型影评》的精彩演绎，突破了一般作文教学的樊篱，开创了一种全新的作文教学新思路。

（王旭明，语文出版社社长）

三、 提高学生的写作兴趣

我们在作文指导中，要注重激发学生的写作兴趣，让学生把蕴藏在自己心灵深处的、与众不同的素材"倾吐"出来。这样，才能使文章的个性色彩得以鲜明体现，学生的个性差异得以自由驰骋。

例如，在进行作文训练——《一次旅游》时，有的教师就打破了作文指导"学什么就写什么"的僵化模式，大胆放开，让学生自由表达，进行开放式的作文教学：内容上，不再限定为写景；形式上，不再限定为游记。"写什么和怎样写"的主动权完全掌握在学生的手中，只强调把在游玩中感受最深、印象最深、自己最想说的话，用自己最喜欢的形式写下来。此时，学生的作文热情得到激发，内部语言被激活，创作的个性得到充分发挥，一个个语言生动的句子就像山间的溪水从学生的笔端潺潺流淌下来，一篇篇充满灵性的文章犹如一幅幅生动的面孔展现在教师面前。

教学示例

古 诗 改 写

教学目标：

1. 联系生活实际和亲身体验，展开丰富、合理的想象，把古诗改写成内容具体、语句通顺的记叙文；

2. 经历古诗改写的过程，掌握古诗改写的一般方法；

3. 在相互交流和启发中不断完善自己的作文，在交流中感受到合作的快乐。

教学准备：

1. 教师准备：收集有关《赠汪伦》的背景资料和诗人的生平介绍，制作关于汪伦在桃花潭边踏歌送李白、李白和汪伦两人拱手相望、汪伦目送小船渐渐远去的课件。

2. 学生准备：熟读古诗《赠汪伦》，掌握古诗的含义及其表达的思想感情，收集有关背景资料。

教学流程：

一、看图诵诗，激起兴趣

1. 出示课件：满山的桃花开了，山中有一泓深潭。潭水清澈，倒映着青山，一叶小舟停泊在不远的江水中。诗人站在船头，与朋友依依惜别……看了这幅画面，你会想起我们学过的哪首古诗呢？这首诗表达了诗人怎样的思想感情？

2. 古诗最大的特点就是语言凝练，跳跃性大。它能把个性鲜明的人物、内容、情节完整的故事高度概括成十几个字或几十个字，因而给我们留下了充分的想象空间。请大家展开合理的想象，把高度浓缩了的古诗改写成一篇内容具体的记叙文。

二、师生合作，探究写法

（一）提出目标，小组探究

师：这首诗28个字，要把它改写成记叙文。请大家想一想，找一找，字里行间哪些地方诗人留给了我们可以展开想象的余地？

1. 小组讨论；

2. 班内交流；

3. 教师梳理学生的发言。如，桃花潭周围的环境；李白和汪伦的衣着、打扮；两人在桃花潭边饮酒作诗的快乐生活；两人的对话、动作、心理活动；岸边两人依依惜别的情景……

（二）提供资料，丰富素材

师生共同交流背景资料：唐天宝年间，泾县豪士汪伦听说大诗人李白旅居在南陵叔父李冰阳家，欣喜万分，遂修书一封曰："先生好游乎？此地有十里桃花；先生好酒乎？这里有万家酒店。"李白欣然而来，汪伦据实告之：桃花者，实为潭名；万家者，乃店主姓万。李白听后大笑不止，并不以为忤，反而被汪伦的盛情所感动。两人诗酒唱和，流连忘返。临别时题下这首诗。如今，诗仙、豪士逝者如斯，但桃花潭却因之流芳千古。

（三）创设意境，指导想象

师出示配乐课件：

1. 引导学生结合画面内容，想象桃花潭周围的环境。

2. 依据画面所创设的情境，激发学生想象。学生在小组中就人物的对话、动作、心理活动以及他们依依惜别的情景畅所欲言。

（四）交流互动，感悟写法

1. 班内交流，评价激励；2. 再现目标，明确写法。

我们要把语句凝练的古诗改写成记叙文，应怎么做？

（改写的文章和原诗表达的感情一致；抓住诗句的空白点展开想象，写具体；想象诗人的语言、动作、心理以及穿着、打扮等；收集有关诗文和诗人的背景资料；适当的环境描写或景物描写；时间、地点要交代清楚……）

三、引导发散，触类旁通

师：《赠汪伦》是一首送别诗，这一类诗如《别董大》等也可以这样改写。当然，爱国诗、田园诗、山水诗同样也行。

四、展开想象，自由改写

用这节课学到的方法，选择你喜欢的一首古诗，改写成记叙文。

五、欣赏作品，评析提高

1. 学生完成初稿；

2. 组内交流，选出佳作；

3. 班内欣赏佳作，共同评议；

4. 相互借鉴，完善作文。

第二节 突破狭隘的文体界限

文体训练是初学写作的人必不可少的训练项目。但过于封闭的文体训练，不仅使学生文体写作畸形发展，也束缚了他们的创造力。提倡文体的开放性训练，可以活跃学生的思维，增强他们的能力，开阔他们的视野。教师只要有得当的文体教学，使其健康发展，学生作文的能力就会在文体的自由变换中更加开放彰显。

一、 淡化记叙文为主的训练

长期以来，小学作文教学片面重视记叙文体的训练，忽视应用文、说明文、议论文等其他文体的练习，导致很多学生连最起码的请假条都写不好。记叙文是基础，是写作的核心，但不是写作的全部。课程改革强调学以致用，学习与生活相联系。单一的记叙文体已不能满足社会的需要。

记叙文写作的核心地位已受到冲击，有人担心会引起文体的混乱。其实这种担心大可不必。无论怎样，记叙文是人们叙事抒情的最佳选择。只是教师不必一味拘泥于记叙文与教材规定的几种应用文的写作，可以结合班队活动，结合兴趣小组活动，多进行随机作文训练，同时还可以将学生较为熟悉的广告词、儿童诗、童话、故事、寓言、笑话等引入学生的作文训练。

教师还可适当地介绍一些简单的创作技法，如有意识地让学生收集一些媒体中的广告词，再引导学生概括出写广告词的基本要求：幽默风趣、简洁易懂、语言生动、特点鲜明等，然后让学生试着为家乡的一些特产甚至自己的学校设计广告词，学生在这种作文中表现出的创造性是十分令人惊异的。

作文案例

（1）根据下面的材料作文

任意两种事物，只要经过三四步联想，就可以使之发生联系。请你将下面的事物联系起来写一段话。

①钢笔——（　　）——（　　）——月亮

②白纸——（　　）——（　　）——大楼

（2）阅读下面一段文字材料，先拟一个小标题，然后把这段材料扩写为400字左右的短文。

有父子二人，居山村，营果园。父病后，子不勤耕作，园渐荒芜。一日父病危，谓子曰："园中有金。"言讫而逝。子翻地寻金，无所得，甚怅然。而是年秋，园中葡萄、苹果之属皆大丰收。子始悟父之理。

（3）请续写下面的文章，并自定题目。

那天清晨，阳光明媚，我哼着小曲往同学家走去。刚出小区门口，发现前面围了一大堆人……

（4）学了《草船借箭》一文，你对诸葛亮肯定有很多话要说，请你给他写一封信。

（5）如果你是一位广告商，准备拍摄以"爱护草坪"为主要内容的电视广告，你将拍摄哪些画面，配合哪些语句？请予以叙述。（根据你的需要取舍画面的数量）

（6）编连环画，请自画卡通画，并为每幅画配文。

（7）学校要举行一次环城长跑活动，请你先为比赛写一个公告，告诉相关的人；由于本次比赛可能会影响人们休息，请你写一封致歉信，向大家表示歉意，求得谅解；写一封"求援信"，为本次活动募捐或要求相关单位支持，维持活动秩序；写一篇报道，争取广播、电视能播发这次比赛的消息；最后写一篇关于本次活动的记叙文。

（8）你即将进入中学，进入新的班级，会有许多同学，你怎样向他们介绍自己，使同学们不仅了解、认识你，而且能喜欢你？以"我"为题，写一篇自我介绍的文章。

（9）读下面短文的开头，展开想象，续写下文，300字左右。

唐僧一行四人取真经，在长安城引起了极大的轰动。大伙儿十分羡慕，也想从他们那里获得去西天取经的经验，于是提议办一所取经学校。当时，唐僧、孙悟空、沙僧已调往其他部门任要职，于是推荐了最佳人选猪八戒担任校长，请他主讲师徒四人历经磨难、取得真经的经验和体会。开学典礼那一天，猪校长满怀激情、充满自信地走上讲台……

（10）同学们都喜欢读童话故事，看卡通片。你是否注意到：在童话故事和卡通片中，仿佛一切东西都有生命，都会说话。不信，你回想一下你读过的童话，猫、狗、鸡、鸭会说话，山、水、田、林、路会说话，就连文具盒、铅笔也会说话。请你以第一人称的口吻"我"，把人类污染环境的事写一则出来。要求仅写一个方面的，写一个小片段。

（11）开学第一周，你准备竞选班长，但竞选者要做5分钟的竞选演讲，请你写一份演讲稿。

（12）你们班举行文艺演出，准备邀请其他班同学参加，大家推荐你代表全班致欢迎词，请你把这份欢迎词写下来（200字左右）。

如果学生写记叙文写得多了，我们可以从生活中提取素材，稍微改变一下作文的文体，让形式多样一些，学生岂有不喜欢之理？文体的改变有时会影响学生的作文爱好，我们应该深刻领会作文教学的新理念，灵活运用教材，遵循作文心理规律，不断探索作文训练的新形式、新载体，让我们的学生喜欢作文，写好文章。

二、 打破传统的文体意识

新课标要求学生"能不拘形式地写下见闻、感受与想象，注意表现自己觉得新奇有趣的或印象最深、最受感动的内容"。"不拘形式"指的是对作文文体的淡化，只要学生能够顺畅地表达自己的思想情感，至于采取什么样的文体形式，记叙文也好，说明文也好，或者书信等，都不必做机械刻板的规定，这样有利于学生主体思想的表达，而"新奇有趣"、"印象最深"、"最受感动"则充分强调了学生的写作是学生的自我体验，写的是有话可说的内容，提倡"我手写我心"。

（一）多种文体训练

小学生的作文主要是"练笔"性质，如果我们让文体的界限模糊一些，便可以减轻写作压力，学生就能自由地倾吐自己的所见、所闻、所感了。如六年级学生学了《草船借箭》之后，我们可以布置学生根据自己的兴趣写感受，可以让学生改写剧本，也可以让学生以书信的形式写，还可以让学生以随感的笔触表达。总之，作文指导应顺应学生作文的心理过程，把握心理特点，从文体上营造较为宽松的氛围，让学生觉得作文如此有趣，进而消除畏难情绪。当学生在精神上处于一种自由放松的状态时，便能任想象驰骋，任感情激荡，任思路纵横，多种想法涌动，自然会激发出写作的欲望。

学生作文

给诸葛亮的一封信

诸葛先生：

你好！

最近生活状况如何？病情好转了吗？你托我买的《孙子兵法》《三十六计》以及明代出版的《三国演义》，我都买好了。我还给你买了点药如三九胃泰、救心丸等，希望你健康长寿。知道吗？我是你的粉丝，对您崇拜得不得了。

现在的经济飞速发展，作战都是高科技的，所谓"制敌于千里之外，杀人于无形之中"。要是您能用上这些高科技的作战手段，一定会让蜀军百战百胜的。改天我会把送您的一些当代军事杂志寄过来，让你开开眼界。

您现在闲来无事，还会写写《后后出师表》这类的文章吗？用毛笔写吧？对了，忘了告诉您，现在的笔可多了，有钢笔、鹅毛笔、铅笔、蜡笔、水笔、水彩笔、荧光笔……相信您一定会感兴趣吧？不过，现在还有人练毛笔字，画国画，但毛笔一般已经不用在通信上了。

哎呀，看我急的，忘了自我介绍了。我，是个聪明伶俐的女生，个子不高，今年9岁，爱吃巧克力，善于和人相处。我对古代文化还是挺有研究的！我比较喜欢玩电脑，听音乐，英语是我的长项。我的网名叫"阳光女孩"，因为妈妈说我整天快快乐乐的，就像一束阳光照在人身上一样。您也开通博客吧，希望下次能在电脑上同您联系。

祝你

身体健康！

你的新朋友××

2015 年 3 月 26 日

改写《草船借箭》
（剧本）

时间：东汉末年（距今约 1700 年）

地点：周瑜的军营中

人物：周瑜、诸葛亮、三个卫士

道具：帐篷、一把扇子、两把椅子、一张桌子、一个酒壶和两个杯子

（开幕）话说 1700 年前，曹操打败刘备，准备攻打孙权。孙权联合刘备抗曹。此时在吴国……军营外两个卫士在守卫，帐篷内周瑜和诸葛亮正在面对面交谈。

周瑜：（抚了抚胡子，明知故问）今日有请先生到营中，是为了和先生商议军事。我们就要跟曹军交战，敢问先生水上交战，用什么兵器最好？

诸葛亮：（不假思索）吾认为用弓箭最好。

周瑜：（心中窃喜，伸出大拇指）对，先生之言，正合我意，真是英雄所见略同。但今军中缺箭，敢烦先生负责赶造十万支。这是公事，希望先生不要推却。（说完，作揖）

诸葛亮：（好你个公瑾，又想陷害于我，不如我顺水推舟，将计就计）都督委托，当然照办。不知这十万支箭何时用？

周瑜：（哼，亏你机智过人，上当了吧！假惺惺）十天造得好吗？

诸葛亮：（皱了皱眉头，挥挥手中的羽扇）既然要交战，十天造好，必然误了大事。

周瑜：（看了诸葛亮一眼，嘴角微微上扬，喜上眉梢）先生预计几天可以造好？

诸葛亮：（信心十足，毫不犹豫地伸出三个手指头）只要三天。

周瑜：（心中窃笑，却故作严肃）军情紧急，可不能开玩笑。

诸葛亮：（哈哈，以为我诸葛孔明上当了吧！咱们骑驴看唱本——走着瞧。胸有成竹）怎么敢跟都督开玩笑？我愿意立下军令状，三天造不好，甘受处罚。

周瑜：（迫不及待地）来人，笔墨侍候。

（一个卫士端着笔墨走了进来，诸葛亮大笔一挥，立下军令状）

周瑜：（看了看军令状，满意地点点头，收好军令状，抑制不住内心的喜悦）来人，上酒菜。

（卫士退下，后端着一个放有一把酒壶和两个酒杯的盘子走进来）

诸葛亮：（手执一酒杯，一饮而尽，故意掐掐手指）今天来不及了。从明天起，到第三天，请派五百个军士到江边搬箭。我先告辞。（作揖，退下）

周瑜：（满脸笑意，作揖）恕不远送。

（落幕）

我看周瑜

谈到《三国演义》，人们都会对诸葛亮赞不绝口。那么周瑜呢？提起他，无不说他气量狭小，嫉贤妒才。

他真的是一个心胸狭窄的人吗？

周瑜尽忠于东吴，是吴国的一名大将，更是顶梁之柱，一生在战场上驰骋，立下不少功绩；他也爱惜人才，对下属器重有加，又是一位大家公认的都督，谁不敬重他呢？

周瑜确实曾经设计要害死诸葛亮。因为他不希望有人比他强，他被妒忌蒙蔽了双眼，以至于差点误了国家大事。你想想，根据当时的天下大势，倘若真除掉诸葛亮，东吴和蜀国必定反目成仇，两国不联合，又怎能与强曹抗衡？刘备一败，吴国还能逍遥自在吗？

但平心而论，周瑜更多的是想为吴国除掉心腹大患，并不完全为个人。他其实还是很有智慧的。在赤壁之战中，朝中大臣们都认为吴国不能以卵击石，应该投降曹操。周瑜力排众议，分析敌我利弊，劝孙权与蜀国联合起来抵抗曹操；又和诸葛亮不约而同地想出用火攻之计，充分体现了他的机智无穷；他步步为营，随机应变，利用黄盖的苦肉计和假投降一事令曹操中计，借东风火烧赤壁。苏轼的《念奴娇·赤壁怀古》一诗中曾评价他"羽扇纶巾，谈笑间，樯橹灰飞烟灭"，颂扬了周瑜的计谋高超。

人非圣贤，孰能无过？就像一尊雕塑，不可能每个细节都完美。周瑜除了气量狭小外，还是一位文武双全，有超群见识和胆略的奇才；他才华横溢，幽默风趣，是一个真正的英雄。

自古英雄气短，周瑜英年早逝，他错就错在，机关算尽，反送了自己的性命——被诸葛亮活活气死，死时仰天长叹："既生瑜，何生亮？"但是他的缺点并没有掩盖住他的优点。

周瑜，儒雅中透出刚勇之气，沉毅里暗藏机警之心，不可否认，他是历史上一个了不起的英雄人物！

（二）激发灵动的写作创意

作文的内容与形式和谐统一，作文就会成为学生心灵感受的自然流淌。写文章必然会运用到记叙、说明、议论之类的方法，但是文体是为内容服务的，绝不是为写这种文体才用这种文体的。所以激发学生创意很有必要。

创造发明令人兴奋，童年天真的想法，没有束缚，往往非常具有创意。如果我们的文体能充分利用这种心理优势，让学生写一写自己的创意，可以一举两得。因此，我们要淡化文体，摒弃表现手法的指导，让学生的个性自由驰骋。

比如，让学生写"我的一周生活"，有些教师重在激发学生的写作兴趣，开拓学生的作文思路，而文体、写法让学生自己定。作文交上来后，文章果然各具特色：文体方面，学生有的写成了诗歌，有的以日记的形式来写，有的用对话的形式来写，有的写成调查报告……写法方面，有的以"酸、甜、苦、辣"四段成文，有的竟用了"A盘"、"B盘"、"C盘"的碟片形式来写；有的以"第一乐章1. DO""第二乐章2. RE"来写……如此形形色色的表现手法，突破了文体僵化、写法单调的牢笼，展现了生命个性各异的风采。

（三）引导广泛的实践探究

综合性是当今课程发展的一大特征，而综合实践活动赋予作文全新的视角。小学生对大千世界充满着好奇，探究是孩子内心一种强烈的思想倾向，如果让学生在探究的同时，记录其过程体验，他们会觉得很容易，很自然。

如在写一件与父母间的感人事情之前，教师要求学生观察父母的言行，并为父母做一件有意义的事，向父母表达尊敬与爱意。这样的作文训练是以综合实践学习活动为载体，经过一段时间的持续活动，学生往往能在最大时间跨度内捕获最多的鲜活素材和感人瞬间，写下来的文章自然声情并茂，具体生动。

又如与"留心周围的环境"主题单元相关联的作文，教师要求学生在充分调查的基础之上，写一份关于环境的考察报告或者对考察活动的感受。这是学生调查后写下的文章：《河水变臭的研究》《放风筝与鸟类保护》《汽车尾气的危害》《立交桥下种爬山虎的利与弊》《蓝天不蓝了》《我的发现》《我们家水电费的统计》《电子垃圾的处理问题》等。在这样的开放、自主、合作与探究的学习活动中，学生的认识水平与实践能力有了很大的发展，也使学习向生活实践拓展延伸，而作文则紧紧围绕综合性学习活动，促成了感受与表达的转化。

教学示例

"绿色消费"实践活动实施方案

一、活动主题的提出

在一次秋游活动中，我们发现学生浪费的现象很严重。我们把学生在秋游活动后的浪费现象拍摄下来让学生看，严重的浪费现象让人触目惊心。吃了一口就丢掉的面包、没有剥壳的鸡蛋、还剩下一大半的汽水……学生对此议论纷纷。从学生的谈论中我们了解到，学生对浪费的了解很粗浅，只是懂得要节约，不能浪费。至于生活中存在哪些浪费现象，哪些不良消费行为，以及浪费对我们有什么影响，他们并不十分了解。怎样解决这些浪费现象，培养正确的绿色消费行为等问题引起了学生极大的兴趣。为此我们班承担了学校"绿色家园"主题活动下的"绿色消费"综合实践活动。

二、活动总体目标

态度目标：通过小组研究性学习活动，寻找生活中的各种浪费现象，了解浪费资源带来的严重后果，从而培养学生的绿色生活意识，增强社会责任感。

知识目标：了解科学探究的一般过程，获得亲身探究的体验。通过各种方式的研究性学习实践活动，使学生了解浪费资源现象对生活的影响和危害，并用自己的作品、文字、图片表达出来。

能力目标：学会分析问题、探索研究的方法，树立自主探索的意识，培养学生的观察、表达、调查研究的能力。

三、调查方式

实地调查、在指定区域内进行调查、问卷调查。

四、活动实施的具体过程

第一阶段：活动准备阶段

1. 问卷调查，了解学生对生活中浪费现象的认识，初步确定调查项目。

2. 分组进行活动实施方案的设计、策划，参与活动的准备，等等，并广泛征求同学们的意见，及时反馈给活动总负责人。根据反馈情况，统一认识，确定主题内容，对方案进行进一步修改。

3. 根据学生选择的研究主题组成研究性学习小组。

4. 动员学生、家长、老师积极参与活动，在班上做宣传员并发布活动方案。

5. 建立"绿色消费"活动网页。

第二阶段：进入问题情境

1. 指导老师根据自己的特长及学科特点，有针对性地指导各研究主题的活动。

2. 指导老师和学生积极探索，搜寻与"绿色消费"相关的资料，归纳准备研究的具体题目，形成基本的目标和思路。

3. 学生根据自己的兴趣选择研究主题活动，根据研究主题组成研究性的学习小组。各组根据本组的特点自定研究的计划、内容、方法、成果展示。

4. 老师和学生代表组成网页维护小队，把有关"绿色消费"的资料上传至网上，并且对网页进行维护。

第三阶段：资料收集阶段

1. 多渠道收集资料：对学校、家庭及社会各有关部门进行调查，通过网络、书籍、报刊等渠道多方面收集资料。

2. 广泛收集资料：文字、图片、录像多种形式的资料。

第四阶段：分类整理资料

让学生学会整理资料、利用资料。汇报调查资料情况，对统计调查结果进行分析，大家资源共享。

1. 资料分类：按一定的形式对资料进行分类。

2. 分组讨论汇报方式：论文式、图表式、图片式、小品相声式、综合式等。

3. 学生自由整理资料。

第五阶段：分析研究调查结果

1. 通过调查，对我们周围的生活和环境进行分析，提出一些可行性的建议并用文字或图片的形式表现出来；

2. 开展"我是绿色小天使"活动；

3. 学生互相欣赏图片、资料，全员参与评价；

4. 这次活动中你感受最深的是什么？教师引导学生谈收获，并进行小结；

5. 通过这次活动充分启发思维，进行一些小发明、小创造；

6. 写一份关于绿色消费的倡议书，讨论怎样做个"绿色小卫士"。

五、活动要求

1. 小组集体活动为主，每组分工细致，每个学生都要有任务，并按照小组要求，按时、按质完成任务。

2. 学生对调查的参考资料、书籍、网址等进行记录。

3. 指导学生对研究的情况进行随笔记录，写出研究的感想、活动反思等，对研究活动进行过程性、总结性的小结。

4. 开展以畅谈收获、体验、发现、思考、感悟等为主题的活动。学生对活动进行反思，学生分别写出每次活动的收获和活动反思。

5. 教师与学生一起评价研究活动，对好的作品与创新方案给予鼓励和奖励，并举办"节约小明星"评比活动，每个年级分别进行专题展览。

六、活动延续

注重活动的生成性，小组根据活动主题进行延伸，扩大到环境保护，增强环保意识，设计各种环保产品，制订环保计划，实施行动，以自己的行动去带动周围的人。

七、活动主题的参考

1. 吃的方面：①吃饭时挑食；②买各种零食；③常常受电视广告影响，向父母提出购买要求。凡是多余的、不必要的、过高的需求均会带来浪费。

2. 穿的方面：①旧的衣裤不穿，总爱买新的衣服；②互相攀比，追求新异穿名牌。过分的攀比、打扮，追求时髦，是穿的浪费。

3. 用的方面：①随意丢弃物品、破坏物品，买不适合小学生的高档文具和图书，也是一种浪费；②铅笔、橡皮、书本、衣服、雨伞等经常丢失；③坐不端正，乱摇桌椅，用小刀刻桌椅，乱撕作业本；④乱买一些与学习无关的书籍、杂志，花钱大手大脚。

4. 玩的方面：①买很多玩具，又不爱惜，几天就弄坏了；②过生日大手大脚请客；③在公园里不加选择地贪玩，不爱惜物品等也是一种浪费。

5. 资源方面：①随便浪费水电；②时间的浪费，做事磨磨蹭蹭，一边学习一边玩，有些应该做的事情，今日拖明日，明日拖后日等；③浪费纸张，不会节约用纸。应环保用纸。资源是有限的，不能合理利用各种资源也是一种浪费。

学生作文

大蒜的生长过程
（科学研究报告）

项目名称：大蒜的生长过程

申报者：郑涵赟

一、研究的问题：种大蒜

知道一种植物的生长需要什么，比如：阳光、水分等。还有，室内和室外植物生长有什么不同。

二、问题假设

植物生长需要光照、水分，如果温度不同，那么生长会有不同，如植物放在室外，可能它开始生长的时候慢些，但在生长中期，它会很茁壮。放在温室里，开始生长的时候快些，但在生长中期，经太阳一晒，很快就会倒。

三、研究计划

我用四个空瓶，分别做成花盆。两个装上泥土，两个就装水，分别标上记号（1、2、3、4，其中，1、2 号装泥土）把 1、3 号放在室内，2、4 号放在窗外，每天或隔天照一次相。

四、实验材料准备

1. 收集四个空的塑料瓶，用剪刀在瓶颈那里剪开；2. 准备胶纸、泥土、水；3. 准备相机，可以全程拍下它的生长。

五、实验结果分析

这个观察与我之前的设想基本吻合，我的实验结果是，植物的生长需要阳光、水分、泥土，那样，植物才会生长得更茂盛。

六、观察数据和实验记录

通过半个多月的观察，我深深地体会到人一生成长的过程跟植物是相同的。因为植物生长需要阳光、水分、泥土、温度，如果没有阳光，它的叶子就没有那么绿，也经不起风雨的考验。我们也一样，如果老是生活在家长的溺爱之下，就会变得不独立。

俗话说不经历风雨，怎么见彩虹。我们要向野花、小草学习，虽然没有在室内温暖的环境中生长，但经得起风雨的考验。

七、实验结论

通过多天的观察，我最大的收获就是看到了植物的生长过程，从长根须、发芽、吐叶，再长成一棵绿绿的大蒜，我的心情真是高兴得不得了。我的感受就是我不要做温室里的鲜花，要做那经得起风雨的小草，它那坚忍不拔的精神值得我学习。

总之，作文指导课必须关注学生作文的心理过程，教师应该千方百计地创设情境，提供机会，帮助学生打开感觉器官，通过他们的耳朵、眼睛、皮肤、心灵来感受世界，经历一个活动过程，萌发一份真实的情感。

三、 选择开放的文体写作

新课标提出作文教学"应贴近学生实际，让学生易与动笔，乐于表达"。由此可见，我们作文指导的一个重要的出发点就是要打开学生记忆仓库的大门，再现生活情境，触动学生的情感，拓宽写作的思路，把原始的生活片段激活为有用的作文素材，让他们看了题目，便能在自己的生活中找到许多素材和信息，即所谓"此中有真意，欲辩已忘言"，但此处的"言"不再是言说，而是言说而成的文体。

（一）用不同文体记录成长

成长是美好的过程，我们可以用不同文体记录下这一过程。

如记叙文《老爸教跳绳》《春游怪事》《偷看卡通片》《兴趣班的苦恼》

等；散文式《幸福的颜色》《时间》《温暖》；日记式《第一次炒菜》《第一次独睡》《今天我当家》《换牙》等；应用文《自我推荐》《给鸟的天堂写解说词》《给××的一封信》；说明文《我家的书柜》《我的相集》《文竹》；想象式《假如我有后悔药》《我想飞》《二十年后的聚会》《一元钱历险记》《和诸葛亮对话》；调查报告《牙齿为什么掉了》《不吃早餐的危害》《小学生书包过重的调查》《我发现了大气压强》《绿豆是怎样发芽的?》《有趣的网络语言》等。

（二）借用多种文体诱发想象

想象是儿童的天性，让学生的作文插上想象的翅膀，具有很好的效果，这样能够解放儿童思维，丰富作文题材，消除畏难情绪。我们在进行作文训练时，可以从诱发学生想象出发，把年段作文要求有机地融入其中。如《2050年的地球》《猪八戒上学》《小狗做客》《如果我有钱》《小蚂蚁走亲戚》《未来的教室》《明天的筷子》《细菌的旅行》《我到月球去探秘》《凡卡来到我们中间》《我梦见……》，等等，适用多种文体。

总之，作文必须贴近生活，描绘生活。窗外的事，身边的人，眼中的景，人间的情，都可以成为而且应该成为学生作文的内容。只有写自己鲜活的生活，写自己的真情实感，学生才会愿意写，才会写好。

（三）选择不同文体表现作品

我们应允许学生以不同的文体去写同一题材。诗歌、读后感、书信、小散文，每种文体自由选择，尝试改变文体去作文，令学生情趣盎然。

例如，同是写"母亲"的文章，有的同学喜欢用诗歌的形式去颂扬母亲，有的同学则以书信的形式表达自己的真情实感，有的喜欢以记叙文的形式回忆母亲的点点滴滴，有的以小散文的形式流露母子之间的深情。这样的作文方式，大大激发了学生的自主意识和创新精神，促使学生无拘无束地表达，毫无顾忌地写作。

教学示例

公 鸡 觅 食

教学目标：

1. 根据一幅"公鸡觅食"的漫画，自由选择文体创作，初步认识记叙文、说明文、议论文的区别；

2. 从"看看、说说、导导、议议"入手，激发学生写作兴趣，培养学生创造性思维，尝试运用多种文体作文，提高作文水平和文化素养。

教学准备： 多媒体、教学挂图。

教学流程：

穷时　　　　　　　　　　　　　　富时

一、观察漫画，明确要求

（出示挂图）看《公鸡觅食》漫画，进行看图作文训练。

出示题目：（屏幕映出，明确任务）以漫画《公鸡觅食》为内容进行作文，文体不限，题目自拟。

二、读懂漫画，理清头绪

1. 这是一组什么漫画？（《公鸡觅食》漫画）

2. 想象故事的梗概。

情节：一天，一只公鸡到野外觅食，一无所获，后来在晒谷场找到食物，糟蹋食物，被农人打得落荒而逃。

时间：一天

地点：野外、晒谷场

人物：公鸡、农人

起因：觅食

经过：觅食——浪费粮食

结果：落荒而逃

3. 这两幅漫画主要的区别在什么地方？（脖子、嘴、稻草和谷子）

4. 这些区别突出说明什么？（"饿鸡"与"饱鸡"）

5. "饿鸡"与"饱鸡"分别在干什么呢？（觅食、扒食）

6. "穷时"、"富时"在图上是什么意思？它们是一对什么词？（饿时和饱时；反义词）

7. 作者用什么手法来构思这两幅漫画？（对比）

8. 请一位同学用一句话来概括一下这两幅漫画的讽刺意味。（饱鸡不知饿鸡慌）

9. 如果把鸡当作人来看，应该怎么说？（饱汉不知饿汉饥）

10. 漫画告诉我们什么道理呢？（要珍惜粮食，养成勤俭节约的好习惯）

饱鸡不知饿鸡慌——饱汉不知饿汉饥——要珍惜粮食，勤俭节约

三、选择文体，进行创作

1. 选择文体：你可以选择童话、剧本、记叙文、说明文、议论文等文体来写。

2. 自由拟题目。（注意文体特征）

《介绍〈公鸡觅食〉漫画》《公鸡觅食》《节俭是一种美德》

3. 学生创作，教师巡回指导。

四、推荐佳作，赏析探讨

1. 小组互赏，推荐一篇佳作。

2. 佳作评赏：推荐好的文章，师生共同赏析探讨。

3. 把自己的稿件装订成册。

学生作文

介绍《公鸡觅食》漫画
（说明文）

这是一组由两幅关于公鸡觅食的画组成的漫画。它不但有很强的讽刺意味，还有很现实的教育意义。

左图写着"穷时"，图上画着一只饿得穷困潦倒的大红公鸡，微倾的大红鸡冠，绿色的尾巴，油亮的细细的脖子，金黄色的腿。它正在一堆稻草上，挥动着两条黄色腿，奋力地扒着，身后是一阵阵尘烟。

右图写着"富时"，画的还是那只鸡，不同之处是这只鸡的脖子很粗，粗得几乎和身子一样大。它神气十足地站在一筐谷子上，挥动着两条黄色腿，奋力地往筐外扒着谷子，筐外的谷子堆得像小山一样。显然它是一只泼金洒银的"富"鸡。

这组漫画运用对比手法，讽刺了"饱鸡不知饿鸡慌"，告诉我们"饱汉要知饿汉饥"的道理，教育我们不要浪费，要注意节约。

公 鸡 觅 食
（记叙文）

有一天，一只大红公鸡，顶着大红鸡冠，拖着绿色的尾巴，晃着油亮的细细的脖子，迈着金黄色的腿，慌里慌张地四处觅食。

这只公鸡忽然发现远处有堆稻草，奋不顾身地飞奔而上，抢起两条黄色腿，一阵狂扒，扒得尘烟滚滚，可是一点食物也找不到。这只公鸡还是不甘心，又是

一通狂扒，结果还是一无所得，只好垂头丧气地离开，到别处觅食去了。

走啊，走啊……这只公鸡拖着疲倦的双腿，饿得两眼发黑，仿佛感到世界末日即将来临。

夕阳西下时，这只公鸡来到一块晒谷场，发现了农人遗忘在晒谷场上的一筐谷子。意外的发现让这只公鸡顿时精神倍增、喜形于色。它飞身而上，一阵猛啄，只见它的脖子像充气的气球似的膨胀起来。饱餐一顿后的公鸡仍不肯放弃，面对满筐的谷子，挥起两条黄色腿，一阵狂扒，扒得谷子滚滚，谷子落在筐外，堆得像小山一样。

农夫来了，看到这情景，气得挥起扫帚一阵痛打，公鸡落荒而逃。农夫叹气地说："真是饱鸡不知饿鸡慌啊！"

节俭是一种美德
（议论文）

《公鸡觅食》漫画运用对比的手法，画了公鸡在"饱时"和"饿时"不同的表现，告诉我们"饱汉要知饿汉饥"的道理，教育我们不要浪费，要注意节俭。

随着社会的进步，人民生活水平的提高，铺张浪费、比吃比穿的现象越来越严重了。对于这种情况，我想说：节俭是每一个人都要努力具备的美德。

节俭是一种美德，因为节俭体现了一个人对他人劳动成果和人格的尊重。想必每个人小时候都念过这样一首诗吧："锄禾日当午，汗滴禾下土。谁知盘中餐，粒粒皆辛苦。"不只是"盘中餐"凝结着农民们的辛勤汗水，我们大家的"身上衣"、"手中物"，又有哪一样没有饱含千万人的辛勤和汗水呢？所以，对这些东西的浪费，就是对他人劳动果实的不尊重，也就是对他人人格的不尊重。

节俭是一种美德，还因为节俭体现了一个人对国家、对人类的责任感。一个国家乃至全世界的能源是有限的，绝不是取之不尽、用之不竭的，所以，节约能源是每一个人的职责。爱惜每一滴水，节约每一度电，这是连小学生都懂得的道理。然而有些人却不以为然：房间里空无一人却灯火通明，空调照开；用起水来不管不顾，让水哗哗地浪费。朋友，你可知道？你浪费的不仅仅是你个人的钱财，更是国家的资源，整个人类的资源呀！随着世界人口的增长，耕地面积的减少，粮食问题日趋严重。当你若无其事地把吃剩的饭菜倒掉时，你有没有想到还有不少人连饭都吃不饱呢？这些浪费资源的人真是"身在福中不知福"啊！

古人教诲我们要"俭以养德"。在当前改革开放的形势下，提倡节俭这种美德已成为当务之急。让我们都成为具有勤俭美德的人。

第三节　探索开放的文体类型

单纯只强调形式上的创新没有多少意义，甚至是有害的，倘若因此而形成一种华而不实的文风，必将误人子弟。

其实我们所谓的"淡化文体"，不是说审题、行文可以不顾文体，阅卷可以不问文体，训练可以不循文体。淡化文体只是为了纠正命题作文或给材料作文限制过严的倾向，让学生能充分发挥自己所长，写出有创见有新意的文章。

显然，淡化文体是为了降低作文的难度，给学生在文体选择上以较大的自由空间，从而激发学生的作文兴趣。

"文体不限"绝不是不要文体，"淡化文体"也绝不是不讲文体。我们的日常应用写作，绝大部分还是受某种因素限制的，不可能不讲文体，即使"淡化"，也一定是有"度"的。哪怕有"自主"、"自由"、"自定"、"自选"、"自拟"的开放，也仍需在一定的范围之内，"淡化"也必须保留一道底线。

因此，在"文体自选"的要求下，至少要做到选择什么文体就要像什么文体。在平时的教学中也应当明确：学生的作文一定要写出文体的特点，写记叙文要像记叙文，写议论文要像议论文，写说明文要像说明文，不能写成"四不像"，导致概念模糊，文体不清。

一、作文文体的基本类型

一般的作文文体可分为记叙、抒情、议论、说明等几种基本类型。

（一）记叙文

记叙文是我们练习作文必须要"征服"的一种文体，因为它是一切写作的基础。记叙文是以叙述为主要表达方式，以写人物的经历和事物发展变化为主要内容的一种文体。它要求把自己的亲身感受和经历，通过生动、形象的语言描述给读者。它写的是生活中的见闻，要表达出作者对于生活的真切感受。

（二）抒情文

抒情文，顾名思义，是抒写情感的文体。人类生来就有许多情感，喜悦、愤怒、悲哀、惊惧、爱慕、憎恶，等等，在一定的生活情境之中，受到激发便会充塞心胸，不吐不快。把它们以文字的形式记录下来，便是抒情文。一个人怎么表达感情，跟他的性格与气质有很大的关系，无所谓哪种方式最好，只要是真挚而自然的，就足以打动读者的心。我们把这些感情用文字表达出来，便是抒情文。

（三）议论文

议论文就是讲道理、论是非，或阐发自己的主张，或批评别人的意见，是要求别人接受自己主观见解的文体。它通过事实材料和逻辑推理来阐明作者的观点，表明赞成什么或反对什么。

（四）说明文

说明文是以说明为主要表达方式来解说事物、阐明事理而给人知识的文章体裁。它通过揭示概念来说明事物特征、本质及其规律性。说明文实用性很强，包括说明书、提要、提示、规则、章程、解说词、科学小品等。

平时的小学作文教学，我们一般引导学生立足和关注以上几种文体，其他文体很少涉及甚至会加以限止。而事实上，学生往往具有一种创新的天赋，如果我们武断，我们保守，作文文体的类型将是封闭和狭隘的。

二、 开放的文体类型

"文体不限"，是出于写作"个性化"发展的目标考虑，与"淡化文体"根本扯不到一块。"不限"的意思是可以"任选"，所选的还是一种文体，不存在不受文体规范的"超文体"。"文体不限"所要求的恰恰是"强化文体"。由于可以自选文体，对文体的要求不是放低了，而是更高了，学生自选的必定是自己感兴趣、最擅长的文体，应当能够体现出较强的文体意识，否则就不存在选择文体。

基于这样的认识，我们认为，开放的作文文体并不是超脱于记叙、抒情、议论、说明之外的新型文体，而是在此基础之上，应该海纳百川，包容多种文体，诸如日记、书信、故事新编、戏剧、童话、寓言、小说、诗歌等类型。

（一）日记体

日记是广大学生非常熟悉的一种写作体裁。它是一种用书面语言记述自己比较有意义的所见、所感、所思、所闻的一种短小灵活的文体。日记是心灵的记录，是真情实感的流露，是自我鞭策的警钟，是人生长跑的轨迹。其可写对象十分丰富，如社会生活、自然现象、科学世界、人生体验等，凡是觉得有意义的人、事、物、情、理都可入文。

日记体作文既可以是单篇日记，也可以由几则日记组合来表达一个主题；结构形式比较灵活，每篇日记之间不要求有严格的逻辑衔接；表达比较自由，叙述、描写、议论都可以随意穿插，便于作者表情达意或者阐述自己的观点、主张。

（二）书信体

书信是一种日常生活中常用的实用文体。书信体作文除了要符合书信格式外，正文部分谋篇布局相对灵活；表达方式可以采用叙事、描写、抒情、议论，也可以采用讨论的形式；内容方面可以写一件事，也可以写多件事，甚至可以讨论问题。因为书信体作文一般用来与别人交流沟通，所以便于抒发感情。书信体作文跟日记体作文类似，既可以是一封信构成一篇文章，也可以是几封短信组成一篇文章，表达一个主题。在书信体话题作文的写作实践中，已出现了"两地书"形式的书信体话题作文，这些信不再是一方写给另一方的单向交流，而是双方交叉着相互写，以进行思想感情的沟通与交流。

（三）故事新编

故事新编就是以历史和神话传说等为题材点染成篇的小说。近几年，越来越多的学生选择故事新编这一构思方法进行写作。在具体的写作实践中，我们要明确新编的真正内涵：新编不能等同于胡编乱造，又和戏说、调侃之流相去甚远。在运用故事新编的方法进行构思创作时，我们大可借鉴郭沫若先生在历史剧创作中所遵循的原则——"失是求似"，即既来源于史实，又不拘泥于史实，甚至可以高于史实。写这类作文应注意以下两点。

1. 把握原著，通晓故事

故事新编中的人物是从古典名著或其他作品中借来的，人物的言行、性格应与原著中的相一致。要进行故事新编，就必须熟悉和把握原著，对原著所述故事、所写人物了解得越透彻、越仔细越好。只有这样，新编出来的故事才能与"故事"中人物的言行、性格以及语言风格相吻合，才能与"故事"的基本情节连接得上。写武松让人一看就是武松，写周瑜让人一看就是周瑜，而不能创造一个与原来的形象完全无关的形象。如果编出来的孙悟空贪小便宜，好吃喜睡，时常弄巧成拙地耍小聪明，那就离谱了，所以故事新编绝不是胡编乱造、瞎编一气，而要合情合理地去编。

2. 联系现实，暗扣主旨

故事新编是借古人说今人，表面上写的是古事，实际上是影射现实社会。如有人借《西游记》中"真假悟空"的故事写成了《悟空新传》，描述了一个连火眼金睛的悟空也发现不了假冒伪劣商品，导致上当受骗的故事，针砭时弊，寓意深刻，很有现实意义。

（四）戏剧

写戏剧，首先应了解剧本的特点。戏剧演出因为受时间、场地的限制，所以人物、场景、情节应高度集中，人物和故事的头绪都不能过多，矛盾冲突必须在短时间内、在不多的场合中反映出来。同时，还要有尖锐的矛盾冲突，并在矛盾冲突中表现人物的性格，吸引观众。其次要精心设计戏剧语言。

戏剧语言包括人物语言和舞台说明。人物语言要有高度的个性化和充分的表现力，不仅要准确、生动地表达人物的思想感情和意图，而且要符合人物的身份、性格、年龄和所处的特定环境。同时还要求悦耳动听，有潜台词。舞台说明，是一种说明性文字，写在每一幕的开端、结尾和对话中间，内容包括人物表、时间、地点、服装、道具、布景以及人物的表情、动作、上下场等，它具有渲染舞台气氛、展示人物心情、推动情节展开等多种辅助作用。要设计尖锐的戏剧冲突。在现实生活中，人们由于阶级立场、政治观点、社会地位、文化教养、生活环境等不同而产生的矛盾冲突，反映在戏剧中就是戏剧冲突。戏剧冲突主要表现为剧中人物的性格冲突，而性格冲突又具体表现为一系列的动作，所以要精心地为人物设计能够看见的外部形体动作和看不见的内心动作。

学过《半截蜡烛》之后，学生不仅感受了扣人心弦的故事情节，还领略了人物语言的独特魅力，终将被通过人物对话和提示语来推进情节、刻画人物的戏剧形式所吸引。至此，学生幼小的心灵萌发了创作的情愫，一旦遇上适宜的环境，这颗种子将迅速地生根、发芽和成长。

（五）寓言、童话

寓言和童话，都是儿童文学中比较特殊的形式。

寓言是带有劝谕或讽刺的故事。其结构简单，主人公可以是人，也可以是其他生物或非生物。它总是通过比喻使简单的故事蕴含着深刻的哲理和宝贵的生活经验，给人们以智慧和启发，给丑恶事物以无情的嘲讽。它篇幅短小，内容往往是虚构的、荒诞的，而主题往往是深刻的、富有哲理的。作文时如果要表现较深刻、带有劝诫性的主题，我们就可以采用寓言这种体裁。

童话是儿童文学的一种。它通过丰富的想象、幻想和夸张来塑造形象，反映生活，对儿童进行思想教育。一般故事情节神奇曲折，生动浅显，对自然物往往做拟人化的描写，适合儿童的接受能力。

《巨人的花园》是人教版教材第七册的一篇童话故事。作家运用对比的方法展开故事情节，揭示了能和大家一起分享的快乐才是真正的快乐的道理。学生通过学习，既开启了愉快地读童话、说童话、感受童话魅力的智慧之门，又为将来写童话奠定了基础。加之学生富于想象，所以，作文当中不少孩子会选择童话的形式来编写一些奇特的故事，展现自己的个性。

（六）小说

要学会写小说，首先要弄懂什么是小说。简单地说，小说即运用形象思维，通过情节、细节，越过时间、空间，调动环境、场景，塑造性格化的人物形象，反映丰富的社会生活，以及隐蔽地显示代表作者世界观的主题思想。小说是一种最自由的叙事性的文学形式，它既不受真人真事的限制，也不受时间、空间的约束；既能在文中直叙作者的感情和见解，又能在文中根据情节的发展描述大段的景物和人物的心态。总之，它是可以调动各种艺术表现手段，多角度、多层次、充分反映五彩缤纷生活的全方位的创作"摄影机"。

学生接触了《桥》，感受了老汉舍己为人、尽职尽责的高大形象；学习了《"凤辣子"初见林黛玉》，不得不佩服曹雪芹入木三分的写人技法……潜移默化之中，对小说已有了一种依恋，一种向往。所以，作文中出现小说文体是正常且是非常令人兴奋的事情。

（七）诗歌

中国是一个诗的国度，而我们作为诗性民族中的一员，和诗有着不解之缘。特别是学生，对诗充满着向往却又常常被拒之门外。作为教师，我们很有必要鼓励和引导学生走进诗歌。

我们不要求学生去钻研古体诗，但了解和写现代诗却有必要。现代诗在内容上，具有美丽的想象，平凡中看到不平凡；在思想上，具有动人的情意，融入了个人的情感和体会；在格式上，讲究分行，可以依句分行，也可以依内容分行。所以，在引导学生学习和写现代诗的时候，我们主张：

1. 通过想象，采用诗歌的形式，让平凡的事物焕发出美的光彩

想象是美的源泉，也是诗意的仓库。一个好的想象，本身就是一首诗。只有发挥想象才能创造出鲜明的形象，诗歌的生命力是想象赋予的，没有想象，写出来的诗歌是干涩的。想象能使一件细小的事物显现出惊人的魅力。

2. 通过真实的情感表现诗的形象、意境

情感是诗歌的生命。我们在鉴赏一首好诗时，总是被其吸引和感染，引起感情上的共鸣。诗歌一般表现出来的情感有：忧国忧民、建功报国、怀古伤今、蔑视权贵、愤世嫉俗、怀才不遇、寄情山水、归隐田园、登高览胜、惜春悲秋、思乡怀人、长亭送别、思乡念亲、相知相思、别恨离愁，等等。学生写诗，不一定有这些要求，只要将自己的情感（喜怒哀乐）真实地寓于文字之中即可，让其一吐为快。

3. 在"锤字炼句"上下功夫，反复推敲

杜甫一生追求"语不惊人死不休"，李白则被人称为"才大语终奇"，诗人们大多都是锤字炼句的能手。我们鼓励学生写诗，更要激励他们在驾驭语言、推敲字词上下功夫，寻找最能体现情绪的字句，营造和谐的、诗意的氛围。

综上所述，可以看出要写诗必须具备三个元素：想象、情感、语言。可以这么说，想象是蓝图，情感是方向，语言是方法。

学习了人教课标版五年级下册《儿童诗两首》，学生知道了《我想》是采用比较跳跃的语言，围绕"梦想"这一主题，描写了儿童的一些美好的愿望；《童年的水墨画》则是通过捕捉镜头来记录童年生活学习场景，有一种动态的美，还有一定的故事情节性。诵读品味之余，不仅仅是对童年，对诗歌也有了一种探究，一种神往。因此，作文之中出现诗歌文体是学生学以致用的表现，是值得我们欣赏的事情。

当然，要真正把诗歌写好，仍需通过大量的阅读，并要在日常生活中留意新鲜事物，不断积累经验，寻找灵感，方能写出至情至美的诗歌来。作为指导教师，我们要用欣赏的眼光来看待和鼓励学生，给"诗"以一席之地，细心呵护那份童心。

以上只是罗列了开放作文文体的一些类型，我们的目的是让小学生不局限于常用文体——记叙文，让他们挣脱束缚，使用和创造出更多的新文体！

第七章
适合低年级的
作文范式

　　开放式作文教学关注作文主体的能动性，尊重学生的个性差异，遵循作文教学的客观规律。因此，开放式作文教学必然要求开放的作文范式。它也是开放式作文突出的亮点。

　　开放的作文范式是指具有开放性的作文教学模式，如剪贴画式、情境式、网络式，等等。不同年龄段的学生，由于学生生活经历、知识背景、兴趣爱好等存在一定的差距，必然有着不同的作文范式，它是根据儿童心理规律"量体裁衣"运用而生的。

　　低年段的学生具有童话般的想象，但是生活积累相对缺乏，思维具有模仿、简单再现的特点。我们探索的剪贴画式、情景式和活动式正是顺应了这一年龄段的学生特点。当然，这些范式不仅仅是适合低、中年段，根据内容的不同，其他年段也可选用。

　　本章节将就这三种作文范式做逐一论述。

第一节　剪贴画式

新课标及解读本中指出，低年级写话要培养学生的写话兴趣和自信心。让孩子愿意写作，热爱写作。新课标还指出，作文教学在发展语言能力的同时，发展思维能力，激发想象力和创造潜能。要鼓励学生写想象中的事物，写出自己对周围事物的认识和感想。这就告诉我们，在低年级进行作文教学指导，关键应关注学生的兴趣爱好，关注学生的联想与想象，鼓励有创意的表达，让他们日渐乐于书面表达，并且在原有基础上都能有所提高。

于是，我们把"激发写作兴趣、丰富写作内容、体验写作快乐"作为低年级习作教学指导的突破口，在低年级创造了一种全新的作文教学模式——剪贴画习作教学模式，把学生的习作与图画结合起来，鼓励、引导、启发学生的想象力，解脱学生思维定式的束缚，为他们的想象插上腾飞的翅膀，让学生在自由的空间里任意驰骋。

一、 低年级写作教学的现实意义

儿童语言发展和智力发展的规律告诉我们，低年级的小学生正处在语言、智力、思维逐步发展的关键时期。这一时期的孩子，有强烈的表达欲望，渴望将自己的所见、所闻、所想与别人分享，他们的语言表达灵活多样，并力求与别人不同。同时，他们很乐意去学习任何一种能够为他所用的表达方式，并对文字表达开始产生浓厚的兴趣，还常常在自己的绘画作品中写上歪歪扭扭的汉字。

美国教育学家唐纳德就曾说过，对于儿童来说，文章是一种富有魅力的密码，他们很想学会这种密码。语言的丰富、智力的发展、思维的拓展，为低年级学生的写话训练创设了有利的条件。近年来，美、日、俄等国家中越来越多的学校在一年级就开始开设写作课，越来越多的人开始相信，写作是一个人语言水平的杠杆，有利于学生把学来的语言知识转化成运用语言的能力。

在我们以往的教学过程中，一、二年级过于注重基础知识教学，写作都被定格在从三年级开始。学生在转入写作训练的过程中往往很难适应，形成了三年级"要写作文"这道难关。因此，也造成不少学生的畏难情绪，表现出较明显的语文学习兴趣减弱、不爱看课外书、不爱上语文课特别是作文课等现象。要想解决这一问题，写作训练必须提早起步。它是引导学生迈入习作大门的关键，并直接影响着学生升入中高年级以后的写作水平，其重要性不容忽视。走好了这一步，有利于激发学生对写作产生兴趣，激发灵感；反之，学生则会对作文产生畏难情绪，进而影响学生作文能力和水平的提高。

低年级的学生识字量不多，在训练过程中经常会遇到"拦路虎"，这样就很容易让学生产生畏难、恐惧心理。再加上低年级学生观察能力、思维能力、语言组织能力不强等原因，写话、作文教学便很容易成为低年级教学的一大难点，稍有不慎就会让我们事与愿违，使我们成为让学生对作文产生恐惧和厌倦的始作俑者。

低年级的写作教学有着自身的特点和规律。在长时间与小学生接触的过程中，我们发现，低年级的小学生对图文并茂类的内容特别感兴趣，捧起小人书、漫画书就爱不释手；对涂涂画画、剪剪贴贴也表现出浓厚的兴趣，书本上、课桌上到处是他们的涂鸦作品。我们还发现，低年级的小学生情感丰富、天真烂漫，这个时期是他们最爱想象、最富于幻想的年龄段。随手拿起一个小圆球，他们就能边说边笑，边说边演，口述的故事情节更是曲折有趣，逗人发笑。我们何不把学生这种喜欢涂涂画画、剪剪贴贴的兴趣与富于想象的特性迁移到他们的写作中去呢？

二、 剪贴画习作的概念与内涵

所谓剪贴画习作，就是把图片按照自己的构思剪剪贴贴，或经过重新组合、加工、勾画补充，粘贴成一幅图画，然后根据自己创作的图画进行习作练笔。"剪、贴、画"是一个学生与图画沟通、对话、交流的过程，是调动自己的知识经验创作图画故事，并从中获取信息、丰富自己体验的过程。

图片可以是自己平时收集的各式纸制的，如漫画、插图、贴纸、邮票、广告图案、门票、照片、糖果纸……也可以是采集的小草、树叶、花瓣等标本，还可以是自己凭空想象自创的各种图案。

"贴故事"其实就是在"编故事"，就是把故事这个眼睛看不见的世界变成在自己心中看得见的图画。"剪、贴、画"是一条解决学生写作"原料"的途径，是提供素材、丰富内容，帮助学生走出"巧妇难为无米之炊"的困境。低年级学生解决了无话可说、言之无物的问题，就会突破制约的瓶颈，从而获得更广阔的习作空间。

剪贴画展示的是一个"瞬间"情景，学生根据图中的形象，通过想象和思维加工，然后经过内部语言到外部语言的转化，最终把图画内容和思想感情表达出来。

"一剪一贴一画一写"之间，学生从静态引出动态，从"瞬间"写出过程，让画面活动起来，让画中的人活动起来，让画中的物也活动起来。学生借助完成贴画的过程，联系自己的生活实际进行合理想象，画中的形象越丰富，事物发展的过程越清楚、越具体，写起文章来就越容易做到言之有物、言之有序。

实践证明，每一幅生动有趣的剪贴作品都给学生提供了一定的故事背景，成为学生说话、写作的源泉。它们向学生展现了一个个充满奇异色彩的幻想世界，为学生打开了一扇扇通向幻想王国的大门。孩子们情不自禁地赋予画面人物、动物、景物以神态、语言和心理活动，这就使他们富有个性化和富于创意的作文表达放射出夺目的光彩。

通过实践，我们深深地体会到，在低年级进行剪贴画习作练习，不但容易取得明显的成绩，有助于培养学生易于动笔、乐于表达的愿望，而且能引导学生关注现实、热爱生活，表达真情实感，从而激发并保持他们对语文的学习兴趣，提高他们的语文综合素养。

三、 剪贴画习作的操作方法

叶圣陶先生曾说过，图画不单是文字说明，且可以开拓儿童的想象。心理学家认为，想象是对已有表象进行加工改造而建立新形象的心理过程，是创造的源泉和翅膀。没有想象，就没有创造，有了创造的想象，才可能有创造的行为。新课标也明确指出，要鼓励学生写想象中的事物，能够激发学生创造欲望和发展想象的创造契机，营造多姿多彩的想象空间，激活创造思维，使儿童生命灵活性的拓展更加深远。

因此，剪贴画习作教学重在激发学生的写作兴趣，培养学生的创造思维，鼓励学生展开想象的翅膀，心里想什么就写什么，为学生今后能无拘束地把所见所闻真实地流露于笔端打好扎实的基础。

剪贴画习作可分为四步进行，即：剪一剪、贴一贴、说一说、写一写。

（一）剪一剪

有人说，现代社会已经进入"读图时代"，各种各样的图片铺天盖地一般地呈现在人们眼前。孩子自呱呱坠地那一刻起，就接触了大量的图画：精美的画报、无处不在的各式图案……"图"早已成为儿童生活中不可或缺的一部分。我们常常可以看见图书馆、文具店的图书柜台总是被小孩子们围得严严实实，孩子们的书本上也被他们贴满了各式贴纸，甚至作业本、课桌、墙壁都被他们"打扮"得"花枝招展"。可见儿童对图的喜爱和痴迷程度。

因此，布置学生在阅读绘本的过程中收集、剪下自己感兴趣的图片，对儿童来说并非难事。教师要做的只是指导学生找来平时看过或用过的画报、图书等，剪下喜欢的图片：漫画、插图、配画，抑或剪下一只小兔、一只小鸡，剪下一棵小树、一朵小花……然后把这些图片放在自己的图片夹内，精心收集起来。还可以让他们经常把这些图片拿出来摆一摆、比一比，看谁收集的图片漂亮、谁剪得整齐。

教师还可以指导学生收集一些别样的"图片"，如：小草、花瓣、树叶、蝴蝶、蜻蜓的标本，还有自己兴趣所至自创的"得意之作"。这些都是孩子们十分喜欢采集的素材。

这样一来，剪图、收集的过程本身就充满了很多乐趣。谁又能说在"一搜一剪"之间，孩子不会浮想联翩、异想天开呢？值得注意的是，在学生搜图、剪图的过程中，教师不应过分强调剪图的技巧，因为这毕竟不是图画课，图在这里只是辅助工具，是配角，它的作用是"激趣"，千万不能让它成为学生的负担。

（二）贴一贴

这一环节主要是指导学生把收集到的图片粘贴到纸上。或重新组合，或加上适当的勾画、补充，形成一幅完整的、具有一定情节的图画。

在剪贴画习作刚开始的阶段，学生可能会束手无策，不知从何处下手。教师可以适当地"扶"学生一把，指导他们如何贴图，如何把自己收集到的图片按一定的顺序，组合成有一定故事情节的画面。指导的基本原则是由易到难、由"扶"到"放"。可以先从贴单幅图开始，然后再慢慢地练习将小猫、小狗、花草树木、人等组合成一幅画面，如果有需要，再勾画、补充。

组合画面可用以下方式：①根据教师提示的内容组合画面（教师可有目的地为学生创设一定的情境）；②模仿课文内容，组合画面；③联系生活经验组合画面（如课外活动、公园一角等场面）；④运用课外阅读内容拼合画面，如学生喜欢看童话故事、动画片，看完后，让学生根据故事内容或重编故事等手段组合拼图。

当学生逐步掌握了剪贴图片的方法后，教师就应该放手让学生大胆创作。学生可以只贴一张幽默诙谐的漫画、一张触动心灵的新闻图片、一张记录下难忘瞬间的照片，也可以将收集的一张张小图片根据自己的想象重新组合，还可以将收集的树叶、花瓣、小草等拼装粘贴，创作出一幅美丽的图画。他想贴什么画就贴什么画，想怎么贴就怎么贴，或者干脆随手涂鸦出一幅作品也未尝不可。鼓励学生把心中的秘密用画贴出来，把童年的欢乐、趣事用画表现出来。学生在粘贴图画的过程中，已经对画的内容进行了组合与构思，这实际上也是习作的第一步构思过程。

通过自己动手拼合画面，形成故事完整的画卷，学生就有了写作内容，也就为写作打下了基础。任何一个孩子都有童话创作的天赋，每到课上创作剪贴画的时候，学生就会显得特别活跃，特别兴奋。贴一只小熊，再贴一只小鹿，旁边贴一所小房子，放一只蜻蜓风筝，再贴一张太阳公公的笑脸，最后拿起彩笔画几朵白云，勾几簇小花……一幅充满童趣、色彩鲜艳的图画就创作完成了。

除了让学生自由地贴自己喜欢的剪贴画外，我们还可以指导学生围绕一个主题来创作剪贴画，这样可以让学生就一个主题分享几十个创意，让他们从彼此的身上受到启发。如以"星期天"为主题，让学生创作剪贴画。有的学生剪贴的内容是一家人如何快乐地度过星期天，有的学生剪贴的是小动物在星期天开狂欢派对，有的学生贴的满是试卷和书本，借剪贴画来抒发自己对作业多的不满……同样的主题，完全不一样的创意，绝对会让你惊喜连连。

一名教师曾执教过一节以"春天"为主题的剪贴画习作课，有的学生贴了一张春天去公园植树的照片，有的学生贴的是郊外春光秀丽的风景，有的学生在贴的花、草、树、太阳的图片上画满了各种各样的表情符号，不用问也知道，在他的心中，美丽的春天肯定发生了很多有趣的动人故事。

（三）说一说

这一环节教师要做的主要工作是引导学生根据自己粘贴成的图画，或编一个小故事，或描述成一段话，把自己在创作时的构思进一步用口头语言表达出来。

学生经过了"贴一贴"这个环节后，那些丰富有趣的图画早已让他们有了澎湃的表达激情，他们会迫不及待地想把图画中的故事说给每一个人听。这个时候就应该为学生提供一个"放心说、大胆说"的舞台，鼓励学生想怎么说就怎么说，不适宜加上生硬古板的条条框框，千万不要有僵化繁杂、死板恼人的长篇说教。

"说一说"的环节就是要让学生有这样的意识："我是表达的主角！"有什么事情比可以在属于自己的天地里随心所欲地说东道西、畅所欲言来得开心欢快呢？在如此放松的状态下，学生情绪愉悦，无意注意得到充分运用，思维积极，浮想联翩，就连平时最胆小的孩子，在欢乐的氛围中，眼睛也放出异彩。

学生的童真在轻松自由的氛围中会无拘无束地自然表露，他们口述的故事也会五彩缤纷。其大胆的想象，丰富多彩的形式，富有个性的语言往往会让人耳目一新。在他们的描述中既会有优美的风景，又会有对话、动作等细节，更会有生动具体的故事情节。

儿童的想象世界，是美好童年生活的一部分，是真实生活的倒影，是现实世界的反映。哪怕剪贴画上只是简单地贴上一只小鸭、一只小鸡，或再画上几朵小花点缀一下，他们都能就此编出一个内容生动、具体的故事。在他们的表达中，你会看到想象让他们的思想穿越了时空，让他们的思维自由地驰骋。我们要做的只是静静地聆听，让孩子们把童心和真情保持到底。

值得注意的是，"放心说、大胆说"并不等同于"乱说、胡说"，这一环节的"说"意义重大，它是学生"写"的基础，"说"不好就"写"不好。教师一定要牢牢地树立以下思想：看是骨头，想是血肉，说是轮廓，写才能成形。

由于小学生的思维具有跳跃和不够连贯的特点，因此在"说"这一环节，教师应充分发挥其主导作用，适时适当地注意加强学生的口述训练，引导学生仔细观察，启发学生认真地想，教给学生正确恰当的表达方法。

1. 看要仔细

观察是一个知觉、思维、语言相结合的智力活动过程，也是人们增长知识、认识世界的重要途径。孩子在说之前，首先要看图，对自己剪贴的图看仔细，看清楚，在大脑里形成清晰的印象。如果贴的是一张照片、一幅插图或一组漫画，就应该对画面所表达的主要内容先有一个整体性的认识。如果是组合图，则要理清图与图之间的联系和变化，在心中要对自己想要创作的故事有一个大致的框架。

2. 想要大胆

画面是一个个静止的人或物，而且比较单调，可以指导学生通过适当的提问，进行合理想象，使静止的画面尽量动起来、活起来，使单调的画面充实丰富起来。儿童的世界是一个奇妙而梦幻的世界，一个充满灵性的天地。他们按照自己的价值观念和游戏规则生活着，有着与成人完全不同的快乐、哀愁、憧憬、期盼与体验方式。在他们眼里，社会百态、世间万物都是那么趣味盎然、诗意浪漫：绿叶肥了，红花瘦了，大树会唱歌，小鱼会说话，桌椅会交谈，晚霞就是太阳公公刚刚脱下的衣裳，小雨就是一块块透明亮丽的橡皮，乌云就是做了错事的小顽皮，萤火虫就是月亮姐姐的好伙伴，种子就是一个春天的故事……我们理应尊重并保护好儿童想象的独特视角，让孩子自由想象，让童心自由绽放。

3. 说要到位

叶圣陶先生曾说，物体本身完整而有式样，拍成照片当然完整而有式样；语言周妥而没有毛病，按语言写下来的文章当然周妥而没有毛病了。可见"说"的重要性。在孩子写话的过程中，我们常发现孩子咬笔头，那都是因为"说"没到位。由于低年级孩子日常使用的是对白语言，表达起来缺乏条理性和连贯性，说起话来前言不搭后语，跳跃性很强，有时重复，有时带语病。在训练时不能操之过急，要耐心地指导孩子有条理地说，连贯地说，用普通话大声地说，及时纠正语病。在说的基础上再动笔写，自然是瓜熟蒂落、水到渠成了。

在指导说的过程中，要注意几点：①要求说得有头有尾，遵循一定的顺序。②要求说得具体，有重点，不能东拉西扯。③鼓励在语言表达上有独到之处。

指导学生看好、想好、说好，才能让学生的思维连贯，不发生紊乱，这样把观察、思维、语言有机结合起来，写出的文章才有条理，写出的作文内容才丰富。当学生面向全班说的时候，说得不清楚、不具体的地方，其他同学做补充，教师加以点拨，这样既可以互相交流对图的理解，相互补充彼此头脑中想象的空白，又可以锻炼学生的口头表达能力。实践证明，这样做充分调动了学生"说"的积极性，使学生"说"的愿望强烈，能够开动脑筋，积极思考，自觉地投入"说"的训练。

（四）写一写

英国教育家洛克曾说过，儿童学习任何事情，最好的时机是当他们兴趣高，心里想做的时候。学生有了兴趣，就能够集中注意力，积极思维。习作也不例外。说完即写，趁热打铁。由于"剪贴"的故事是自己的创作，思维空间大，图文并茂，童趣四溢，学生易于驾驭，加上"说一说"，说得扎实，说得具体，写起来自然就得心应手，也能让学生很容易地品尝到成功的喜悦。

记得俄国文学大师列夫·托尔斯泰曾经说过，凡是好的作品都是从作者心灵中飞出来的歌。因此，在"写"这一环节，我们要秉着"激兴趣、降要求、放手写"的原则，不要在写作之前给学生太多的束缚，只需调动起学生写的欲望，他想怎么写就怎么写，让学生尽情发挥，过把表达的瘾。不要怕学生写不好，允许"记流水账"，有话写就行，只要让文思"流"起来，写成后，句子通顺，读后别人能听懂就行。也许学生写成的文章，与那种精心指导后而成的佳作有一定的差距，但精心指导的佳作往往是千篇一律的，学生只不过做了一次"复制"工作，而这种"放手做"却让学生真正地在"做"。结构乱一点、错字多一些、病句多一点，这些都是成长过程中必然要经历的，就像学步的孩童必然经过摔跤一样。教师的教学目标应放在培养写作兴趣、欲望和敢于表达上。

在放手练习中，儿童的心灵完全处于自由、快乐的状态，学生无拘无束、文思如泉、滔滔不尽。写话的思路一旦被打开，一句句童言稚语就会从孩子心底流淌出来。有学生贴上一群可爱的小鸡和一只猫，创作了《谁来做国王》的故事。

学生作文

谁来做国王

从前，在一个鸡王国，鸡国王和鸡王后都去世了。鸡国民们要推选新的国王和王后，可是它们没发现一对勇敢的鸡夫妇能让大家满意。直到有一天，一只老猫闯过了鸡王国，老猫把锋利的爪子伸向一只小黑鸡。正当它要把小黑鸡咬死的危险时刻，小鸡的父母赶来了。八面威风的大公鸡爸爸老远就高叫着："我是这里的国王，你敢吃掉我的儿子，我就命令我的军队把你给杀了！"勇敢的黑鸡妈妈也不顾一切地冲上去保护自己的小女儿。老猫被吓坏了，急忙转身就逃。小黑鸡扑到妈妈怀里，惭愧地流下眼泪。鸡民们知道了这件事，都一致推举这对勇敢的鸡夫妇当国王和王后。

在这个故事中，学生的语言是美的，但更打动人的是孩子美丽、纯真的心灵。

还有一位喜欢《猫和老鼠》这部动画片的二年级学生剪贴了一幅画，构图简单，但他写的故事却趣味横生，让人忍俊不禁。

学生作文

猫又上当了

老鼠与猫是一对邻居。老鼠住在洞里，而猫呢？住在豪华的别墅里，过着优越的生活，天天大鱼大肉，无忧无虑。于是，老鼠经常要去猫的家里偷东西。

老鼠又去猫家里偷东西了，猫见了十分生气，心想：这老鼠真可恶！前天，他刚偷了一瓶我最爱喝的可口可乐，今天又来了。我非得让他知道我的厉害不可。于是，他懒洋洋地从沙发上爬起来，伸伸懒腰，打起精神，一点一点地向老鼠逼近。

这时，老鼠正要偷茶几上的苹果，突然，他闻到一股浓浓的猫味，立刻转过身来。只见那只猫已经离他只有几步远了，他大吃一惊，本能地拔腿就跑。猫紧追不舍。老鼠跑进厨房，猫也跟着进了厨房；老鼠窜进厕所，猫也窜进厕所；老鼠逃进卧室，猫很快就追进了卧室。就这样，老鼠躲到哪儿，猫就追到哪儿。

此时，老鼠已经累得上气不接下气了，它一不小心掉进了摆放在地上的大垃圾桶里。垃圾桶的四壁光溜溜的，要想爬出去可不是件容易的事啊！猫看见了，大笑起来："哈哈！看你还往哪里跑？"正当老鼠急得在桶底团团转时，突然，他想出了一个绝妙的主意。他仰起头对趴在桶口的猫大声喊："有本事你也进来啊，笨猫！"猫一听，火了。他咬着牙一边往垃圾桶里钻一边说："看我怎么收拾你！"

可是，当猫好不容易爬进垃圾桶后，却怎么也找不到那只老鼠了。原来，老鼠趁猫往桶里钻的时候，把猫的身体当梯子爬出了垃圾桶。猫在桶里找不到老鼠便想转身出来，可这时老鼠早已把桶盖盖上，任凭他怎么转都无济于事了。

这篇作文内容充实，构思精巧，用拟人的手法来写，语言活泼，字里行间又充满了童趣，把猫与老鼠刻画得栩栩如生，读来令人仿佛在看《猫和老鼠》的动画片，美哉！我们可以想象这个孩子在拟题目时，当他写下那个"又"字时，嘴角肯定是情不自禁地露出笑意。试问，如此惬意的写作过程，哪个孩子会不愿写、不想写呢？

因为素材丰富、氛围轻松，在整个剪贴画的写作过程中，很少看到哪个学生抓耳挠腮、冥思苦想。大家都在忙着把喷发的灵感记录下来，他们始终处于一种积极主动的创作激情之中。一幅幅各具特色的图画，一篇篇个性突出的作文，向我们展示了孩子们心中蕴藏的源源不断的创作灵感与丰富的想象力。学生的视野开阔了，自然就可以快乐而自由地写作了。

当然，在写作初期，肯定会有一部分学生感到相当吃力。此时，教师更应该顺应学生，让学生自由地写，千万不要限制孩子必须写几句话。能写几句写几句，写一句也表扬，写两句更要表扬。过一段时间后，教师可以找个机会对孩子提出要求，特别要讲求方式方法。另外，在孩子自己实在不会写的情况下，还要允许模仿，并一定要进行表扬："你仿写得很好，相信你一定能自己写一句话。"在得到教师的肯定后，孩子的自尊心受到了保护，积极向上的情绪会促使他逐步走向独立。在此基础上，教师可以再试着要求这类学生做到以下几点。

1. 写完整

低年级习作是为高年级作文打基础的，因此，在低年级的训练中，就要教学生把握住时间、地点以及事情的起因、经过和结果，把话写完整。

2. 写具体

新课标的要求就是"能具体明确、文从字顺地表述自己的意思"。一般学生到了二年级，已经具备了写完整话的能力，其观察、想象能力都有了发展和提高。这时，就要在"写具体"上下功夫了。指导学生重点写事物的主要情节，写与主要情节有关的动态、语言、神态、心理活动等，要抓住细节，想象人物可能说什么，有什么心理活动，人、物之间有怎样的联系，使画面上的人、物活起来，而这一时候，想象就能帮上大忙了。

3. 写生动

写作过程中，学生的想象一旦调动起来，就如同脱缰的野马，尽情驰骋；如同翱翔的雄鹰，自由翱翔。这种释放的思想一旦放飞，就会给学生带来不可预测的创造力。教师应肯定学生的一切表达欲望，保护并珍视学生所有的思考及情感体验。让学生把写作当成是自己情感宣泄、真情流露、价值体现、理想放飞的窗口，生动而不局促地表现自己的喜怒哀乐。

教学示例一

春　节

教学内容：

引导学生围绕"春节"这个主题，按自己的构思剪剪贴贴，创作一幅剪贴画，然后根据自己创作的图画，写出图意，或展开合理的想象编写一个故事。

学习目标：

1. 创作一幅以"春节"为主题的剪贴画。

2. 能根据剪贴画的内容写出图意或发挥想象创作故事。

课前准备：

布置学生围绕"春节"这个主题收集图片。

教学流程：

一、创设情境，激发情感

师：同学们，竖起耳朵，听一听（播放《春节快乐》乐曲），这是春节里大街小巷都在播放的乐曲。我们不妨来想象一下：在乐曲声中，你看到了什么？想到了什么？

生：我好像看到了大家在商场里抢着买年货。

生：我想起了春节放烟花的事。

生：我想起了大年夜吃团圆饭的场景。

生：一提到春节，我就想起我第一次贴春联的事。

师：今天，我们来做一幅跟"春节"有关的剪贴画，你想贴什么就贴什么，你想怎么贴就怎么贴，让我们把春节里的故事用画贴出来，好不好？

生：好！（个个兴趣盎然，跃跃欲试）

（设计意图：教师要积极地创设情境，让课堂充满活力。通过听音乐想象，创设情境，触发了学生的灵感，打开了学生的思维，更引发了他们的浓厚兴趣和创作欲望。）

二、指导剪贴，丰富内容

师：同学们，大家先别急着动手。在贴之前，先思考一下：你准备贴一幅什么样的画？给你的画起一个什么标题？请大家先在小组里交流一下，互相启发启发。

（学生在小组里热烈地讨论着）

师：现在，谁愿意给大家讲讲，你是怎么想的？

生1：我要贴一幅春节放烟火的画，两个小男孩分别代表我和哥哥，我还要贴上漂亮的炮仗，再画上美丽的烟花。我给它起的标题是"放烟花"。

生2：我先要画上一片绿草地，再贴上几只可爱的小狗，再贴上美丽的风筝，最后画上我和爸爸妈妈。我这幅画的标题叫"大年初一放风筝"。

师：他们的画反映的是自己在春节里的趣事，有同学跟他们的不一样吗？

生3：我要贴的是《动物王国闹元宵》。

师：哦，听起来很有趣哟！

生4：我贴的故事是《老虎家的年货》，讲的是几个好吃懒做的动物在过年前拿自家的年货作赌注，通宵达旦地赌钱，后来为钱打得"几"败俱伤，最后被老虎捡了个大便宜，他们赌的东西都成了老虎家现成的年货。

……

师：同学们的想法都很好，赶快动手贴起来吧！

（学生一边思考，一边展开丰富的想象。教师播放《欢度春节》的音乐，再一次营造欢乐的氛围，帮助学生进行想象。每个学生都调用自己记忆仓库里的相关素材，用心灵去构筑各种画面，拼贴了一个个新颖别致的图案。就连画的标题也溢满浓浓的喜庆，比如《花市真热闹》《烟花映红了天》《欢欢喜喜过大年》……）

（设计意图："贴"是这次作文成功的基础，教师应适时进行指导，帮助学生拓展思维，使学生通过想象和描述，将画面的内容完成得更加清晰和丰满。）

三、大胆想象，激情表达

师：大家的画真是异彩纷呈、充满童趣呀！先用心地看看你贴的画，看看你都贴了些什么，再想一想：你的故事大概是什么意思？

（学生看图、想象）

师：现在，跟你的小伙伴说说你贴的故事吧。说的时候，要注意以下几点：①要按一定的顺序说；②重点内容说具体；③最好用上我们学过的好词、好句。

（学生四人一组讲故事）

师：哪个小组愿意推选一名代表来跟大家讲讲贴的故事？

（学生代表上台讲故事，教师相机指导如何说得连贯、有条理）

（设计意图：学生在经过"贴一贴"环节后，丰富有趣的图画早已让他们有了澎湃的表达激情，他们会迫不及待地想把图画中的故事说给每一个人听。这时候就要为学生提供一个"放心说、大胆说"的舞台，要让每一个孩子都敢于表达。）

四、指导写法，自由写作

师：同学们，下面大家就可以动笔写了。

生：我可以写《春节的习俗》吗？

师：当然可以！只要是和你的剪贴画有关的都行，要把你最想表达的内容写具体。可以跟同学讨论，翻阅课外书，借鉴书中的写法和优美词句。

（学生自由作文）

（设计意图：为了便于学生表达，对习作的体裁教师没有限制，可以是记叙文，也可以是寓言、童话、诗歌，只要学生能想到、愿意写，就让他大胆写，放心写。至于作文的详略、修改等问题，教师只是稍做提醒，没有做过细指导，以防束缚学生思维。写作过程中，教师允许学生找自己的朋友讨论，允许他们翻阅课外书，借鉴优美词句。巡视时，教师以朋友的身份，不断表扬、鼓励学生，营造了宽松、愉悦的写作环境，努力做到让学生放飞想象，张扬个性，自由写作。）

课后反思：

这篇以"春节"为主题的剪贴画作文课，通过听音乐想象，触发了学生灵感，激发了他们的想象力和创造力。自由剪贴给了学生一个思维可以自由驰骋的广阔的想象空间。自始至终，学生思维活跃，乐于表达。同学间的启发让他们萌生出创作的欲望，迸射出创造的火花，一个个出人意料的想法进发出来，一个个奇特的故事诞生在这群孩子的脑海中。他们多姿多彩的剪贴画、异彩纷呈的对话都说明学生突破了传统的思维定式，打破了常规思路，体现了发散思维，这就为学生富有个性化和创意的作文表达奠定了良好的基础。

教学示例二

与众不同的"我"

学习目标：

1. 赏析文章，学习第一人称口吻的写作手法；

2. 能按照自己的习作内容，自己剪一剪、贴一贴、画一幅作品；

3. 能在剪贴画的纸上，完成一篇用第一人称、采用拟人写作手法的习作。介绍"我"时能设计一个独特的"我"，课后能继续编一个"我"的童话故事。

教学重难点：

1. 学习用第一人称口吻的写作手法，并运用到自己的写作当中；

2. 能写出独特的"我"，让我"与众不同"。

课前准备：

学生准备自己的图片夹，里面存放平时剪切、收集的图片、标本等；准备制作剪贴画的工具：剪刀、胶水、画笔等。

教学过程：

一、读一读，"读"出写作兴趣

师：看看老师今天给大家带来的一张神奇的贴纸，这是一个太阳，谁想要？（生纷纷举手）

师：好，请你把贴纸放在心口，然后闭上眼睛，接着向右转一个圈，再请你慢慢睁开眼睛，哎呀！好热啊！你已经变成一个太阳啦！太阳先生，你给大家介绍一下你自己吧。

生：大家好，我是太阳先生，大家都喜欢叫我太阳公公，可是我根本没那么老啊！我很热很热，我一出汗，就会下雨。（众生大笑）

师：太阳公公，你说得真好呀！我请大家一起来读一篇关于太阳的文章。

我是太阳，其实我还是一个娃娃，一睡醒就不停地踢着蓝被子，很久很久，才慢慢慢慢地露出一个圆圆胖胖的脸。

（学生一边读，一边把太阳贴在黑板上，画上蓝天）

师：有没有同学收集了草莓的图片的？（几个学生举手）

师：你这张草莓图片真好看，请你把这个图片贴到黑板上吧！（生开心地上台贴）我们一起读一篇关于草莓的自我介绍。

我是草莓，我喜欢生长，生长真叫人喜欢。叶子软软的，太阳暖暖的。我熟了红了圆了，就有人把我扔到了篓子里边。可是做草莓不总是那么好玩。今天早晨，他们把我放进冰激凌，我冷得直打战战。

（生读完大笑）

师：请位画画漂亮的同学，上来在草莓下面画个冰激凌吧！（生上台完成一幅可爱的草莓冰淇淋。）

师：看吧，剪一剪，贴一贴，画一画，说一说，多有趣啊！

二、贴一贴，"贴"出童话主人公

师：打开自己图片百宝箱，来介绍一下自己吧，我可以是课桌，可以是铅笔盒，可以是房子……什么都可以。是不是很有趣！"我是_____。"请大家说说。

生1：我是一朵五色花，我很漂亮。

生2：我是一只熊，我最讨厌光头强。

生1：我是一个风扇，我喜欢不停地旋转，特别是一到夏天，我就转啊转啊，哎呀，我好像有点头晕了。

生2：我是一块黑板，我最好的朋友是粉笔，它每天都在我身上挠我痒痒，他一写字，我就觉得很痒，我每天可以认识很多粉笔字朋友，但可恶的黑板擦却总是把我的粉笔字朋友吃掉。太可恶了！

师：同学们越说越精彩，妙趣横生。我们今天就来写写"我"的故事

吧。先请同学们把"我"贴到纸上。（学生讨论、思量着把自己最爱的图片贴在了纸上）

三、想一想，想出童话主角"我"的与众不同

师：老师也贴上了一张图片，张老师我是一只老鼠，但我和别的老师不一样，我是一只与众不同的老鼠，快来帮老师想想，为什么老师这只老鼠是与众不同的？

生1：我是一只不怕猫的老鼠。

生2：我是一只有超能力的老鼠。

师：说得真好，我是一只有超能力的老鼠，那我有哪些超能力呢？

生3：我是一只可以随意变大变小的老鼠，老师，我借给你一张大老鼠的贴纸，（生上台，在小老鼠旁边贴个大老鼠）我遇到猫时，我可以变得比狗还大，遇到小洞时我又能变得比针还小。（众生鼓掌）

生4：我看过《美食总动员》，我是一只厨师老鼠，你看过我演的电影了吗？（生上台，为老鼠画上厨师帽）

师：亲爱的同学们，你们讲得都好精彩，每一个精彩的童话故事的主角都有与众不同的地方（切换课件）。

《海的女儿》的主角不是一条普通的鱼儿，是一条美人鱼，下半身是鱼，上半身是美人，《木偶奇遇记》中的那块木头，不是普通的木头，他是一块会说话，而且说谎鼻子会变长的木偶……

师：你刚刚贴在纸上的主角又有什么与众不同的地方呢？四人小组讨论，如果需要可以贴多几张图片。

四、说一说，"说"出童话精彩的角色

师：现在请全班同学交流：与众不同的"我"，说说自己的超能力。

（学生兴趣盎然，每个学生都能在自己的图片百宝箱中找到想说的图片和故事）

五、写一写，"写"出最独特的童话故事

师：剩下的时间，请同学们整理一下自己刚刚说的内容，把与众不同的"我"写下来。

（学生说得充分，写就不成问题了，每个孩子都是一个童话家，放心把时间交给他们吧）

六、课后续写

师：你们已经设计出一个与众不同的"你"了，"你"会遇到谁？会发生怎样的一个精彩的故事？如果你感兴趣的话，回家继续贴一贴，写一写，完成一个完整的童话故事吧！

（执教：张嘉静）

第二节　情境式

教育家赞科夫曾说，只有在学生情绪高涨、不断要求向上，想把自己独有的想法表达出来的氛围下，才能产生出使儿童的作文丰富多彩的那些思想、感情和词语。这就启示我们，在一切教学活动中要善于激发学生的情趣，让他们在情绪高涨时去感受生活，激发美的想象。

一、　情境式作文的概念与内涵

情境式作文是以情境创设为手段，有意创设一个具体的场景或情境，如让学生观察实物、欣赏表演、观看视频、收听广播等，让学生在丰富多彩的形象观察中认识客观世界；在观察情境的基础上，再让其思考、联想、想象，以加深学生的情感体验，激发学生的情趣，从而产生写作的欲望。

情境教育专家李吉林认为，情境是人为优化了的环境，是促使儿童能动地活动于其中的环境。当情境在课堂上以再现的方式呈现在学生面前时，教师要放下教师的架子，真真正正做好学生学习活动的参与者、引导者和合作者，可以和学生一起分析讨论，发表自己的意见，同时，对学生从不同角度发表的观点和意见要给予肯定，不能为了满足这一堂课的作文要求而压抑学生的闪光点，要善于珍视学生独特的见解，让每一个学生都感受到阳光的灿烂，在自由民主的教学氛围中，在轻松愉悦的教学环境中品尝到成功的快乐。

这种作文训练模式的目的在于给学生提供写作的素材，解决学生"无米下锅"的问题，即要求教师要事先设计好情境，并有针对性地对情境加以组合或筛选。让学生有人可写，有话可说，有事可记，有感可发，从根本上克服作文内容空洞、单一、雷同、贫乏的通病，使学生作文"言之有物"、"言之有情"。

二、　情境式作文的必要性

情境的特点和功能不仅在于激发和促进学生的情感活动，还在于激发和促进学生的认知活动和实践活动，能够提供丰富的学习素材，有效地改善教与学。

创设有效适宜的情境不但可以提供生动、丰富的学习材料，还可以提供在实践中应用知识的机会，促进知识、技能与体验的连接，促进课内向课外的迁移，让学生在生动的应用活动中理解所学的知识，了解问题的前因后果和来龙去脉，进一步认识知识的本质，灵活运用所学的知识去解决实际问题，发展应用能力，增长才干。

此外，适宜的情境在激发学习兴趣和愿望，促进学生情感发展的同时，还可以不断地维持、强化和调整学习动机，促使学生主动地学习，更好地认知，对教学过程起到引导、定向、支持、调节和控制作用。

情境式作文范式正是以提高学生素质为核心，是建立在"易、趣、活、实"的基础上，允许学生从自己的真实感受中提炼文章主题，鼓励学生写出个性鲜明的文章。因而，它发展了学生的观察能力、感受能力、想象能力、辨析能力、探究能力、审美能力和表达能力等。

三、 情境式教学的操作方法

在作文教学过程中，教师要根据不同类型的作文对症下药，采用不同的操作方法，创设出合情合理的教学形式，让学生在情境中通过自身体验，细致观察，在动口、动手、动脑、动笔中写出感情丰富的文章。

（一）创设多种情境

人的情感总是在一定情境、一定场合中产生的。创设情境可以激发学生写作的兴趣，把学生带入与作文内容相应的氛围中，从而达到良好的教学效果。创设作文情境，就要酝酿一个让学生可知可感的氛围，有效地产生情感共鸣，进入最佳的作文状态。它可以通过以下几种途径来实现。

1. 联系生活再现情境

即把作文训练的内容与学生的实际生活通过创设情境联系起来，进而打开学生的生活库存，强化其对生活的体验，产生对情境的联想，加深对情境的感悟，达到借助眼前再现的情境来表达的目的。无论是人物形象还是生活起居、日常琐事、人际交往等都可以拿来在课堂上再现。当作文训练的内容与学生的生活实际有距离时，教师还可以充分调动学生已有的生活感受和经验，让他们发表自己的看法。

如，指导人教社课标版教材三年级上册第八组作文"我的烦恼"时，教师可让学生先回忆，说说自己在生活中有哪些烦恼，并引导他们从生活、学习等方面来说。结果学生大多说成绩不好被父母骂，想要买的东西家长不给买，这些小事也的确是他们的烦恼，但是如果把这作为写作的素材，很明显缺少新意，视野狭窄。

因此，在进行指导时，教师可以先给学生播放这样一个视频片段：上海学生陈某，父母都是下岗职工，家庭环境差，但他的父母仍然咬紧牙关培养陈某。从他二年级起，就送他上各种辅导班、特长班，有语文、数学、外语、武术、美术、音乐……总共十来个班。就是希望他长大后能有份像样的工作，不会下岗。陈某的父母把家当成了教室的延伸，把孩子当成了实验室中的学习机器。面对父母的一番心血，陈某只能无奈地奔波于学校与辅导班之间。有一天，陈某在日记中这样写道："我爱妈妈，但同时我也恨妈妈，天天都是上辅导班，我脑袋都要炸了。苍天呀，大地呀，哪位天使姐姐能赐给我一点点时间呀！我都要烦死了……"

这个情境一出现，学生们深有同感的神态就已告诉教师，此时此刻，他们心中有话要说，接下来让学生动笔就容易多了。

2. 借助实物展示情境

实物是一种比较直观的教具，俗话说"百闻不如一见"。这是人们认识客观事物的一条规律。运用实物展示情境，能吸引学生的注意力，尤其适合低年级学生的写话训练。低年级学生的思维方式以具体形象思维为主，这就需要教师在教学时注意利用一切可利用的材料演示情境。

如在指导人教社课标版教材三年级上册第五组作文"展示中国传统文化"时，教师先让学生进行课前准备，并在上一节口语交际课的基础上展开作文教学。上课时，教师把全班学生分成四组，并根据他们边展示边演说的情况来打分，最后评选出综合得分，学生的兴趣非常浓厚，纷纷抢着发言，但是说出来的内容大多为介绍传统的特点与发展，并没有谈出自己的感受与理解。

于是，教师自告奋勇地对学生们说："老师也来说说，等会儿你们也来给老师打打分，怎么样？"之后，教师出示中国结，并向学生解说中国结的传统意义和象征意义，同时还围绕中国结讲了一个美丽的传说，学生听得津津有味。最后，又讲了自己与中国结的故事。教师的参与不仅活跃了课堂教学的氛围，拉近了与学生的距离，同时也给了学生作文内容的提示——可以从多个方面来展开讨论中国文化。学生的话匣子一打开，作文的内容就变得丰富多了，这样，又何愁内容不充实呢？

3. 选用音乐渲染情境

音乐是诉诸人的听觉、启动人的联想和想象的一门艺术。它激荡心灵，抚慰情绪，对渲染情境而言，确实不可多得。音乐也是一种反映社会生活，表情达意的途径。把音乐与习作教学沟通起来，就能调动学生的听觉、视觉等感官，为习作教学的展开推波助澜。

教师可以根据作文内容要表达的情感，选择相应的音乐来烘托气氛，从而使学生沉浸在音乐的美感中，体味其中蕴含的情感，加深理解。如在指导"写一种植物"的作文时，先播放歌曲《红梅赞》，让学生一边听一边回想梅花的特点，通过由表及里的方式展现梅花蕴含的精神与喻义，进而使学生联系到其他植物，启发学生在写作时不仅要写出植物的特点，还要写出其内在之美。

4. 扮演角色体会情境

小学生都有活泼、好动、喜欢玩的天性，如果能利用这一特点，在作文课上将作文教学与有趣的表演结合起来，那么学生的兴趣自然很高。通过角色扮演，学生可以更深入地体会每个角色的动作、神态、心理活动等；同时通过扮演角色体会情境，可淡化教师的说教、讲授，突出学生的主动积极参与，也可减轻学生知识技能训练的负担。

教师在平时的训练中可以让学生进行各种角色体验，让他们体验人与人之间的真情与关怀，体验劳动的艰辛与快乐，体验合作和交往的重要性，体验成功后的幸福、失败后的悔恨沮丧，等等。

比如在家里给妈妈洗脚，给爸爸捶背，当奶奶的"眼镜"，当爷爷的"拐杖"，等等；在社会上，可以让学生当一次小记者，当一回小交警，做一回小调查员；在学校里，让他们做一天值日生，当一回主持人。由于小学生好奇心强，喜欢新奇的事物，又善于模仿，让他们进行多种角色体验，既满足了他们的好奇心理，又解放了他们的手、脚、嘴、脑，符合学生爱说爱动的年龄特点。同时，这种体验还是一项没有压力的作业，学生乐于参与。在角色体验中，学生不知不觉地积累了丰富的写作素材。

人教社课标版教材四年级下册第四组的作文是请学生观察一幅"日本侵略者轰炸上海火车南站"的照片，并记录自己的感受。1937年发生的事件距离学生现在的生活比较远，仅仅通过照片，学生是无法体会照片上那个孤独孩子的悲惨境遇的。怎样更有效地指导这节作文课呢？有一位教师是这样做的：首先搜索一些当时的背景资料，并制作成幻灯片，配上音乐。在播放课件时，老师问学生："谁愿意把自己当作照片中的小孩？"同学们争先恐后地想要上台表演。老师选了一个表情丰富的学生，并要求他边看幻灯片边把自己内心的感受说出来。刚开始，学生的情绪还比较高涨，可是，慢慢地随着一幅幅悲惨镜头的出现，他的声音变得低沉了。说到最后，他竟然哭了。因为老师也在一旁不断地提示"他"的不幸遭遇：父母在战争中双亡，他成了孤儿。他的家园被摧毁，天黑了，他无家可归……这堂课下来，对比全班的作品，这个参与角色体验的学生写出来的感情最深，表达得最充分，这正是进行了角色体验的效果。

（二）教师有效指导

1. 引导观察，研究情境

提高写作能力的一个重要因素是提高观察能力，因为细致的观察能让学生从中获得感知，积累经验，掌握规律。而提高观察能力的前提是培养学生观察的兴趣。

教师在创设情境时应尽量选取一些新颖的、能够激发学生兴趣的素材，引导他们进行细致的观察。时间、地点、人物及事情的起因、过程、结果都是要考虑的因素，都要加以分析，因为它们往往是叙述故事、描写场景、刻画人物必然涉及的重点。同时，当多个场面汇集在一起的时候，教师要引导学生学会筛选，以选取最能体现人物内心情感，最能引起读者共鸣的情境来写。

比如，在指导学生观察学习用具书包时，教师可以先引导学生按照形状、大小、色彩、结构、用途的观察顺序进行细致的观察和合理的想象，引导学生从不同的角度，用不同的语言文字进行具体的描述，鼓励学生运用生动的修辞手法，优美的词语，描写书包的特点，并可展开充分的想象，写一写书包的故事，夸一夸书包的作用，等等。此外，还可运用迁移法，让学生观察不同的事物，如工艺品、文具盒、书桌、储钱罐等。

2. 教给方法，举一反三

学生经过亲身的体验，细致的观察，掌握了第一手材料。这时，教师必须善于教给学生写作方法，让学生学会选材，学会安排写作顺序，学会运用准确的语言文字，把所观察到的情境表达出来。

除了写清情境中的内容外，还要引导学生进一步拓宽情境，把学生的思维引向深层次，尽可能最大限度地开掘学生的思想深度，调和情感浓度，使学生的作文"染情"。这就要求学生由现有情境展开联想与想象，想象是对情境的延伸、补充和丰富。它可以丰富故事内容，虚拟场面情节，又可以充实人物思想，达到虚实结合的目的。通过合理的联想与想象，文章内容自然就充实了。

在内容上指导外，在表达上也要注重培养学生的个性，注重培养学生思想观念的开放性和思维方式的多样性，以表达自己的真情实感。只有鼓励学生在选材、立意、构思等方面不断创新，鼓励学生写"放胆文"，鼓励学生敢于打破思维定式，言别人之未言，在作文中写出自己独出心裁的见解，文章才会有鲜活的生命。

如在对人教社课标版教材四年级上册第六组作文"胜似亲人"进行教学时，教师除了要求学生一定要写出画面内容之外，还可让学生进行角色体验，从不同的角度对文中老奶奶的身世展开想象，构想小女孩在平时的生活中是如何帮助老奶奶的。通过这一训练，实际上也暗示了学生可以按照"客观存在—展开联想—发表感想"的顺序进行作文。

3. 灵活评价，收获自信

在评价学生的作文思路时勿套圈子，不要禁锢学生的想象空间。作文评改时也要突破常规，用"多杆秤"来评定每个学生作文的优劣，促进学生的发展，让学生收获作文的自信与喜悦。

教学示例一

让我们去"春游"吧！

教学目标：

1. 通过对生活的观察和图片的欣赏，培养学生对春天、对自然、对生活的热爱之情；

2. 通过春游建议的提出，引导学生学会多角度分析和处理问题；

3. 正确使用建议书格式，通过建议书表达自己的真情实感。

课前准备：

1. 寻找春天的脚步，把春天带到教室。春景图片、小草、小花、种子等春天元素，并加以简单介绍。

2. 课件：图片、音乐等。

教学流程：

一、歌曲导入

教师播放音频，全班齐唱歌曲《春天在哪里》。

二、寻找春天

1. 学生通过实物展示，介绍春天。

2. 教师播放课件，师生在音乐中共同欣赏春景美图。

3. 学生用2—3个优美的词语来表达对春天的喜爱。

三、让我们去春游吧

趁着美好的春光，让我们一起去春游踏青吧！

1. 小组讨论并简要记录春游方案。

我们可以去哪里春游？我们哪一天去春游合适？春游之前我们要做哪些准备？我们可能会遇到哪些问题，应该如何解决？

2. 小组汇报春游的初步方案。

四、给学校的建议书

1. 明确建议书的格式和要求。

（1）题目：写"建议书"或"关于×××的建议书"。

（2）称呼：开头顶格写对谁提的建议。

（3）正文：一般由三部分组成，要建议的事、建议的原因、解决办法。

（4）落款：在右下方写出提出建议人的名字或组织的名称，书写时间。

（5）语言真挚诚恳，热情活泼，富有号召力。

2. 学生写作，教师巡视指导。

五、欣赏评议，借鉴学习

1. 学生自主上台展示、朗读建议书，并说说自己习作中最满意的地方。

2. 师生共同点评（建议书书写格式、表达上的优点和不足）。

3. 将评选出的优秀建议书寄给学校，为学校的踏青活动出谋划策。

教学示例二

校 园 寻 芳

授课年级：适合高年级学生的情境式作文教学。

教学目标：

1. 学会抓住景物特点观察；
2. 初步掌握描写景物的方法。

教学重点：

能抓住景物特点进行描写。

教学流程：

一、导入：设情境，西湖十景

"水光潋滟晴方好，山色空蒙雨亦奇。欲把西湖比西子，淡妆浓抹总相宜。"前段时间，老师去了趟西湖，拍了不少照片，想不想看看？

二、激趣：品十景，共赏西湖

1. 看美景前，先读一读美景。自古美酒配佳人，美景配美文。多少文人醉心于西湖，人们把最美的十处风景，各起了个充满诗意的名字。谁愿意来读一读？（苏堤春晓、平湖秋月、曲苑风荷、断桥残雪、柳浪闻莺、花港观鱼、双峰插云、三潭印月、雷峰夕照、南屏晚钟）

2. 读完后，你脑海里出现了哪些画面？

3. 出示五张图，猜一猜是哪五景。

三、分享：众交流，校园寻芳

1. 很多人羡慕坪洲小学的学生，羡慕我们拥有一个如此美丽的校园。课前，老师布置了大家分组"校园寻芳"，寻找你心中最美的"校园三景"，谁来分享一下？（投影学生的画图）

2. 介绍：描述美景。这几处有哪些吸引你的地方？

3. 你想给这几处景色起什么名字？

四、活动：做导游，分享美景

1. 每个小组合作完成一份导游词，选出一位代表，抽签做其他小组的导游，带领他们游览心中最美的"三景"。

2. 点拨：点面结合；"五味"俱全。

五、写文：选一处美景，精选细写

从你的"校园三景"中精选一处，结合方法，现场写文。

（执教：梁敏瑜）

教学示例三

小鸟的倾诉

某班全体同学收到了内蒙古自治区森林里的一只小鸟的来信，小鸟在信中倾诉了自己美好的家园遭到人类破坏的慌乱与悲伤，并向同学们发出了请求帮助的信号……要求根据信件和录像内容中反映的问题，针对小鸟提出的请求，以回信的形式表达对小鸟的关爱，呼唤人类要保护大自然，爱护大自然。

设计理念：

新课标明确指出，培养学生的写作兴趣和自信心，是写作教学的重点，要让学生愿意写作，热爱写作，易于动笔，乐于表达自己的真情实感。让写作贴近生活实际，一方面是让学生写生活实际，写作内容是对周围事物的认识和感想，另一方面是让学生写适应现代社会生活实际的文章体裁。一封小鸟倾诉自己生存家园遭到人类破坏的来信，正是对现实生活中人类破坏环境的反映，而小鸟如泣的歌声，更有利于引发学生对小鸟的同情，从而使学生产生乐于给小鸟回信的欲望。因此，让学生读小鸟的来信，听小鸟的歌声，不仅可激发学生关注社会现实、热爱地球环境的思想感情，而且可培养学生的观察能力、思维能力和语言表达能力。

教学目标：

1. 培养学生观察、思考、想象和通过具体内容、画面体会一定思想感情的能力。

2. 抓住来信和课件内容中反映的现象，通过回信来表达自己的真情实感。

3. 正确使用书信格式。

4. 培养学生爱护鸟类，保护环境的思想意识。

教具准备：

1. 小鸟的来信（附后）。

2. 小鸟生活的录像片（伴歌声）。

3. 写作的稿纸、信封。

教学流程：

一、创设情境，激发兴趣

1. 猜信设悬，引出文题。（教师给学生带来了一封信，设计了三个问题，让学生猜，引发学生的好奇心。猜信是从哪里寄来的？信是谁寄的？信的内容是什么？）

2. 指名读信，解除悬念。

3. 谈信的主要内容。（初步了解小鸟的处境，感知小鸟的心情）

4. 观看录像。（老师设计了小鸟家园遭到破坏的一个动画情境，大家请看……并且引导学生一边观察，一边思考：小鸟的家园为什么会遭到破坏，根源何在？你打算怎么做？）

二、师生交流、讨论、汇报

在学生读完信又看完录像，对小鸟的生活情况有了较深刻了解的基础上，组织学生讨论、交流，激发学生对小鸟可悲处境的同情心，激发学生回信的欲望，进一步做好回信的准备。这一部分设计了以下环节。

1. 独立想象小鸟生活的现状，说说自己的感受和今后的做法。

2. 相互交流，体验不同的感受和做法。

3. 学生汇报。

通过以上教学环节，学生体会到小鸟倾诉的原因是因为家园遭到破坏而无家可归，让学生觉得帮助小鸟建立家园是一件义不容辞的事。从而打开学生的思路，道出学生的心声，为回信提供材料，奠定写作基础。

三、明确要求，指导写作

通过以上教学，为写作铺好路，接下来引导学生以回信的形式来帮助小鸟，做法如下。

1. 分工合作，分别完成信的开头、正文、结尾部分。（这样可以培养学生的合作意识，集体观念）

2. 学生写作，教师巡视指导。

3. 小组内自读、自改、互读、互改，共同提高。

四、欣赏评议，修改提高

新课标强调鼓励学生展示自己作品的愿望，因此可设计如下的点评环节。

1. 让学生自告奋勇朗读自己的作文，说说自己作文最成功的地方在哪里。

2. 推选平时写作好的同学的作文来读，师生一起点评。

3. 展示佳作（投影，师生集体评价），让学生在集体修改的过程中提高作文修改能力，达到信息互动的目的。

4. 布置作业：课外做一件爱护鸟类、保护环境的事，并写一写做这件事的过程和感受。

附：小鸟的来信

亲爱的某班全体同学：

你们好！

我是一只活泼可爱的小鸟。从前，我住在大森林里，那里的大树郁郁葱葱，高大挺拔；那里的野花漫山遍野，芳香扑鼻；那里的草地很柔软，像铺了一层厚厚的地毯，毛茸茸的；那里的泉水清澈见底，叮咚叮咚，唱着四季不同的歌。还有我的兄弟姐妹、爸爸妈妈和小动物们，我们相处得很好。

一天早晨，"砰砰"两声震耳欲聋的声响把我从睡梦中惊醒。我躲在树丛里，偷偷地探出头来，看见许多小鸟惊慌失措地飞了起来，一些小动物们也惊恐地跑了出来。我隐约感到大事不妙，决定和伙伴们一起飞走。我在天空中隐隐约约地看见一个高个子的人，手里握着猎枪。为了使自己不命送"枪口"，我使劲地飞出了这片森林。

过了一些时候，我又回到了我的森林。我惊呆了：大树被齐根锯掉，动物们也所剩无几。我伤心极了，我想对人类说："人类啊，你们不要再打猎、乱砍滥伐了，我不希望看到动物成为你们的盘中餐，我也不希望我所栖息的树木变成一次性筷子，做成木头饭盒。如果你们再破坏大自然，沙尘暴、洪水将会惩罚你们！"

同学们，请你们帮帮我吧！帮我们鸟类和动物建一个温暖舒适的家园吧！

祝你们学习进步，天天快乐！

你们人类的朋友：一只小小鸟

2014 年 9 月 1 日

第三节　活动式

德国著名教育家福禄贝尔认为，儿童具有活动的本能。美国教育家杜威更系统地提出以"做中学"为核心的实用主义教育思想。他认为教育应以儿童及其活动为起点、为目的、为中心，学校教育的作用就是传递、交流和发展经验，个体要获得经验，就必须在活动中主动去体验、尝试、改造，必须去"做"，因为经验都是由"做"得来的。因此，教育教学必须让孩子在"做中学"，才能使学习变得有效。作文的教学也应该遵循这一儿童发展规律，活动式作文教学很好地做到了这一点。

一、　活动式作文的概念与内涵

活动式作文教学，是指在活动教学理念指导下，积极开展各种各样的活动，让学生通过参与各项活动，获得一定的生活体验，从而使作文成为在教师指导下学生主动倾吐情感的过程，为学生步入写作的美好殿堂、有趣的写作大门奠定扎实的基础。

新课标提出，"写作教学应贴近学生实际，让学生易于动笔，乐于表达，应引导学生关注现实，热爱生活，表达真情实感"。它道出了写作与现实生活的联系：有生活实际，学生才乐写；有情感体验，才能表达真情实感。活动式作文教学正是以"活动"为主题，目的在于给学生写作的素材和体验。活动式作文教学符合学生心理发展的需要，顺应了新课标要求，在教学中，通过进行策划、组织一系列活动，让学生发现问题，解决问题，获得经验，加深体验，写出具有真情实感的文章。

二、　活动式作文教学的基本特征

活动式作文训练，主要体现了活动性、多元性、整合性的特征。

（一）活动性

它主要表现在三个方面。一是学生在活动中感受到情感上的愉悦，全心全意喜欢自己的活动，整个过程轻松自如，非常快活。一个充满乐趣的环境可以产生很高的创造力，同时，思维的流畅性、灵活性和独创性在活动中也得以显现和培养。二是活动灵活而富有弹性，它可以适应不同学生的兴趣、爱好与特长，而不是"一刀切"。三是多种感官密切配合，协调行动，做中学，学中做，教、学、做合一。

（二）多元性

它是指构成活动的各要素与实施过程所设计的要素之间的非封闭性。首先是活动内容具有多元性，有对学科知识的巩固、运用和验证，有对学生的兴趣、爱好、特长的关注与培养，还有来自社会生活和学习生活的丰富内容，等等，充分满足了学生的各种需要。其次是活动空间具有多元性，学生可以把教室、校园乃至社会场所作为活动的空间，如室内活动、各种体育活动、社会实践、参观、游览等。再次是师生、生生关系具有多元性，在活动中，师生可以是参与者，可以是组织者，也可以是旁观者。此外还有评价方式的多元、形式的多样，等等。

（三）整合性

它是指教育内容的整合。活动式作文训练绝不仅仅是写作知识、方法、技能的训练，还可以使学生掌握跨学科（如音乐、美术、自然、品生、品社、数学、劳技、健康等）的理论知识，获得对事物的完整认知，形成科学的思维方法，提高综合运用知识解决实际问题的能力。

三、 活动式作文的优势

（一）联系实际，激发写作激情

作文需要激情。许多学生因为没有激情，没有体验，没有生活，没有材料，写作时就不能生成与实际生活相关的联系链。以至于说到"道德"，就写给老人家让座，其余的内容就无从下手。实在不行，就抄些好词好句或范文，编些"假大空"的东西来应付。而活动式作文教学通过创设有趣的活动，往往能活跃课堂气氛，让学生融入其中，体验生活。学生在参与活动的过程中，感受到了无限乐趣，自然也就激发起强烈的写作欲望。

（二）开拓生活，丰富作文内容

活动式作文最大的优势在于，能够很好地解决学生无话可说、无事可写的写作困惑。活动式作文教学通过组织学生参与到预设的活动中去，或实践，或尝试，或体验，或发现，写作内容自然而然得以生成。学生在这一过程中也逐渐认识到，只要关注生活实际，留意生活点滴，品味人间真情，作文题材将取之不尽，用之不竭。

（三）参与活动，促进思维迸发

活动的目的是给学生提供素材，但只有素材还不能写出好文章。面对纷繁的素材，如不加以指导，学生只能记流水账，谈不上写作思路，更谈不上写作思想。写作时如果没有一个在头脑中生成文章的积极思维的过程，只有记忆与仿作的印象，单纯着力于语言文字的斟酌推敲，结果往往是作文内容、形式千篇一律，缺乏真情实感，缺少个性的张扬与创新的火花。而活动式作文教学在给学生提供素材的同时，也将促使学生思维活跃起来，使学生能够自主、快乐地搜集素材、运用素材、实施素材，进而实现思维的重组与整合，盘活"库存语言"，创造出新的产品。

（四）主动参与，体现学生主体

活动式作文教学改变了教师与学生的根本地位与作用，充分体现了学生在学习过程中的自主性。整个教学活动中，教师不过是教学过程的组织者、指导者，知识建构的帮助者、促进者而已。学生则是活动的主体，活动过程的建构者，是学习的主体。

四、活动式作文的形式与流程

活动式作文教学力求突破传统，寻求开放、自由的作文及指导形式，把作文就是活动的特性尽力彰显出来，让写前、写中、写后都趣味无穷。为此，我们设计了灵活多样的、创新的活动式作文形式和基本流程。

（一）活动式作文的基本形式

1. 游戏式活动

游戏是满足儿童活动本能的最有效的手段。在课堂中设计一项游戏，让学生在游戏中感悟。具体方式有：玩前写，写玩的打算、计划、构想等；玩中写，写玩的经过、片段、细节等；玩后写，写玩的经过、片段、细节、感受、想法、体会等。

如在游戏作文《魔术商店》的教学中，教师扮演店主，在店里陈列很多"商品"（用卡纸写上"知识"、"美貌"、"机遇"、"地位"、"高档赛车"、"环球旅游"等项目，明码标出拍卖价），并发给每个学生一定数量的"钱币"。然后"店主"开始以起步价拍卖，全体学生作为顾客参与各商品的拍卖活动。拍卖会结束，老师还可采访部分"顾客"，问参拍的感受和拍卖有关商品的动机。在活动基础上，要求学生当堂完成作文《魔术商店》。这一游戏可调动学生的兴趣，开启学生的心智，收到良好的作文教学效果。

此类游戏作文还有"踩影子"、"拷贝不走样"、"贴鼻子"、"藏猫猫"等，都能让学生痛痛快快地大玩一把，然后下笔成文。

2. 表演式活动

这类活动是让学生在课堂上扮演不同的角色，体验不同人物的内心世界，在交流互动中有所领悟，并用文字表达出来。具体方式有：个人独立表演式、双人合作表演式、多人合作表演式。

如《妈妈的爱》体验作文中，让学生分两拨，先后扮演妈妈、孩子两个不同角色，让学生在母子俩的矛盾冲突中理解妈妈的内心世界，体会沟通的重要意义，同时也体验妈妈工作的艰辛。通过这一课，学生进一步认识到妈妈的平凡与伟大。

此类作文选择性很广，可以让学生去表演书中的情节，也可以设定特定的情境，或让学生扮演自己最欣赏的名人，等等。

3. 竞赛式活动

通过举行特定比赛，带动课堂气氛，激发学生创作欲望。具体方式可以多种多样，学生可以写比赛的一个片段，可以写自己参与的过程，也可以写其他同学的表现或者赛后感想，等等。

如"左手夹豆"比赛，比一比在限定时间内谁用左手夹豆最多。在这个过程中不单单比赛者参与其中，其他学生也会成为啦啦队员，参与到比赛中去。这样的作文写成后往往激烈紧凑，精彩绝伦。

这类作文往往并不限于课堂中，具有很强的灵活性。教师还可以根据本校甚至校外举行的竞赛来进行教学。如校运动会、班级拔河比赛等，都可以成为很好的素材。

4. 连写式活动

它是指学生围绕一定话题，一人一句或几句地连续说或写，最后形成有一定内容的文字材料的学习性写作，也叫"接龙作文"或"接龙续句"。具体方式有：表演连写式，即先看表演后连说或连写；看图连写式，即先看图后连说或连写；读文连写式，即先读一段文字，然后再连说或连写；想象连说式，即由一个人说一句开头的话，其他的人围绕句意展开想象，逐人逐句连续地说或写下去。

比如，我们可以以希区柯克经典科幻小说《世界只剩一个人时》里的名句："世界上只有你一个人，突然响了一声敲门声，接下来会发生什么事？"作为开头续说这个故事，每人只能说一句。这样能激发学生的奇思异想，最后得到的故事一定天马行空，充满创造性。

5. 交际式活动

人际交往是一项十分重要的能力，交际口才与作文训练密切相关。在社交中学作文，帮助学生克服社交的紧张和焦虑，是很有意义的语文实践活动，也可以有效帮助学生在作文中真正做到"吾手写吾口"。

以《和陌生人说话》为体验作文题目，带领学生到城市广场，要求每个学生找2—3位陌生人，交谈5分钟以上。第一次解散后，大多数学生可能都无法完成任务。于是教师召集学生进行辅导，帮助学生分析谈话对象，研究交流话题，指导接近技巧。经过辅导，学生基本上都克服了紧张、羞怯，顺利完成了交谈任务。在此基础上，要求学生写成《和陌生人说话》一文。结果，学生把自己的心理变化过程写得细致入微，作文质量普遍较好。

6. 探究式活动

选择实验作文的题材，放手让每个学生动手去操作实验，亲自破解科学之谜。科学知识在小学生心目中是高尚而神秘的，动手去实验对于他们来说是件很兴奋的事，这样写出来的作文条理比较清楚，描写也比较具体。

如教材中提到过蚂蚁的判断力很强，教师就可以试着让学生用蚂蚁、棉线、糖等材料去做实验。实验过程中引导学生细心观察，验证结果，这样，就不难写成探究性作文《蚂蚁的智商有多高》。

语文课本中有不少科学小品语言精练、说理透彻，我们可以在教学后，让学生亲自去实验，这些都是很好的探究性作文主题。

（二）活动式作文的基本流程

从教学理念的高度看，过去的教学是一种"知—行"模式，但现代教学理论特别是新课程理念强调，要将其更改为"行—知"模式，也就是说，不要先说太多的道理，而是先令其做，做了，有感性认识了，再从理论上深化。

活动式作文教学就是主张"先活动（游戏），再作文"或者"活动（游戏）和作文交替进行"的动态教学模式。先是学生参与丰富多彩、妙趣横生的活动，学生的体验感受实在、丰富了，便会有感而发，倾情而作，之后教师再相机指导，即先"写"后"教"。教师的责任是给学生提供一个能够"张扬和开发学生的创造意识与实践能力"的教学现场。

每一次训练设计均贴近和符合学生的经验世界与情感需要，尽量做到把作文知识化为一个个元素渗透进活动中并演示出来。让孩子在玩中学，在学中乐，轻松获得写作技巧，使他们的思维习惯、观察能力、语言功底在活动中得到持续不断的锻炼。让作文成为师生的"乐事"、"趣事"，乃至"享受"。因此，活动式作文教学的基本流程如下。

1. 活动准备

学生课前收集有关资料、信息，了解活动的规则、要求等知识。同时准备好有关材料、器物及工具，以保证活动顺利进行。

2. 激情导入

教师要善于运用语言艺术，或设置悬念，或引发争论……以趣味性的语言激起学生的好奇、探究的心理和愿望，从而保证学生一开始就以饱满的热情投入活动。

3. 预设结果

要求学生预先设想活动的结果。学生根据各自的想象、推理、判断，纷纷发表不同见解。同学们各抒己见，兴趣被激发，大脑处于高度兴奋状态，引发出最佳思维，也为活动的展开做了很好的铺垫。

4. 活动验证

开展活动，让事实说话。学生兴致勃勃，人人动手，演示出活动的结果。这是活动的主体部分，一定要引导学生仔细观察。关键的地方，可以放慢节奏，或做出特殊标记，以引起学生注意。

5. 引导探究

针对学生提出活动的问题，适时引导学生利用学过的课文、有关的资料以及身边的师生所掌握的信息，去寻找答案。这是培养学生进行研究性学习的极好机会，也是训练学生如何利用学习资源的大好时机，这将对学生的未来学习产生深远影响。

6. 舒畅表达

学生全身心投入活动，真实感受活动的每一刻，情趣盎然，真正是思维活跃起来了，有话可说，有话要说，觉得不吐不快，说起来滔滔不绝，这时候要趁热打铁，让学生立刻成文，写起文章来自然得心应手，下笔如有神。

7. 评价修改

活动式作文教学评价应从学生作文兴趣、作文态度、作文习惯、真实的情感体验、表达的个性化等方面，综合考查学生作文水平的发展状况。尤其要重视对写作材料活动过程的评价，重视对作文修改的评价。

总之，组织学生开展丰富多彩的活动，引导学生接触社会，深入生活实际，观察分析周围的人和事物，就能使学生作文言之有物，言之有序，言之有味，言之有情，言之有理。

教学示例一

画 龙 点 睛

教学目标：

给学生提供有利的写作条件，使学生易于动笔，乐于表达，增强作文的自信心。从内容入手，从观察入门，重视个人的独特感受。

教学思路：

放：放开思维、放手表达；真：真实的经历、真我的体验；趣：童趣、乐趣。

教学流程：

一、课前热身、激发兴趣

师：上课前我们做个游戏放松一下。根据老师所说的词语做出相应的神情动作。眯眯笑、失望、紧张、哈哈大笑等。

（设计意图：调节学生的情绪，使学生拥有良好的精神状态。同时游戏内容和本次作文训练的内容相关，为下面教学做好铺垫。）

二、话题导入，引出重点

师：你有什么发现？你是怎么猜测的？有什么想法？

句式训练：我发现——

（设计意图：新课标提出要在作文教学中培养学生细致观察的习惯。习惯的形成是需要持续的训练来实现的。把"我发现——"当作经常性的问话训练，可以培养学生留心观察周围的习惯。新课标还提出注重培养学生的思考和评价能力。所以，在让学生说发现什么的时候，让他们谈一谈自己的猜测、感受和想法，促使他们对现象进行思考。）

三、指导观察，掌握方法

1. 能不能说说龙给你的印象？

2. 具体说说龙的样子。

3. 重点观察眼睛，想象：没有眼睛的龙会怎么样？

4. 按照分—总的顺序，描述龙的样子。

（设计意图：从自由表达到总结规律，再到按照要求表达，有放有收，体现教学的层次性。）

四、开展活动，促进写作

活动要求：蒙上眼睛

活动内容：为龙画眼

重点指导：重点观察台上、台下人物的动作、反应，注意自己的感受。

1. 活动结束后，练习口头表达：你发现了什么？怎么想的？（教师适时板书：描述的是谁？抓住人物的什么？）把好的词语写进"词语超市"里。

2. 能不能把几位同学说的按照事情发展的顺序说一说？（可以借用"超市"里的词语）先闭目回忆刚才的过程，再小组接龙说。

3. 指名说，说不上来的情况下，其他同学接龙。

4. 让表达精彩的同学上台继续为龙画眼。

5. 活动结束，谈一谈对活动的评价，以及自己的想法。

（设计意图：通过"画龙点睛"活动，让每个学生都参与进去，无论是上台画的，还是没有画的，每个人都亲历了这项活动，有自己的所见、所感。活动前教师的提醒突出了活动训练的重点。通过提炼一些关键词语，为学生的说话提供了借鉴，同时又有助于在学生头脑中形成清晰的条理。通过小组接龙描述经过，体现了合作学习，降低了难度。）

五、分组写作，师生合作

第一组：开头；第二组：龙的样子；第三组：第一位学生的活动。

老师：第二位学生的活动。

第四组：结尾。（开头和结尾可以采用多种形式，回忆讲过的形式）

（设计意图：分组完成，降低了学生写作的难度，又能使这次作文给人以完整的印象，同时也促进了互相学习。教师写下水文，可以让学生根据自己的经验和教师的范文对话，既体现了师生的平等，又可以让学生的认识水平得以提高。）

教学示例二

四 季 颂

教学目标：

1. 引导学生感知四季，认识四季之美。

2. 通过开展活动，实现语文向其他学科的融合，构建开放、多元的语文习作课堂。

活动准备：

1. 收集有关四季的词语、诗歌、歌曲。

2. 教师准备相关的图片、文段。

教学流程：

一、童谣引入，走近四季

1. 创设情境，激发兴趣

同学们，大自然妈妈有四个顽皮可爱的娃娃，他们可以让草儿变绿、花儿变红，可以让太阳变成大火球，晒得小狗直吐舌头，还可以让黄澄澄的橘子挂满枝头，甚至能让全世界一夜之间变成白色！

你知道这些娃娃的名字吗？（四季）

2. 播放《捉迷藏》，初识四季

春夏秋冬，四个娃娃，爱捉迷藏来玩耍。冬躲春来，秋躲夏呀，你找我来我找他。春天藏在花丛中，夏天躲到草帽下。秋天钻入谷堆堆，冬天缩进棉褂褂。

欣赏了《捉迷藏》，你发现春、夏、秋、冬四季娃娃藏在哪里了吗？（花丛中、草帽下、谷堆堆、棉褂褂）

二、逐一寻找，欣赏四季

叙述：四季娃娃可调皮呢！你不去找它，不去发现它，它就待那。

（一）颂春

过渡：你们看哪，春天来了——

1. 师生配乐朗读《春》片段

（师引读）小草偷偷地从土里钻出来，嫩嫩的，绿绿的。园子里，田野里，瞧去，一大片一大片满是的。

（生读）桃树、杏树、梨树，你不让我，我不让你，都开满了花。红的像火，粉的像霞，白的像雪。花里带着甜味儿；闭了眼，树上仿佛已经满是桃儿、杏儿、梨儿。

2. 同学们，读到这里，你认为春天还只是藏在"花丛中"吗？他又藏在哪里呢？（小草里、泥土里、桃树上、杏树上——园子里，田野里）

开放式作文教学（第二版）

3. 春天一到，大地生机勃勃，到处都充满了春意。我们可以？（生答：放风筝）可以？（生答：爬山）那大家说说，春天又藏在哪里呢？（生答：藏在我们的心里，藏在我们的脸上）

4. 是啊，春娃娃不仅仅藏在小草里，鲜花里，藏在朱自清的散文里，他们啊，他们还藏在优美的诗歌里！——好好想想，你想到哪些描写春天的诗歌？学生上台展示，诵读《咏柳》《忆江南》《春晓》《春日》《江畔独步寻花》（学生可以个人诵，可以小组诵。每诵一首，教师适当用精练的语句描述对应的春景）

（二）随机颂夏、秋、冬

过渡：春是绿绿的，嫩嫩的，红红的。那么，你还喜欢四季娃娃中的哪个季节？

春娃娃是嫩嫩的、绿绿的；（　　）娃娃是（　　）的、（　　）的。你还喜欢哪个娃娃？

说着说着，四季娃娃还漏了谁啊？（　　）

预设一：颂夏

1. 你觉得夏又是怎样的？（热热的、爽爽的、翠翠的、红红的）

2. 因为，夏天不仅躲在草帽下，还躲在哪？（池塘里、果园里、荔枝林里、空调下、荷花里、柳树下、小狗的舌头里……）

3. 你爱这样热热的夏天吗？引导学生说话：我爱夏天，因为——

预设二：颂秋

1. 提问：那秋天又藏在哪呢？（果园里、稻田里、公园里、树叶上、鲜花中……）

2. 你认为，秋又是什么样子的呢？（黄黄的、白白的、香香的……）

3. 是啊！金秋时节，景色宜人，引导学生背诵课文中关于秋的四字词。

4. 你还能想到哪些跟秋天有关的词语或者儿歌吗？

5. 是啊，梨树挂起金黄的灯笼，苹果露出红红的脸颊，稻海翻起金色的波浪，高粱举起燃烧的火把！（出示瓜果图）你能不能仿照这首儿歌也来说一说？（学生仿照句式说话）

6. 谁能连起来说一说？引导学生写话：秋天到了，瓜果飘香……

7. 一年好景君须记，正是橙黄橘绿时。用再多的词也无法形容秋的美丽与迷人！

预设三：颂冬

1. 你为什么这样喜欢冬天？

2. 播放冬天的图片，提问：看到这样的画面，你觉得冬天是怎样的？

3. 请学生配乐朗读《看雪》选段：冬天，天上飘着雪花，地上铺着雪毯，树上披着银装，到处一片洁白。小伙伴们在雪地上堆雪人，打雪仗，玩得可高兴了!

4. 同学们,那冬天藏到哪里去了?(雪花里、地上、树上、雪人里……)

5. 多么可爱的冬天啊!你最想去做什么?

(三)小结

再读《捉迷藏》。

春夏秋冬,四个娃娃,爱捉迷藏来玩耍。冬躲春来,秋躲夏呀,你找我来我找他。春天藏在(　　　),夏天躲到(　　　)。秋天钻入(　　　),冬天缩进(　　　)。

1. 学生仿说:

同学们真厉害,草丛中,树荫下,田野里,冰面上,找到了四季娃娃。你说,四季娃娃还只是藏在花丛中,躲到草帽下,钻入谷堆堆,缩进棉褂褂吗?

那好!谁来把这首儿歌重新创编一下?

2. 请2—3名学生朗读自己创编的童谣。

3. 全班学生拿出习作本进行四季童谣的创作。

三、多方展示,赞颂四季

四季娃娃真是美!音乐家一定会尽情高歌,美术家一定会挥笔作画,书法家一定会奋笔疾书……同学们,你又准备用什么样的方式来表现自己对四季的热爱呢?那大家准备准备。(学生发表意见)

学生准备。

学生展示,适当评价。

总结:四季娃娃给我们带来了许多欢乐。他们是美的,一个美丽的四季,更等待我们去发现,去感受,去描绘,下课。

(执教:陈敏思)

第八章
适合中年级的
作文范式

　　中年级的学生更加关注现实生活，对生活中的人、事、物变得敏感，开始有自己的主见，思维也更富有创造性。开放的作文范式中的日记式、话题式和读写结合式适合了中年级学生的这一特点。当然，这些范式不仅仅只适合中年级学生，根据内容的不同，其他年级学生也可选用。本章将就上述三种范式做逐一论述。

第一节 日记式

培养写作能力需要广泛的阅读积累、丰富的生活积累、真实的感受积累，还需要长期的作文实践。只有积累到位，学生才能厚积而薄发，易于动笔，乐于表达。写日记，就是学生积累、运用语言的一条重要途径。

小学生作文能力的障碍主要表现在"言之无物"。一方面是他们没有仔细观察生活，另一方面是他们虽然观察了，但是没有及时记录下来，时间一长，自然也就淡忘了。俗化说"好记性不如烂笔头"，不记录，不勤于练笔，当然也谈不上提高表达了。生活是作文的源泉，生活之源不绝，作文之树才能常青。因此，教师要培养学生练就一双慧眼，具有善于主动发现身边事物的意识，学会愉快地观察生活、体验生活、感受生活。只有这样，才能让学生提起笔来文思如泉涌。

一、 日记式作文的概念与内涵

日记式作文范式是指教师引导学生仔细观察周围的人、事、景和物等，把所见所闻、所思所想，通过记叙、描写、说明、议论、抒情等方式在日记中加以表达，并逐步养成细观察、勤思考、多练笔的好习惯。

日记的内容包罗万象，可以写人，可以记事，可以状物，可以抒情。从春天的姹紫嫣红、夏天的蛙声一片到秋天的稻花香里、冬天的白雪皑皑；从夏夜星空的繁星点点，到热闹的菜市场、路边的小摊，甚至周围人的音容笑貌、喜怒哀乐，人的起居饮食、学习工作等，这些都可以是日记的内容。所以，日记提倡"生活即作文"，学生在日记中能写自己所见，想自己所想，抒自己情怀，具有求真求实的作用。

日记的方式灵活、自由，不受时间、空间的限制，相对于其他形式的作文教学更自由，更开放，更贴近生活，更易将口头语言变成书面语言。日记还能促使学生的作文更趋主动，更富创造性，为学生所接受、所喜爱。因此，日记是小学阶段完成写作训练任务的有效手段，是学生练笔的重要途径。

二、 日记式教学的现实意义

（一）积累丰富的写作素材

素材来源于生活实践。让学生写日记，记录下他们的生活，正是为他们的写作积累素材。平时班级、学校开展的活动，如体育节、文化节、科技节等，课堂教学中的实验、小制作、剧本表演、班队会等都可以作为日记的素材。学生生活中的点滴小事，如课间活动、放学路上结伴而行、周末小区里一起玩耍等也可以作为日记的素材。教师还可以有针对性地布置安排，有意给学生安排一些课余日记任务，诸如《金鱼有情感吗?》《吃辣椒》《大扫除》……这些题材都源于学生的生活。当学生用笔在记录生活时，他们对于生活的认识和体验也会一步步加深下去。

素材来源于世间万物。一年四季的自然景物、自然现象，诸如鸟兽虫鱼、花草树木、蔬菜瓜果……都可以成为学生写作的对象。关键在于老师要做有心人，因势利导，因地制宜，及时指导、点拨。一场雾，一阵雨，一声春雷……都能激起学生的创作激情；一条小金鱼，一只小狗……都是学生笔下的最爱；同学、老师、朋友……都是学生写不完的话题；争吵、和好、帮助……都是学生常见的生活插曲。每日一篇，每周一记，"拳不离手，曲不离口"，常常练笔，天长日久，学生练就了下笔成文的本领。

（二）提高学生的阅读感悟能力

语言规范生动，思想内涵丰富，文质兼美是学生学习语言及写作技巧的优秀范本。因此，在平时的课堂教学中，教师可以以课例作为信息资源，指导学生认识课文作者是如何来表现生活、表达真情实感的。在学习课文的基础上，教师可以布置学生课后摘录相关的文章或片段，当然还可以用课上学到的知识来对文章进行恰当的点评。

教师可以将这一作业要求也列入日记的内容，并引导学生从文章的选材、描写方法等角度对自己所摘录的文章做出正确的评价。另外，在学习课文后安排一些小练笔，在日记本上写一写的做法。小练笔的内容精短，选材角度小，思维空间大，学生易于驾驭，写起来也得心应手。如"精彩篇章，仿写片段"、"移花接木，摘录重组"、"读文感受，随手笔录"、"欣赏古诗，尝试改写"、"大胆想象，续编故事"……这些丰富多彩的随文练笔形式，既发展了学生的语言和思维，也培养了学生的想象和创作能力。

以上作文训练途径，均可以付诸日记。通过日记载体，教师既检阅了学生的课文学习效果，更重要的是探知了他们是否从学习中有所感悟。例如学了《乌塔》以后，有个学生在日记中这样写道："读着课文，眼前仿佛浮现出乌塔正和文章的作者交谈的情景。我看到了她见到大千世界时那惊喜的样子，还有她迷路时向警察求救的场面。读着读着，我又是多么羡慕她能有这份自由呀，想起平时在家里，我就是父母的掌上明珠，什么事都是父母替我包办了，他们从不给我单独外出锻炼的机会，我感觉自己就像是一只笼子里的鸟儿。我真想大声对父母说：'给我自由，给我一片属于自己的天地吧……'"字里行间，真情流露，谁会说这位学生没有领会到课文的深刻内涵？

通过写日记、周记的训练，学生的观察能力、分析能力、判断能力等逐步提升。伴随其写作过程，学生的内心在震撼，在交流，在思索。久而久之，感悟理解能力也能得到逐步提高。

（三）完善学生的人格品质

写日记的过程，既是现实生活的真实反映，更是作者明辨是非、完善人格的过程。记下一篇日记，不仅仅是完成几百字文章那么简单，它可以启迪智慧，提升审美，感悟生活，品味人生，激发创新。

当代教育改革家魏书生指导学生写日记，并谓之"道德长跑"。他外出讲课时多次真心诚意地建议青年教师和学生坚持每天写日记。他认为，第一，日记能使我们记住自己做过的事，见过的人，用过的物，记住自己的经验教训。写日记，常翻一翻，人容易记住自己，有忠于真善美的一面。第二，写日记有利于改变自我，超越自我。很少有人劝诫自己狭隘、损人利己、消极、懒惰，正常的人一般都在日记中劝自己、鼓励自己要宽厚，要帮助人，要积极，要勤奋。这发自内心的劝说鼓励，同外界的劝说鼓励相比，作用更大。第三，写日记能磨炼人的毅力。写一篇日记容易，坚持下来难。特别是时间紧、任务重的时候，再坚持写日记就更难。而一旦坚持住了便产生了心理惯性，产生欲罢不能的感觉。第四，写日记有备忘录的功能。长期积累，能提高对社会的认识，解决重大历史问题。例如，红军长征行程两万五千里就是从日记记载中计算出来的。

三、 日记式教学的操作方法

写日记，对小学生来说，是引发其作文兴趣的一种极好的练笔方式。写日记能提高学生的写话能力，训练观察力，发挥想象力，培养创造意识，形成合作交流的学习氛围。那么，怎样指导小学生写好日记呢？我们认为应该从以下几方面着手。

（一）激发学生写日记的兴趣

兴趣是最好的老师。学生一旦对写日记有了兴趣，写作难的大问题就解决了不少。在具体做法上，可以采用以下方法培养学生的兴趣。

1. 明确目的，培养兴趣

教师要向学生讲清写日记的重要性，对学生进行长远的教育，使学生认清写日记的收益是多方面的，如，它可以帮助学生养成勤动笔的良好习惯，同时，日记还是写作材料的储备仓库，是语言词汇的储备仓库。库存多，写作时自然会滔滔不绝，促进作文水平的提高。另外，写日记是对自己的品质、毅力、恒心与耐性的锻炼，是一种"道德长跑"。学生认识了写日记的重要性，就会积极主动地写，并形成一种习惯，习惯又迁移转化为能力，写作水平自然会提高。

2. 着眼指导，培养兴趣

教师要指导学生在写上下功夫，让学生掌握写日记的方法。开始时，只要学生动笔写就行，教师从中发现问题予以指导。接下来要求日记必须有一个明确的中心，对于一天发生的事要有选择地写，这就是在指导学生如何选材立意。在写的内容上，教师要告诉学生，日记离不开对人、事、物、景的描写以及由此而产生的看法。写人，要细心观察，抓住特征写感想，要侧重于对人、事的看法和评价。日记方法掌握了，兴趣也就来了。久而久之，便形成一种稳定的写作兴趣，即养成了良好的写作习惯。

3. 遵循原则，培养兴趣

引导学生写日记的过程中，教师要始终遵循一个循序渐进的原则。开始要求低，等到后来，无论字数、语句，还是立意，标准都要逐渐提高，直到一篇日记就是一篇作文。有时，还可以限时间写日记，使写的日记由数量的变化发展到质的飞跃。学生尝到了成功的喜悦，写日记的劲头就更大了。

4. 激励为主，培养兴趣

在日记的批阅上，教师要以激励为主，充分调动学生的作文热情和兴趣。在批阅学生日记时，可以实行"宽容政策"，尽量发掘学生日记中的积极因素，特别注意发现平时写作水平较弱的学生日记中的闪光之处，哪怕一个词、一句话，只要用得好，就要予以肯定、表扬。如果学生在自己的本子上经常能看到"你又进步了！""相信你能行！""你还会进步的！"等激励性的评语，写日记的积极性将得到充分调动，再也不会把写日记当成一种负担。

（二）指导学生写日记的形式

孩子怕记日记，主要原因就是觉得没有东西可写。他们不知道什么东西可写，总以为日记的内容是很难找的。其实，日记内容非常丰富，无处不在，发生在孩子周边的事也是层出不穷的。我们可以引导孩子从日常生活中最简单的东西记起，从自己记起。

1. 观察日记

观察日记就是对日常生活进行经常性的细致观察所作的记录，它可以一日一记，也可以数日一记；可以写一个人、一件事、一样物品、一个活动，也可以只写一个侧面、一个场景、一个细节；可以写成一篇完整的文章，也可以只写一个片段，没有开头和结尾，非常灵活。坚持写观察日记，可以使学生了解生活，了解社会，积累素材，丰富写作内容，可以提高观察能力、分析能力和文字表达能力，还可以培养写作兴趣。观察日记侧重的是学生对生活的某些细节的观察和思考。

要写好观察日记，首要的是勉励学生做好生活的有心人，时时注重培养学生"发现美的眼睛"。对平时遇见的事，哪怕是每天起床叠被这类小事，也要仔细观察，练习写作。鼓励学生将"看到别人没有看到的，说出别人没有说出的"融进观察日记，鼓励并指导学生抓住事物特征多角度观察，达到"横看成岭侧成峰"的境界：对静态事物要部分观察，对动态事物要分阶段观察，对景点可用移步换景或改变视觉角度进行观察，从而将观察日记写出新意、写出活力。

2. 剪贴日记

就是把自己喜爱的图片、卡片、照片等贴在日记本上，并按图意写一句或一段完整的话加以说明，这种剪贴日记形式又新鲜又有乐趣。此外，还可以鼓励学生将报纸、杂志、书籍中报道的重大的、有意义的、社会反响强烈的事情剪贴在日记本上，然后在下面写上自己的思考。

3. 气候日记

气候日记就是把每天的天气、温度、风力、风向和新出现的自然物候现象记下来，并写一写在这些天气的影响下发生的一些事情，尤其是值得回味的事情。通过写气候日记，能够有效培养学生对生活的感受和品味，提升审美能力、鉴赏能力和积累素材的能力。

4. 摘录日记

摘录日记不同于剪贴日记。剪贴日记主要是剪贴一些图片、卡通或是重要的消息，再谈谈自己的想法。而摘录日记主要是把看到或读到的名人语录、格言、座右铭或写人写物的优美词句摘录下来，并联系自己的生活实际谈感受、写体会。虽然都有录的过程，但录的对象不同，且感想和体会要深刻得多。通过这样的形式，可以丰富学生的语言，增加学生的积累，培养学生敏锐的分析问题、把握问题的能力。

5. 评论日记

评论日记重在两方面，一方面是事实，另一方面就是作者的评价。一方面，我们要引导学生把看到、听到的有价值的信息记下来，写社会上新近发生的、重大的、有意义的、社会反响强烈的事情；另一方面，抒发个人的想法和见解，引入适当的评论。当然，我们可以通过多种途径，如专题报告、演讲、讨论、辩论、参观访问、社会调查等，引导学生关注社会生活，唤起学生的社会责任感。让学生常写这种日记，不但可以训练思维，积累素材，而且可以陶冶情操，开阔视野。

6. 学习日记

学习日记就是把课本上学到的、课外阅读中读到的，印象较深的语句或心得体会、联想记下来。例如，学习了《争吵》就可以让学生联系自己写写与同学之间发生的难忘的事；学习了散文《和时间赛跑》，可以让学生写一篇读后感，题目自拟，以此来让学生懂得珍惜时间，好好学习；学习了"世界童话之王"安徒生的《卖火柴的小女孩》，再让学生以《我与卖火柴的小女孩比童年》为题写一篇文章，让学生懂得珍惜今天的幸福生活……

7. 活动日记

中小学生经常参加社会实践活动，或军训，或参观，或秋游……在这些活动中能够得到不同的收获与体会。而且学生对于活动，几乎都有十二分的兴趣与热情。这就是兴奋点。如果我们很好地把握这些兴奋点，引导学生回忆其过程和感受，再抓住其要点叙述，展示出来的就不是活动日记这么简单的内容。以活动日记为载体，承载的是学生的酸甜苦辣，活动中的喜怒哀乐和孩子们的童真童趣。

8. 实验日记

能够参加实验，不管是个体的还是集体的行为，学生都是感兴趣的，乐在其中，趣在其间！养一次花，绝不是仅仅只是栽种、管理与赏花那么几个过程，其间融进了小作者的期盼，注入了小作者的爱心与执着；做一次小制作，也不是只有折、剪、贴那么几个动作，其中有着小作者独特的构思，独立的审美情趣。这一切，正是我们所需要的。

9. 心得日记

心得日记就是把自己对现实生活的思考、看法，以及自己在学习、生活中的感受记下来。写心得日记应该注意哪些问题呢？首先要精读原文或是看清事件、把握中心。因为只有把书读懂、读透，把事件看懂、看透，才能心有所得。其次是要选好角度，突出重点。我们读一篇文章或是分析一件事，体会和感想往往很多，最要紧的是选好角度，写对自己启发最大的、感受最深的内容，不要面面俱到。主要抓住一两个要点来写，才能做到重点突出。如写《桥》一文的体会和感想，就可抓住"老汉尽职尽责"这一点，再列举社会上的正反事例或对照自己的不足来写，这样文章的重点就突出了。再次是要联系实际，写法得当。写体会和感想，要防止写成介绍某篇文章或是写成"故事梗概"、"内容提要"，要把重点放在写心得体会上，特别是强调联系自己的实际，写出自己的真实感想或体会。

（三）引导学生的有效批改和总结

学生的日记是否真实地记载了事件，是否真切地抒发了自己的情感，是否叙述清楚……这些情况，教师都要通过及时批改和及时总结，学生才有成就感，才有写日记的激情。

1. 精批细改，互动交流

如果学生每天只是为日记而日记，放任自流，那么日记将毫无意义和价值。所以，我们坚持的一贯原则是教师得精批细改学生的每篇日记，尤其是刚开始练笔时，能面批的尽量当面批改，不能面批的务必要通过批语与学生交流，把日记在内容、语言表达、思想等方面存在的问题及时反馈给学生，让他们了解自己日记的不足，争取在下一次日记中改进。通过交流，做学生的亲密朋友，写切合实际的评语，学生就会感受到教师对他的那份温暖，增加写日记的热情。

2. 着眼内容，及时总结

日记是一种很好的写作方式，但是我们不倡导每天都写，如果强调每天写，可能会流于形式。周一贯老师曾经举过一个孩子写日记的案例。孩子是怎么写的呢？"今天老师要求我们写一篇日记，要求100字，我已经写了10个字了，还有90个字就要写完了，我终于写到70个字了，还有30个字……最后，我终于完成100个字了，我好开心啊。"由此可见，写日记虽然是一种很好的方式，但如果确实没东西可写，那可能就变成了一种负担。有一个学生晚上睡觉时突然爬起来写作。他妈妈问他，为什么三更半夜起床写文章？他说老师说了，如果有灵感就要马上把它记下来，这样的人才可能成为作家。

无论让学生写哪种形式的日记，不能只满足于字数，满足于篇数，一定要对内容进行及时总结，才能达到预定的效果。总结的方法是多种多样的，可口头总结，可书面总结，或是学生自我总结，等等。

3. 编印小报，保持热情

编印小报虽然是形式，但是，展示的却是有着闪光点的作文。对于小作者来说，编印小报不仅仅是发表自己的作文那么简单。小报呈现的，是小作者的心血，是小作者的劳动成果，更是他今后写作的信心和动力。相对于学困生来说，这既是一份可学习模仿的小报，同时也激励他们只要努力，只要进步，就能得到别人的肯定，得到他人的赞扬与欣赏。这就在无形之中激起了学生的一种追求，一种奋进。

总之，精心指导和勤于笔耕所换来的，将是一篇篇高质量的佳作。提升了日记的质量，再进一步融入记人叙事、议论抒情，学生的作文水平将提高到一个新的层次。

教学示例一

印象·健美节

教学目标：

1. 明确日记写作的要点，初步懂得如何选择写作的素材。

2. 通过讨论，选取健美节的一个场景，下笔成文。

教学流程：

一、谈话导入，激发兴趣

1. 同学们，健美节刚刚结束，赛场上的呐喊与欢呼，歌声与微笑仍萦绕在我们耳边。你能用一个词语概括当时的感受吗？

2. 有一位同学满怀着激动的心情写下了一篇日记，我们来欣赏一下。

出示例文：今天，是学校的健美节。早上，我起床后刷牙、洗脸，带上零食来到学校。老师带我们到操场上排队，我们坐在场地看比赛。第一场，女子50米跑，我们赢了。第二场，男子50米跑，我们又赢了。下午，拔河比赛，我们和一班比，我们输了，大家都很难过。

3. 看到这篇日记，老师也很难过。大家来说说，它存在什么问题？

4. 全班讨论、交流。

二、明确要点，挑选素材

1. 同学们，日记不是简单的登记、记录，必须是选择自己印象深刻、感受最深的一点来写，把自己的真情实感表达出来。

2. 归纳小结日记写作的要点。

3. 播放健美节视频片段，让学生用自己的话来描述具体的情景。

4. 这是老师用镜头捕捉到的一个小小的场景。那在你的印象中，提起健美节，你的眼前会出现哪一些难以忘怀的画面呢？

5. 小组讨论，交流，推荐代表在全班交流。

6. 生活中不缺少美，缺少的是发现美的眼睛。两天的健美节活动，给我们留下了许许多多的动人片段。到底哪个最触动你的心灵，最令你难忘呢？

三、修改点拨，展示佳作

1. 学生动笔描写片段，教师巡视指导。

2. 小组内互换阅读、批改，推荐好片段。

3. 教师朗读优秀文段，相机点拨写作技巧。

四、拓展延伸，记录生活

课后，各人完善自己的习作，形成完整的一篇日记。教师将选择佳作编印《印象·健美节》习作小报。同时，鼓励孩子善于观察，积极动笔记录生活，向班级小报投稿。

（执教：陈敏思）

教学示例二

军训小记

作文内容：

日记是一种十分自由的文体，它不仅可以方便地记录生活中大大小小的事情，还有利于真实地表达自己的情感。请同学们从前几天的军训生活中选择一件使你动情的事，写一篇日记，写时要注意表达真情实感。

教学目标：

1. 读懂例文《日记一则》，通过讨论，明确日记的内涵，了解日记在选材方面的特点和要求；

2. 选择军训生活中一件使自己动情的事，写一篇日记，表达出自己的真情实感。

教学准备：

学生：日记本或"生活记录卡"。

教师：学生军训录像带；一盘自制的学生学习、生活录像带；一个学生的"生活记录卡"。

教学流程：

一、谈话回忆，激起思考兴趣

1. 谈话引起思考。师：同学们，我们进行了为期三天的军训，现在回想起来，每一个情节还历历在目，现在，请同学们回忆一下，在军训过程中，你最难忘的是什么？

（1）回忆后，学生自由组合，讨论、交流。

（2）全班交流。

2. 小结并引出课题。这是生活中一件普通的事，也是我们在小学阶段经历的难忘的一件事，虽然普通，却可以记录我们成长的点点滴滴。今天，我们就利用日记这种格式来写下我们的回忆与感受。其实，只要我们做生活中的有心人，遇事会思考，勤动笔，日积月累，我们头脑里的日记素材就会变得越来越多。（板书课题：军训小记）

二、选择素材，搜寻日记素材

1. 过渡。三天的军训生活中发生的故事，对于我们来说，很多都是第一次，如何将这些故事集中起来，选取最令你动情和难忘的内容来写呢？这就要求我们要选择素材，这是写日记最重要的一点。

2. 将所选素材标上序号，然后以"令自己最有启发或最动情"为标准选出其中的一条。

3. 指导学生捕捉镜头。播放事先录制好的学生军训生活的录像资料，组织学生从中搜集作文素材。

师：下面，老师播放一段我们军训一天当中做过的或看到的事例录像片段。请同学们从录像中搜集你认为可以作为日记素材的内容。如果发现了，可以直接站起来说。我们来展开竞赛，比一比谁找的最多、最有价值。

（1）播放录像资料。（内容：一学生早晨起床、吃早餐、踏步、挨批评……）

（2）学生边看录像边讨论、记录，随时站起来回答。（学生回答时，将录像定格，尽量引导学生说出所选材料的原因）

（3）小结：看了刚才的录像，也许有的同学会说，我的一天也是这样度过的。是啊，谁说不是呢？只要我们处处留心，事事留心，何愁日记无材料可写呢？

（4）学生自由组合成小组，拿出日记本或"生活记录卡"，相互交流。

师：军训中，同学们也写了日记或做了生活记录。下面，我们就来交流一下，找一找你的日记或记录中哪些材料有写的价值，可以请小组里的其他同学帮你参谋参谋。

4. 各学习小组在组长带领下，讨论、交流，提出建议，全班交流（每组可选两至三名代表说说自己的记录，也可以说说组内其他同学较有价值的记录）

5. 回忆格式，明确作文要求。

投影出示例文《日记一则》和"作文要点讨论"，思考：日记的格式是怎样的？本次作文向我们提出了哪些要求？你是怎样理解的？

全班交流，总结归纳。引导学生从文章的语言描述上体会如何表达真情实感。

三、快速行文，表达内心情感

1. 学生再读日记本或"生活记录卡"，找出最能表达真情实感的材料，快速成文。

2. 教师巡视指导，发现优秀作文或片段及时给予表扬和鼓励。

四、修改完善，展示真情风采

1. 学生写完后，读几遍，并请组长提出修改意见。

2. 推荐佳作，真情朗读。

3. 向校报、红领巾广播站或各级报刊推荐优秀作文。

五、拓展延伸，形成良好习惯

课后，为自己的"生活记录卡"设计插图，并为自己的日记本取一个好听的名字，如"写心集"、"小浪花"、"百花园……"

设计评析：

本节课中，为了切实让学生从司空见惯的日常生活、学习中搜集到有意义、有价值的日记素材，教师从日常生活的小事——军训入手，启发学生自主思考。接着，继续引导学生的思维回归生活，通过一段普通的录像，使学生产生"拨开云雾见青天"的顿悟，原来日记即生活，"生活中不是缺少美，而是缺少发现"。这一师生共同开发作文资源的过程，也是一个学生认知自我发展、思维自我超越的过程。

第二节　话题式

生活即课堂，作文的真正内涵在于说自己所闻，记自己所见，写自己所想。话题式作文属于开放式范式的一种，重在激活记忆素材，激发学生浮想联翩，碰撞作文的思维火花。

叶圣陶先生说过，生活如泉源，文章如溪水，泉源丰富而不枯竭，溪水自然会活泼地流个不歇。现在的孩子，一般不缺生活阅历，也不怯于分享所见所闻，但是缺少从丰富多彩的生活中提炼可深入研究的话题进行写作的能力。因此，习作的内容不能仅限于课本，而应树立"大课堂观"，与生活的外延相连，走进学生的视野，从孩子们最熟悉的事物和生活场景中选取作文话题。

一、 话题式的概念与内涵

话题式作文指的是用一段提示语指明写作内容与范围，启发思考，激活想象的一种命题或半命题的作文形式。话题式作文的实质是鼓励创新，让学生围绕同一谈话中心，陈述不同角度、不同立场产生的观点，或联想到自身的经历、体验。这是一种既开放又有所限制的命题形式。

所谓话题，就是谈话的中心，就是引发谈话的源头，如某句名言、某个故事、某则新闻、某项成果、某部电视剧等，所有这些都可以作为话题来引发人们的联想，引发人们议论，也就是引发人们说心中想说的话。可见，由某个设想好的话题引出的作文就是话题作文。这个话题就是作文所要谈及的内容范围。也可以这样理解：话题好比一个圆的圆心，从圆心到圆周上的任何一点连起来的线都可视为一个话题作文的写作角度。可见，话题作文的内容是很宽泛的，再加上体裁不限，自由度就更大了。

比如，"减负"是目前的一个热门话题，它可以引出人们无数的见解。又比如某个故事、某则新闻、某项科技成果、某部影视作品……都可以作为话题来引发人们的联想，引发人们的议论，引发人们的抒情，也就是引发出人们心中想说的话。

需要强调的是，话题是一个词语或一个短句，这一点与词语式命题很相似；不过这个话题并不一定用作作文的题目，这就使作文有相当大的自由度。给话题命题，大都有一个引言，这一点与给材料命题又很相似；不过这段引言的用意不是为了限制，而只是个引子，提供一点启发。

二、 话题式作文的价值所在

话题式作文可以让学生充分打开记忆的仓库，写他们的经历、体验、感受、看法和信念，也可以抒写心得，纵论古今，还可以浮想联翩，构思故事，编写寓言，等等。但所思、所写、所论必须整合在话题涉及的范围之内。

话题式作文就是要求写作者以自己熟悉的文体，写自己熟悉的生活或材料，充分调动联想与想象，表达自己真实的思想和感情。话题式作文给学生充分的空间，一方面打开了学生的束缚，让他们能够真正施展自己的写作才华，放开手脚抒写佳作；另一方面也会使部分学生忽视审题，任意而为，放弃对话题式作文做过细分析，因而也不乏庸作。在引发联想和想象方面，话题式作文的引言与材料作文的材料有相通之处，二者都拥有可供开发的宝藏。

话题式作文鼓励开放、发散，有利于学生创造性思维的形成。事实上，话题式作文最能体现作文的开放性特征。

三、 话题式作文的形式和步骤

（一）无材料式

无材料式话题作文是直接写出话题的题目，不做任何提示，要求学生围绕此话题写作。

比如，"这也是课堂"。严格来说这是属于文体不限的命题作文，可供选材的范围极为宽泛，但也可以说是在题目上做了严格限制的话题式作文，这从作文的提示语中也可看出端倪：

走进网络、拥抱自然、关注热点、研究课题、参加竞赛、服务社会、善待他人、学做家务……生活处处是课堂。这些多姿多彩的课堂能开阔视野，增长才干；能锻炼体魄，磨炼意志；能使心灵得到净化，智能得到开发……请以《这也是课堂》为标题，写一篇文章。

又如：请以"书"为话题，写一篇不少于400字的文章。注意：①"书"这个话题的范围是很宽泛的，作文主要内容只要与"书"相关，都符合要求；②文体不限，可以记叙经历，讲述故事，抒发感情，发表议论，展开想象等；③题目自拟。

（二）有材料式

1. 提示式

提示式话题作文的要求中有提示语，是拟题目者陈述的一段话，这一段话不是材料，它的作用是把学生引到"话题"上。

比如，"脸"是大家熟悉的字眼，其内涵是丰富的，我们常会想起与"脸"有关的情境，思考与"脸"有关的问题。请以"脸"为话题，写一篇文章。

又如阅读文字，根据要求作文。水有水的性格——灵动，山有山的性情——沉稳。水的灵动给人以智慧，山的沉稳教人以敦厚。然而，灵动的海水却常年保持着一色的蔚蓝，沉稳的大山却在四季中变化出不同的色彩。请以"水的灵动，山的沉稳"为话题写作。注意：话题包括两个方面，可以只写一个方面，也可以兼写两个方面，立意自定，文体自选，题目自拟。

叶素珊老师根据这一启示，设计了以"水"为话题的教学。

教学示例一

水 的 联 想

话题解读：

水，在生活当中极为常见，也因此容易被忽略。然而，中国的"水文化"博大精深、别具一格，是一个值得挖掘的写作素材。通过"观察"与

"联想"两种手段丰富学生对水的理解，能够使他们对这个"熟悉的风景"产生倾吐的欲望。"激起学生的生命表达"，首先从制造"熟悉事物"的"陌生感"开始。

教学目标：

1. 引导学生从多个感官的角度观察水，感受水，唤醒学生的生活体验并积累相关的言语素材；

2. 丰富学生对"水"的认识，促进学生对"水文化"的了解，抒发对"水"相关事物的见解；

3. 激发学生热爱大自然、崇尚生活、关照生命的情感。

教学重难点：

1. 重点：丰富学生对"水"的认识，促进学生对"水文化"的了解，抒发对"水"相关事物的见解。

2. 难点：使用不同的文体写下对与"水"相关事物的理解。

课前准备：

1. 溪水、海水等音效；

2. 钱塘江大潮、杭州西湖等不同形态的图片。

教学流程：

一、解读"话题"的概念

初识"话题"——以话题引话题作文。

（板书：话题）孩子们，黑板上有两个字，一起读。你们怎么理解这个词？

（1）简单地说，这是说话的主题。举个例子：考完试你们打算去哪儿玩儿？

（甲、乙、丙、丁各说一个）

（2）刚才这个是学生时代经久不衰的话题。像咱们刚才说的这样，围绕同一件事或者同一个事物发表看法，叫作话题讨论，写下来就是——话题式作文。

（3）今天老师带来一个大家都熟悉的话题，看你们能不能猜出来。先来听几段声音，努力记住它们之间的不同。

第一段：水滴声音。

第二段：淙淙的流水声。你能用一些拟声词说说你听到的感觉吗？

第三段：一浪接一浪，浪潮打在沙滩上。断断续续的。

第四段：比较不熟悉，但是可以感觉到水势很大，流水很猛。这是瀑布的声音。

（4）在听这几段声音的时候，你们脑海中浮现出了怎样的画面？挑一个说行，挑几个说也行。

（5）从声音产生画面，这种大脑的活动叫作"联想"。（板书：联想）

（6）根据"话题"进行联想，就是咱们今天学习的话题式作文的第一步。聪明的孩子们，你们已经轻轻松松地入门了。

二、讨论话题，选择材料

写下"水"这个字的时候，你马上联想到了哪些水？畅所欲言，随便说。（墨水、口水、汗水……）仔细观察一下，不同颜色的水分别属于什么类别。（自然界的水、身体上的水和我们生活学习中密不可分的水）

三、开放文体，灵活表达

1. 自由汇报，说出故事。

这个故事要是写成作文，把前因后果交代清楚，语言通顺肯定没有问题。但我想和你们一起做一个实验——能不能把故事变成一篇小说。世界上最短的小说是怎样的？

2. 出示范例，直观感受。

汗水：一串串晶莹的汗珠像大大小小的水晶球似的挂在他的发尖，还有几滴汗水如同顽皮的小孩儿你追我赶，顺着他的脖子往身体里窜，转眼间，汗迹犹如疯长的藤蔓攀上了他的背。看着手里攥着的这几块捏皱的钱，坐在马路边上的他终于笑了。

泪水：一滴，两滴，三滴，地上仿佛跳跃着断了线的珠子，一碰到地板便立刻渗开，结出了一朵朵黑色的花。我抬头一看，几道泪痕像水蛇般在她的脸上蔓延开来，似乎要把她脸上的红润都吸干。不远处，一张赫然写着"37"的试卷躺在那里。

口水：学校静悄悄的，唯独一个教室还亮着灯。地上放着散落的书本和书包。一个瘦男孩蜷缩在地上。旁边，一个和他面庞相似的壮实男孩虎实地站着，双手叉腰，眼睛瞪得溜圆，唾沫星子像一个个发射的炮弹似的从他那张血盆大口喷出。

奶水：气息屏弱的婴儿眼睛微微闭着，面黄如蜡的她腮帮早已深陷下去——她用力蠕动着嘴唇，用她小小的身体仅能使出的所有力量，把这生命的汁液吸出，为她微弱的脉搏增加源源不断的动力！她身上还裹着一块布，上面歪歪扭扭写着几个字——"王铭恩，2014年6月7日出生。"

墨水：墨水瓶从空中划过一道弧线，"嘭"——"啪"，地上忽然炸开了一朵黑色的玫瑰。几条黑色的小蛇以迅雷不及掩耳之势，钻向四面八方。

汽水："啪"——他用拇指用力一跷，盖子便听话地一飞三尺高。他扬起脖子，把瓶口对准嘴巴，一顿猛灌。"啊——"直到瓶底空了，他才长长地嘘出一口气。他的脚下，是一只外皮破了的足球。

3. 自由创作，交流分享。

4. 小结写法,升华宗旨。

平时写作文和写小说一样,要有悬念,写新奇的东西,懂得制造惊喜,尽可能吊一吊读者的胃口。如果生活一直平平淡淡,就会觉得枯燥无味。当然,如果实在遇不到奇怪的事情,那么就要学会在平凡中找不平凡。古代的贤人志士就是这样的。有一个人站在河边,望着川流不息的河流,静静地发呆。忽然有一天,他发出了一阵感叹——"逝者如斯夫,不舍昼夜。"他认为,水是什么呢?水,是流淌的时间,一去不复返,让人唏嘘不已。这个人叫作孔子。

又有一个人,他在深山之中弹琴,志在登高山,一位樵夫听完之后说:"善哉!峨峨兮若泰山!"他志在流水,樵夫又说"洋洋兮若江河!"伯牙乃舍琴而叹曰:"善哉善哉!子之听夫志,想象犹吾心也。吾于何逃声哉?"

5. 激活思想,拓展文体。

你们还知道"水"暗含着哪些深刻的道理呢?回忆一下你所了解的关于水的词汇。灵光的闪现,某一时刻的顿悟,记下来就是一篇不错散文随笔。有一回我让学生回去查工具书,一个学生在当天的日记中有感而发:"书并不是工具,每一本书都有自己的生命和灵魂,独一无二地活着。"这看似简单的一句话,打动了我。文章不在长,在于有自己的思考。刘墉是台湾著名的作家、画家,他的一本畅销书《萤窗小语》记录的都是思想的碎片。

时间如水,匆匆溜去。这节课,我们一起亲近水,探索水。你们能用简短的语言,评价一下水吗?(补充小诗)

哦,水啊,

你是_____的汗,

你是_____,

你更是那_____。

让我在广阔的大地上继续领略你多变的容颜,

让我_____!

话题式作文的最高境界是用任意的体裁,任意的题目,任思想流淌。

四、开放的作业

话题:大树

五、板书设计

话题式作文·水的联想

多变的体裁:小说 散文 诗歌

2. 图画式

图画式话题作文的话题源于材料又不拘泥于材料,由材料引发又可以不切入材料。这类题目除话题外,一般还会提供文字、图画材料。

比如：

下面两幅图可以给人以丰富的联想或感悟，写成一篇 500 字左右的文章。

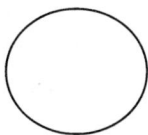

我规范，我稳定，我周长短，我面积大……

我新颖，我多变，我周长长，我面积小

要求：联想与感悟都要与本图有关，立意自定，文体自选。

3. 选择式

这类作文又分为两种：一种是同一材料，题面提供几个话题，任学生从中选择一个作文。一种是提供两种材料，分别设计一个话题，要求学生从两题中任选一题作文。

（三）话题式作文的基本步骤

话题式作文写作的五大步骤为认真审题、打开思路、确立主题、选材选择、文体选择。话题式作文在选材、立意和文体方面限制较少，写作空间很大，但不能因此而忽视审题，否则也会出现跑题的失误。

1. 认真审题

审题应从三方面进行：审话题、审材料（提示语）、审要求。审话题要审清话题给定的写作范围，也就是审清话题的内涵和限制。如果话题是一个词，就要审清它的本义和引申义。审材料（提示语）要审清它所提供的信息及寓意。

2. 打开思路

思路的打开对写好话题式作文至关重要，因为它是进行话题式作文的一个重要步骤。教师一般可以从以下四个角度打开学生思路，它们分别是时间角度、空间角度、对象角度和因果关系角度。

3. 确立主题

主题是文章的灵魂，由于话题式作文的特点是自主立意，所谓"立意"，也就是确定一篇文章的中心。一篇文章若没有了中心，就像一个人没有了思想，没有了灵魂，徒有一具躯壳；就像一艘驶入大海的航船，失去了舵，终究会迷失方向。一篇文章的中心，就像一条串起珍珠的项链一样重要，我们所选择的材料，都必须围绕中心，为中心服务。因此，这点就显得尤为重要。

4. 材料选择

作文选材的合适与否直接关系到文章的表达是否准确鲜明，选材的方法有同类联想和逆向思维。

5. 文体选择

话题式作文的写作空间较大，因此，可以选择不同的文体表现同一个作文话题。

教学示例二

话题：地球

教学目标：

1. 引导学生发散思维，感悟生活，培养创新能力。

2. 开放形式，让学生写自己的所想、所感、所悟，"我手写我心"，提高写作兴趣。

3. 让学生懂得保护生态环境，爱护人类资源的重要性。

课前准备：

1. 学生课前搜集有关环保的资料或调查了解家乡环境现状。

2. 教师制作课件。

教学流程：

一、创设情境，激趣、揭题

（课件演示：在茫茫宇宙中，出现一个裹着水蓝色纱衣的晶莹透亮的球体。接着展示地球受到污染破坏的图片）

二、感受地球受污染的惨状，激发学生写作的欲望

1. 孩子们，你们愿不愿意为拯救地球尽一份力？请拿起你手中的笔，用你的心去呼吁，呼吁人们要保护环境。

2. 出示作文要求：题目自拟，文体不限，有真情实感。

学生可以独立思考或找人合作，选择诗歌、童话、剧本、记叙文、书信、倡议书等文体，确定题目和文体。

3. 集体交流：看谁的题目最新颖。

倡议书：《行动起来，保护环境》《保护家园，人人有责》

演讲稿：《我是环保小卫士》《保护环境，从点滴做起》

剧本：《破坏者的末日》《森林王国审判记》

童话：《青蛙的控诉》《哭泣的小河》《鸟儿的自述》《地球的控诉》《大树的遭遇》《沙尘暴的自述》《"四害"家族的吵闹声》

书信：《鸟儿给人类的一封信》《小蝌蚪给人类的一封信》《动物们的抗议信》《未出生的婴儿给母亲的一封信》《人类给地球的一封忏悔信》

诗歌：《地球妈妈怎么了》《渴望》《假如我有一支神笔》

想象作文：《假如生物都消失了》《假如地球毁灭了》

三、学生选择自己喜欢的文体开始写作，教师巡回指导

四、交流评价

1. 四人小组互赏，推荐一篇佳作。

2. 佳作评赏：推荐好的文章，师生共同赏析探讨。

3. 把自己的稿件装订成册。

五、课外延伸，试写广告词

结语：同学们，只有一个地球。只有全人类行动起来，爱护地球、保护地球，那么在不久的将来，地球才能恢复健康、美丽的容颜。今天就让我们以 1999 年世界环境日的主题作为本次作文课的结束语吧："拯救地球，就是拯救未来！"

课外延伸：尝试写环保公益广告词。

①出示环保公益广告："别碰我，我很脆弱！""我是生命，请脚下留情！""我的盛开需要你的关怀。""大地需要绿色，人类心灵需要绿色。"

②尝试写环保公益广告并张贴，让环保公益广告"走"进校园，"走"向社会。

教学示例三

生活中的启示

教材内容：

人教课标版五年级上册第四单元习作。

设计理念：

以单元教学为载体，引导学生联系生活，围绕"话题"多角度选材、立意，使习作教学与生活实际有机融合。

教学目的：

1. 突破书本限制，紧密联系社会生活，培养学生从现实生活中选择习作内容的能力。

2. 鼓励学生从小事、名言警句、漫画等方面多角度交流，激活思维，获得相应的启示。

教学流程：

一、结合单元，引出话题

1. 引导学生回顾单元学习内容，思考：学习了第四单元，你最喜欢哪篇课文？鼓励学生谈学习后的体会。

2. 学生交流、汇报学习体会，教师归纳小结：无论是《钓鱼的启示》《通往广场的路不止一条》，还是《落花生》《珍珠鸟》，都是叙述生活中的一件事，并从中得到启示。

二、回忆生活，畅谈话题

1. 浏览"习作要求"后思考：生活中哪些方面能给我们启示呢？学生结合生活中的小事、名言、警句及漫画具体来谈自己的体会。

2. 由此及彼，拓宽思路：生活中除了一件小事、一句格言、一幅漫画引起我们的思考，让我们从中获得启示，还会有哪些方面启发我们？

学生回顾生活中的永恒记忆，交流后归纳：一本好书、一篇精彩的报道、一张珍贵的照片、一次奇特的晚会、一场惊心动魄的球赛……

3. 由表及里，深入体会：《钓鱼的启示》是教育我们要遵守规则，诚信，拒绝诱惑；《通往广场的路不止一条》是告诉我们面对困难可以有多种解决方案，不能墨守成规；《落花生》启发我们要做对国家、对人民有用的人，不能一味地追求外表和虚荣……

那么，你生活中的那份记忆，又给了你怎样的启发？引导学生结合事件来谈感受和启发。

三、自主习作，抒写话题

1. 明确"习作要求"。

在学生发言的基础上，归纳习作要求。(1) 一件事：把事情的发生和经过讲清楚，把从中得到的启示说明白；(2) 名言警句：是一句什么话，联系生活实际说说它给自己的帮助和启发是什么；(3) 一幅（组）漫画：图上画了什么，你联想到了什么，对我们有什么启发……

2. 采用多种方式命题。

可以直接以"一件小事"、"一句格言"、"一幅漫画"为题，也可以在"小事"、"格言"、"漫画"前加上一个表示题眼的词；鼓励学生学以致用，采用本单元课文命题方式，如"（　　）的启示"，或者采用含义深刻的句子来命题。

3. 当堂习作，教师随机指导。

学生联系生活，选择一个角度和内容写下来。教师提示：无论选哪个方面的内容，都要说清是什么内容，有什么启发。

四、师生评议，创作延续

1. 选取不同类型不同角度文章交流，师生评价：哪些内容讲得不错，什么地方还可以改进。评议别人的时候，还可以说说自己从中受到了哪些启发，鼓励学生在倾听和评议中积极互动。

2. 对照要求，修改习作。重点关注是否围绕"生活中的启示"话题将事情写具体，是否写明白了从中得到的启示。还可以把巡视中发现的语句、标点等方面的突出问题讲一讲，引导学生修改。

3. 拓展延伸，创作延续。依据学生习作情况及讲评效果，继续以"生活中的启示"为话题，选择课堂上没有采用的角度，学习他人的长处，延续习作。

（执教：姚建武）

第三节　读写结合式

读写结合，相得益彰；读写分离，两败俱伤。这是多年来广大语文教师达成的共识。它形象地说明了阅读和作文间的关系密不可分。

写是表达的一种手段，"情以物迁，辞以情发"。读也可以靠写来促进。当学生有了读的基础，把阅读感知的形象和记忆中的表象衔接起来，进行沟通、变化和组合，就能创造出新形象。当学生对一篇文章有了初步的构思，再去阅读，广泛搜集有关材料，丰富文章的内容，寻求启发和借鉴，就能够去更好地创造和写作。

这样以写促读，以读促写，才能发展学生的分析能力和思维创造能力。因此，在作文教学中，既不能强调写而忽视了读，也不能强调读而忽视了写，读写紧密结合，才能有效地提高作文水平。

新编教材的许多课文为我们提供了较好的练笔机会。因此，我们在语文教学中，一方面要加强阅读教学，另一方面要加强读写渗透，读写结合。

一、 在阅读教学中渗透写作方法

教师在阅读教学中要引导学生学习作者观察事物、分析事物、遣词造句、连句成段、连段成篇的作文方法。在作文教学时，抓住课文阅读这个契机，引导学生把阅读中的作文方法和技巧运用到作文中去。

（一）仿修辞

一篇文章要写得生动形象，必须要运用一些恰当的修辞手法。所以，在理解课文时，要趁机指导学生怎样把文章写得更美。

如《匆匆》这篇优美的散文中有很多打比方的句子，我们可以引导学生用"仿佛"、"宛如"、"像"等说话，让他们明白什么是比喻句，用比喻句有什么好处和怎样比喻。

（二）仿结构

1. 并列结构段

指将事物分成几个方面来写。如《索溪峪的"野"》中二、三、四、五自然段之间就是这种构段方式，它从几个不同方面写了索溪峪的美景，使学生懂得同时介绍事物几个方面的时候，可采用并列结构段。指导学生练习写《校园一角》《我们一家人》等片段，让学生在具体的作文实践中加深对这种结构段的认识。

2. 总分结构段

由总述和分述两层构成。《北大荒的秋天》一文中第四自然段，作者以一句"原野热闹非凡"总起，然后从三方面来加以描写，先是"成片大豆笑得哗啦"，接着是"挺拔的高粱乐呵呵开演唱会"，最后是"榛树叶子红得似一团火"，既写出了原野的热闹，又写出了北大荒秋天丰收的景象和人们喜获丰收的心情。指导学生仿写时，教师可出示总述部分，让学生围绕总起句写分述部分。

3. 连续结构段

指段中的几层意思是按照先后顺序一层接着一层写的，这也是小学生必须掌握的一种结构段，在作文中经常用到。《小狮子爱尔莎》《捞铁牛》等课文中都有典型的连续结构段，在学生理解课文的情况下，可紧扣学生的学习生活，以《学骑自行车》《炒青菜》《擦窗户》等为题，安排仿写训练。

（三）仿详略

通过阅读教学，让学生知道写文章要有详有略，有主有次，详略得当，主次分明。重点的、突出主题的部分要详细写，其余部分略写。《少年闰土》一文中"看瓜刺猹"、"雪地捕鸟"写得比较具体，"看跳鱼儿"、"拾贝壳"则一笔带过，这就叫有详有略。学了本文后，我们可以让学生围绕"春游"、"学骑车"等与生活实际联系紧密的事件进行仿写。除此之外，仿立意、仿选材、仿顺序、仿动作描写……都是阅读教学中值得我们学习的作文方法。

二、紧扣阅读教材随机仿写

（一）仿标题

《秋天的怀念》这个题目，看似是对秋天的怀念，其实怀念的是母亲，那作者为什么不写《对母亲的怀念》呢？通过对比可以感受到，《秋天的怀念》既交代了和故事息息相关的季节背景，又奠定了文章的基调。秋天，是多思而又多愁的季节，容易让人陷入回忆，而此时的回忆往往又有些哀伤。而《对母亲的怀念》缺少这种感染力，显得太直白。所以，当我们写怀念人的文章时，就可以借助与人物有关联的季节、事物来拟题。

课文的标题有着多种形式：对比式，如《"精彩极了"和"糟糕透了"》；悬念式，如《大瀑布的葬礼》《山中访友》；写作对象标题式，如《挑山工》《珍珠鸟》；线索式，如《荔枝》《梅花魂》；内容概括式，如《窃读记》《晏子使楚》；点睛式，如《索溪峪的"野"》《再见了，亲人》；寓意式，如《金色的鱼钩》《金色的脚印》；关键词句式，如《别饿坏了那匹马》《只有一个地球》……教师可以引导学生仿照课文标题的拟订方法进行标题训练。

（二）仿形式

把一些片段相似的内容摘录到一起，让学生借鉴。如《荷花》中"我觉得自己也仿佛是一朵荷花，穿着雪白的衣裳，站在阳光里……"《草原》中"在这种境界里既使人惊叹，又叫人舒服，既愿久立四望，又想坐下来低吟一首奇丽的小诗"。这两句都是表达作者在欣赏到美景后不能自已，陷入遐想而让人感到情意绵绵。教师提醒学生：当你被美景陶醉时，也可以借用这种形式来表示内心的惬意。

学习了《桂林山水》中"漓江的水真静啊，静得……漓江的水真清啊，清得……漓江的水真绿啊，绿得……"学生读得朗朗上口，感觉那么亲切、逼真，展现了一种和谐的自然美。于是，教师告诉学生：当你以后遇到一个场面（景或物）时，也可以试着用排比、拟人、比喻等手法去描绘，一定会收到让你惊喜的效果。

（三）仿表达

如《青海湖，梦幻般的湖》中有这样一个排比句："我曾经领略过西湖的妩媚、东湖的清丽、南湖的辽阔以及鄱阳湖的帆影、玄武湖的桨声……可是此时，我却被青海湖的质朴所震慑了，原先那些华丽的感慨被大自然的魅力推翻了。"这段话和《桂林山水》中的"我浏览过……欣赏过……却从没有见过……"表达方式相似，都是通过对比的形式来突出眼前的美景，是最具心灵震慑力的，告诉学生这种表达方式我们可以模仿。

（四）仿中心

以《跳水》一文为例，这篇文章重点是赞美船长的冷静、机智、果断，但通篇几乎是写孩子和猴子之间的事，只在最后寥寥几笔写了船长。当时就有学生提出，为什么作者这样安排笔墨？通过讨论，大家体会到，前面的描写正是为了凸显船长的形象埋下的伏笔，在最危急关头，船长像电影里的英雄大侠一样凌空出现，化险为夷，让读者高悬的心终于落到实地。虽然"英雄大侠"又马上"绝尘而去"，却已经留给人鲜明的形象。我们可以顺势告诉学生，前面的描写就叫铺垫，你们可以用这种方式来表现中心人物。

（五）仿立意

《第一次抱母亲》让我们感动于母亲背负的"重担"与母亲体重的强烈对比中体现出的"伟大的母爱"。《生命　生命》《假如给我三天光明》等一篇篇课文，引领着学生去辩证地看待生命。通过设计与人物对话、写读后感等形式，使学生"情动于中而形于言"，学生的理解、感悟如涓涓细流不断地倾泻于笔端。又如老舍的《养花》写的就是平时养花的一些心得体会，读起来亲切温暖，尤其是结尾的一句"有喜有忧，有笑有泪，有花有果，有香有色，既需劳动，又长见识，这就是养花的乐趣"，让文章寓意深刻，发人深思。《窃读记》写的是作者小时候怀着一颗惴惴不安的心到书店读而不买的故事，我们读懂了作者酷爱读书的情怀，其敏感而单纯的心灵，引起了我们的共鸣。而另一个爱读书的少年的经历却不相同，他遇到的摊主是一个残疾人，他以"别饿坏了那匹马"的名义友善地呵护着男孩的自尊心和求知欲。当我们读完《别饿坏了那匹马》的时候，似乎正分享着人性中最美的阳光。

台湾作家林清玄从农人种桃花心木想到"不只是树，人也是一样，在不确定中生活的人，能比较经得起生活的考验，会锻炼出一颗独立自主的心。在不确定中，就能学会把很少的养分转化为巨大的能量，努力生长"。这种高远的立意值得学生在作文中学习。

（六）仿选材

一般来说，选材要典型、新颖、真实，要能很好地体现文章的思想。如《我的伯父鲁迅先生》这篇文章，其主旨是赞颂鲁迅先生"为自己想得少，为别人想得多"的高贵品质。作者围绕这一主题选取了"读《水浒传》"、"碰壁"、"救黄包车夫"、"关心女佣阿三"等事例，其中救助黄包车车夫写得很具体，对刻画鲁迅先生的品质起了至关重要的作用。教师可以此篇课文的讲授为契机，对学生进行选材训练。《晏子使楚》这一课为彰显晏子的能言善辩、机智沉着，按时间先后顺序选取了进城门、辩人才、论水土三个事例，故事各有侧重，关键时刻晏子总能凭自己的机智冷静和卓越的辩才跳出楚王设计的圈套，且让楚王自讨没趣，突出了晏子的形象。这种选材的角度也是教师应当引导学生学习的。

（七）仿抒发真情实感

课文中有无数颂扬人间真情的故事，如《搭石》《给予是快乐的》《胜似亲人》等一篇篇感人至深的文章，教师可引导学生通过文中的一句话、一个动作的描写，甚至一个眼神的描绘，去体会怎样表达真情，表达真爱。同时还要学会由课文内容想开去，了解发生在身边的动人故事，并把事情经过写清楚，最好还能写出感受。

三、 在学习和借鉴中以读促写

语文教材都是文质兼美的名篇，不仅蕴含着丰富的思想感情，而且有着恰当的表达方式。因此，在教学中可以让学生边读边借鉴，学习将文章的语言转化为自己的语言。

（一）借鉴词语内容仿写

借词语就是引导学生运用一类或一组词进行创造性的写句、写段练习。如，教学《鸟的天堂》一课时，让学生用"有的……有的……有的……也有的……"的句式写上一段话，并要求尽量运用课文中的词语，如"应接不暇"、"不可计数"。这种练笔往往在几分钟内即可完成，即便是学习困难的学生也能写得有模有样。

借内容即从课文的思想内容入手，引导学生联系自己的生活经验，写自己的真实感受，达到读写相结合。

（二）展开想象，尝试创写

读写结合的创造，主要是指内容、形式的创造。中高年级就应该把"创新"作为读写结合的支点，鼓励学生在学习课文形式的基础上选择新颖的、独具特色的内容来创写，鼓励学生在写作内容上的求异思维，从而力求在写作训练中反映出学生的个性色彩和创造精神。如学完《鸟的天堂》一课后，教师让学生思考：如果让你来写，你会怎样描写这美丽的天堂？让学生根据自己的想象去写一个片段，或者画画，或者写诗，还可以编歌吟唱或编写童谣，等等。看似简单的一次小练笔，却能有意识地让学生不拘形式，自由表达，使之能够写出与众不同的作文，写出自己的特色。在这样的作文中，学生表现出的创造性十分令人惊讶。

语文教材为学生提供了丰富的写作体裁，有诗歌、说明文、课本剧、童话、散文，给学生建构了一个广泛的想象、练笔空间。如学习说明文《太阳》这一课，学生可以用诗歌、散文、传说去叙说自己心中的太阳、月亮、大地；读《燕子专列》时，学生趣味浓厚，学完课本剧《抗击暴风雪》《燕子得救了》之后，作文《爱的温度》也呼之而出。学了《雅鲁藏布大峡谷》，学生又搜集了大量关于世界奇观的资料，写了《走进天山》《荷兰与海》《古巴比伦空中花园历险记》等作文。孩子们的兴奋、快乐溢于言表，想象的翅膀自由翱翔，就会写出文字不凡的创新作文。

另外，课本中有许多古诗词，语言高度凝练，有很广阔的想象空间。教师可运用多种教学手段，打开学生感情的闸门，让学生通过想象描绘出全诗或部分诗句的优美意境，使诗中的人和事物形象具体化。适时地诱导学生完成一篇主旨与诗文相同，或内容与诗文相同，但体裁、人称等截然不同的作文，完成对诗文的改写，用一种创新的形式对诗文进行诠释，融理解、想象、表达、创造为一体。如教学《春日》时，教师围绕"赞美春天，乐观向上"的主题，抓住诗句富有特征的景物，让学生展开想象写一段话。这样，朱熹笔下的明媚春光、百花争春的场面跃然纸上，同时，学生也被作者那喜春、赞春的情绪所感染，仿佛自己在大自然中放松心情，领略春色，抒发情怀，作文一蹴而就，品尝到了创作的乐趣。

（三）发挥想象，填补空白

有的作者在作品创作中留有"空白"，使文章在故事情节上有所跳跃，语言叙述中有所省略，给学生的想象留下了空间，这不仅能激发学生的创作兴趣，而且能使学生的想象力和语言表达能力得到提高。如《穷人》这篇课文，桑娜收留西蒙的孩子后，生活会是怎样的呢？教师让学生大胆想象，合理地去展现故事情节，为文章写下后续。许多学生在写的过程中，对穷人的艰辛有了进一步的理解，对桑娜和她丈夫的品质有了更深的体会。

又如《半截蜡烛》《小木偶的故事》《跨越海峡的生命桥》等课文，教师可以依据文中给出的环境、情节、人物，引导学生进行故事续尾、扩写、改写、切换角色等富有个性新意的作文创作。这些练习不仅能激发学生的创作兴趣，而且能使学生的想象力和语言表达能力得到提高。

（四）以写促读，相得益彰

多年的开放式语文教学实践与研究，让我们深深地体会到，写作对阅读的促进作用是不可估量的，带着写作的目的去阅读更能读出一番新天地。

1. 读前先写，赏文做比

在学习课文之前，教师先布置一些类似的作文，让学生根据已有的水平先试写。教师根据学生练笔完成情况，结合读写训练点，在阅读教学中有针对性地引导学生深入研读语言文字，在切身的对比中感受作者语言的表现力，构思的精妙处，结构的层次性等，这样做既可合理地使用教材，又可联系学生的实际需要，能够科学有效地实现读写结合。如在学习《颐和园》之前，教师让学生去参观学校的文化一条街，然后请他们把自己的所见、所闻、所想真实地表达出来。因为有了课前的写，学生在学文的对比过程中，学会了怎样写游记，怎样分清详略，怎样锤炼语言文字，还学会了写导游词。

又如在学《一个小村庄的故事》一文时，教师挑选了"山清水秀"、"天空湛蓝"、"空气甜润"这几个四字词，让学生写头脑中出现的场面或自己的感受。每个孩子都有着只属于自己的内心天地，他们用各种不同的方式解读着这些词语，用不同的语言诠释自己的发现。

学习课文时教师可引导他们真正走进文本，用心去感悟、对照，课堂时空得以扩张，从而建构起良好的读、写背景。有形课堂学习结束的同时，意味着无形课堂学习的开始，学生进而创作出《我想对乡亲们说》《保护环境，从我做起》等多篇发自肺腑的读后感。

2. 课前初读，即兴练笔

这种策略适用于易使学生产生不同观点的文章，教师可以从多元观点的交织中导入新课，也可以让生成的矛盾思想贯穿教学过程，顺学而导，最后达成对文字本真的认识。对于学生而言是以写促读，以读促写。

比如在了解了学生对《荔枝》《麻雀》的初读感受后，教师是这样开课的："学习了《荔枝》《麻雀》，有人感悟到母亲的无私奉献，有人感悟到生命成长过程的不容易，有人感悟到母亲的浓浓爱抚，有人感悟到要学习回报母亲的爱。"在这两课的教学中，教师就以学生初读的感受深入文本，与学生展开讨论：你是从哪些描写感受到的？还有不同的理解吗？你最想说些什么？……学生在此学习过程中可以积累语言，学会表达，最终感悟到文本的真正内涵。

在这一感一学一悟的基础上，教师不失时机地引导学生写《妈妈，我想对您说》《××，我想对您说》……这样的训练，改变了以往学生的写作思维和角度。许多学生能从另一个角度去思考问题，并通过巧妙布局，使作文闪现人性的光辉，既熏陶了自己的思想，又温暖了别人。把作文与课文的人文性和工具性有机地结合起来，何乐而不为？

教师还可以布置学生读"无字书"——生活，在开拓学生视野的同时提高作文训练的有效性。让笔下的人物、事物栩栩如生。

教学示例一

《鲁滨孙漂流记》后传

师：鲁滨孙乘这艘船在海上航行半年后，终于回到了英国。读完故事梗概，鲁滨孙给我们留下了怎样的印象呢？

生：他是一个聪明能干的人。虽然流落孤岛，但他坚持劳作生息，开拓荒地，盖起房子，生产水稻和小麦，还驯养山羊，喝上了羊奶……

生：我真佩服鲁滨孙！他曾经与野兽斗智，也与吃人肉的野人斗勇。他以非同寻常的毅力和勇气，克服了难以想象的艰难困苦。没有一定的勇气和智慧，是不可能战胜困难、坚持28年的！

生：最欣赏的还是鲁滨孙的自信和乐观。难以想象，28年来，他经受了多少艰难困苦，承受了多少常人想都不敢想的孤独和恐惧。但是，他没有悲观，没有失望，而是敢于同恶劣的环境做斗争。鲁滨孙，在逆境中锻炼了自己，成就了一番不平凡的事业，真了不起！

师：在我们的眼中，鲁滨孙已不只是一个勇敢的探险家。他有着顽强的毅力，有着永不放弃的精神，更有着常人难以具备的自信和乐观。

28年后，他回到了英国。鲁滨孙是不是就这样悄无声息了呢？接下来又有哪些精彩呢？（学生思考）

生：鲁滨孙从荒岛回到英国后，把自己的非凡经历写成了一部书。意想不到的事情发生了——书太好卖了，可大家都认为漂流经历是荒诞的。当鲁滨孙决定把大家伙带到那个荒无人烟的小岛上去时，整个英国都轰动了，人们纷纷报名参加。经过了一番生死历险，大伙终于到达了荒岛，同行的人员感动得流泪，决定回去以后也要写一本书，记下这次难得的经历。

师：有意思，既写出了鲁滨孙的坚定执着，也写出了人们的怀疑、惊喜的真切心理，与原文一脉相承，有创意。

生：鲁滨孙回国后，不时有记者、媒体来采访他，他觉得生活没有什么意义。后来，作为一个航海家，他决定建立全国第一所航海学校，亲自教授航海课程。在他的教导下，培养了一批又一批航海精英。他成了名副其实的航海学校的校长。他觉得生活很幸福。

师：这个想法很新奇，同样也与他的性格、特长是吻合的。

生：回到英国的鲁滨孙虽然有百万之富，但他还是比较留恋那生活了28年的荒岛。他懂得知恩图报，所以，决定把百万资产用来开发荒岛，建设孤儿院、敬老院，让孤儿和老人都过上幸福的生活，让所有的人都来关心慈善事业。

师：多么有爱心的鲁滨孙！

师：搭建篱笆，修建房子，圈养羊群，都是以小事来表现鲁滨孙的能干；制作罐子，是通过特别传神的动作描写来表现他的聪明；坏事和好事的对比，用真切的心理描写细腻地展示了他的坚强和乐观。综观整个故事，想象又是那样的合情合理而又丰富大胆。刚才我们想象和补白、续写回国后的事，也是合情合理的。

请同学们大胆而又合理地想象，运用多种描写手法，具体地写下鲁滨孙回国后发生的精彩后传。

名著赏析：

《鲁滨孙漂流记》是英国作家笛福的名篇。教授名著名篇，除了了解小说的梗概，培养学生快速阅读、抓住主要信息、概括主要内容的能力，还得关注人物命运，体会主人公不怕困难、顽强生存、积极乐观的人生态度，还得在粗读原著的基础上进行精读感悟，形成写的能力。

在学生对鲁滨孙形成了"聪明能干"、"自力更生"、"不畏艰险"、"乐观自信"形象的基础上，引导其大胆而又合理地想象回国后的精彩后传，表面上是《鲁滨孙漂流记》的一个延伸，实际上是巧妙地利用"读"的平台，把握"写"的契机，使二者有机融合，彰显了以写为核心的语文教学理念。

（执教：姚建武）

教学示例二

校园"文化一条街"

教学内容：

围绕学校开展的文化节活动，写一写我们学校的文化一条街。

教学目的：

1. 充分开放学生的视觉、听觉、触觉和感觉，用开放的思维、不同的文体去表达自己的所见、所闻、所想。

2. 结合课文《颐和园》的学习，尝试"以写促读，以读促写"的写作方法。

教学流程：

一、教师导语

师：同学们，学校正在紧锣密鼓地开展一项什么活动？

生：文化节活动。

师：想不想知道什么是校园文化？

生：想！

师：那我们去学校的文化街逛逛吧，你们的收获会很多的！

二、逛校园文化街

1. 教师把学生带到文化街的正门，让他们从门上的对联看起。

2. 学生按自己的喜好一路上看下去。（此时，教师只是一名观赏者，当然也会时不时地回答一两个学生的提问）

三、学生谈见闻

1. 请学生说说：你在那里看见了什么？（可三言两语或长篇大论）

2. 请学生说说：你对什么地方或什么东西最感兴趣？能说说为什么吗？（先让学生个体表述，然后互相交流）

3. 请学生说说：你发现学校的文化街里藏着些什么文化？

四、学生作文

1. 列标题：如果让你把自己的所见、所闻、所想写下来，你会给今天的作文写什么题目？

2. 找文体：你想怎样去表达呢？

3. 学生作文（可以个体完成，也可以合作练笔）

五、学习课文《颐和园》

1. 先读熟课文，理清文路。

2. 通过对照课文与学生作文，让学生思考：两篇文章的共同之处和不同之处。

3. 通过对比交流，引导学生学习按地点转换的顺序写游览经历的方法，学习课文对景物的细腻描绘，学习课文用词的准确性（如"游船、画舫在湖面慢慢地滑过"中的"滑"字用得妙），学习课文中感情的自然流露……

通过对比，学生也会发现自己的优点，比如可以使用不同的文体，可以使用导游词，也有详、略之分等。对比之中，学生开始喜爱作文，对自己充满信心。

4. 背诵课文中喜爱的段落，修改自己的作文。

教学反思：

一、开放心灵引才思

一开始，教师并没有让学生带着作文要求去观看文化街，学生把它当作纯粹的游玩娱乐，所以他们是在愉悦中走向目的地的；接着，教师只是把学生带到文化街正门（暗中给了一个游览路线），然后就把对事物的喜好权给了学生，让他们尽情地看，尽情地说，尽情地评头论足。"情与物迁，辞以情发"，学生在一游、一说中，文章已经有了雏形。

二、开放教材引内容

作文后，教师没有马上进行评价，而是通过结合学习《颐和园》这篇课文让学生自己来做点评。有的学生说，《颐和园》这篇课文和我的写作布局是一样的，也是按游览的先后顺序写的；有的说，这篇课文抓住了几个重点的景物来写，我也写出了自己的详、略部分；还有的说，老师，这篇课文是站在作者的角度来写的，而我是用导游的身份来写的，比他的文章显得亲切些；更有好些学生说，看到了墙上的秦兵马俑铜像后，使用了《秦兵马俑》里描写那些俑士的词语，使文章语言色彩锦上添花……在学生各抒己见的氛围中，优生更优，害怕作文的孩子也有了借势上梯的信心和勇气，促进了读、写的有机结合。

三、开放题目引话题

在学生充分表达了见闻、感受之后，我对学生说：如果将自己的某个经历用一个题目来概括，你又有什么想法呢？不一会儿，像《难忘的记忆》《游文化街》《不一样的学校》《我的骄傲》等新颖别致的命题如雨后春笋般闪现。题目的开放，凸显了思维的灵动。

四、开放形式引文体

教师在学生七嘴八舌交流完后，提问学生怎样用文字去表现这种感觉，有人说用游记的形式，有人说写诗，有人说写导游词，有人说写成美文，还有人说应该写成广告词让别人也知道我们的文化街……这样，学生就能不拘形式地写下见闻、感受和想象，能够注意表现自己觉得新奇有趣的或印象最深、最受感动的内容，凸显了个性魅力。

第九章
适合高年级的
作文范式

　　高年级学生的认知水平显著提高。书本、网络等阅读渠道的多样化，使得学生的阅读量显著增加，极大地丰富了学生的语言储备，提高了学生语言运用的能力，促进了学生逻辑思维的发展，推理能力也相应得到提升。学生作文能力的发展，对教师也提出了更高的要求，教师的写作要成为学生作文的典范，教师下水作文也就成了行之有效的教学范式。

　　开放作文范式中的网络式、推理式和下水文式正是基于学生的年龄特点和现实性而产生的。本章将就这三种开放的作文范式做逐一论述。

第一节 网络式

网络式作文教学是以学生为中心，教师只是作文教学活动的组织者、指导者、帮助者和促进者。网络式作文教学要突出情境、协作、会话等基本要素。它不仅可以使学生对当前写作内容所反映的事物性质、规律以及该事物与其他事物之间的内在联系有比较深刻、透彻的理解，还能在大脑中形成长期储存的认知结构。

一、 网络式作文的基本概念与内涵

网络式作文其实就是以网络为写作平台并借助网络进行作文活动的一种新型的作文方式。它一方面遵照了开放式作文的教学理念，另一方面又体现了作文教学的发展趋势和改革动向。它不但具有开放、自主、合作和创新的特点，而且还具有资源丰富、方法灵活、途径多样、方便快捷等优势。

网络式作文借助互联网无限虚拟的空间，既能为学生提供多样化的写作素材，又能极大激发学生的写作兴趣，提高其作文能力。"网络式"作文具有无限的发展空间和极大的发展前景。

二、 网络式作文顺应时代的要求

传统的作文教学在当今这个资讯发达的社会越来越显现出诸多弊端。首先，传统的作文教学把学生完全封闭在教材内，与丰富的信息资源和现实环境完全隔离，整个教学过程以教师的指导为主，学生成了被动的写作者，不论作文能力高低，全部在统一的命题下写作，造成了"写作个性被抹杀"和"写作思维被禁锢"的状况，严重影响了学生写作的兴趣和写作积极性。其次，传统作文教学因其封闭的教学模式，不利于学生的多向交流，不利于学生汲取他人和资讯的长处与优势。写作者很难得到同伴、教师及他人的建议和帮助，完全囿于个人的狭小的思维空间中。久而久之，势必造成"闭门造车"的被动局面，让作文成为学生最头疼的事。最后，传统的作文教学不能给学生提供丰富的资源和获得信息的多维渠道，不能给学生更直接、更便利、更形象、更立体、更多样的写作信息，也不利于学生积累和嫁接写作素材，容易造成"巧妇难为无米之炊"的不良局面，致使学生错误地认为写作就是胡编乱造。

由此，网络式作文的诞生顺应了时代发展的要求和客观现实的需要，显示出无比巨大的优势。这种优势不仅存在于对传统作文教学弊端的改革，更存在于对传统教学模式的扬弃。因此，网络式作文促进了信息技术与作文教学的全方位整合，打破了旧有的教学模式，极大地提高了学生的写作积极性，使得学生在网络的辅助下能够充满情趣地进行作文。

同时，把网络作为作文的平台，也有助于学生选取多样化的素材并可与同伴之间进行广泛的合作与交流，使其个性得以张扬，创造性得以发挥，创新性得以体现，使学生逐步走向开放、民主的作文态势，不断地扩展思维领域，不断开阔思维视野，从而想写、会写并写好文章。可见，把网络引入作文对于学生来讲可谓是如鱼得水，为实现充满个性化的创新型作文教学范式以及大幅度、大面积地提高学生的写作水平奠定了坚实的基础。

三、 网络式教学的程序和方法

网络式作文教学虽然在教学时空、题材以及与网络的整合程度等方面与其他作文教学存在一定差异，但教学操作的模式方法也有规律可循，基本程序也有自身的特征。我们经过反复实践和不断摸索，归纳总结如下。

（一）创设情境，明确写作内容

利用网络、多媒体等技术手段，为学生创设一个真实、生动、丰富的写作背景和作文情境，展示丰富多彩的现实世界。并以此启发教学，使学生产生写作的需要。同时又促使师生间产生不同层面的交流、互动，形成合作学习的关系。通过情境活动，使学生明确写作的任务、内容、方法和途径，产生写作的欲望，驱动学习者进行自主写作。

（二）在线写作，了解基本步骤

在课堂教学环境下，网络式作文教学包括以下教学环节：创设情境—上网查询—在线构思—在线写作—交流评改—拓展运用。

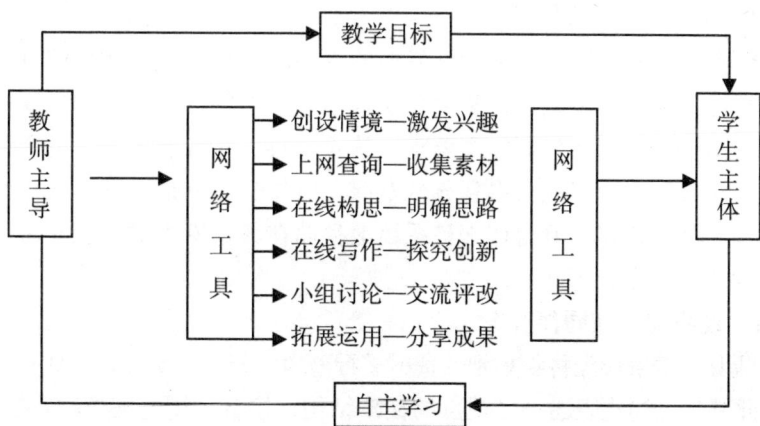

教学流程图

其教学的基本步骤如下。

1. 提取写作材料

根据作文的写作要求，引导学生通过因特网查阅、收集相关资料。这些资料可以是直接供写作活动所需的素材，也可以是对写作有启发意义的范文。其基本步骤是：①引导学生对作文任务进行审题，提取中心词，确定关键词；②用关键词上网搜索，并从中选择适当的网址；③进入相关网址，下载有效信息。为了提高学生上网查阅信息的效率，教师在课前应浏览相关网站，对学生上网的路径、信息的有效性等情况做到心中有数，以便学生在学习时给予及时、有效的帮助，避免学生出现信息迷航的情况或查到信息垃圾。

2. 呈现音频元素

典型的音响效果材料形象地展示在学生面前，会给学生留下较深刻的印象。音响素材不受时空限制，根据学生的需要，音响教材可以反复再现，这样有利于强化学生的印象，提高效果。适当的音响教材进入课堂，可丰富教学内容，给儿童带来欢乐。学生在听听、想想、说说中调节了学习节奏，活跃了课堂气氛，减少了学习的心理压力。对于发展学生的观察能力、思维能力、表达能力有着明显的作用。

3. 收集创作资源

网络为我们查阅资料提供了便利。在线选择、收集资料或是为了探究某个问题，为了能充分准确生动地表达自己的思想，需要学习者掌握比较充分的相关资料。通过网络查阅、收集到的相关资料，可以是写作任务有关的背景资料，可以是他人的学习成果，可以是文字资料，也可以是图片影视资料。

4. 选择教学方式

（1）自主学习和协作学习

教师在课前根据网络作文设计好形象生动的两种学习方式，即自主学习和协作学习。自主学习就是指学生在了解作文结构后自定步骤和进度进行独立自主的写作，其间要根据作文要求，认真观察、充分想象、人机会话、电脑写作，使自己的学习能力得到充分发展。协作学习就是指学生在作文活动过程中，与他人合作，所得作文被系统地存储在数据库里供大家学习、评价以及参考。

（2）自我检测和同伴互助

教师要求学生首先将收集到的资料进行整理、分析、研究，形成自己的观点，在此基础上构建表述自己观点的文章结构；接着利用电脑进行在线作文，把自己的思想外化为文字；然后利用网络交流的便利性，向老师或其他人请教某些疑惑的问题，也可以和同伴一起开展"同伴互助"式的学习活动。

5. 借鉴其他信息

教师指导学生从网上下载信息，并交流获取的信息和获取信息的方法；讨论哪些信息是有效的以及如何运用这些信息，在此基础上，确立和明晰作文的思路。同时让学生进一步认识到网络具有强大的通信功能，如电子公告板、聊天室、电子邮件、新闻组、IP 电话等讨论形式，为学生的讨论提供了充分的空间。

6. 提供交流网址

网络中，各种类型的资源都非常丰富，为学生提供相关网址以便选择是我们教师应尽的责任。同时，还可借助网络新闻、网络文章、他人的博客和他人的网络空间来建立自己的资料包、网页、素材基地，从而为自己的作文建立一个素材仓库，并且不断充实和更新，作文时才能取之不尽，用之不竭。

（三）寻找规律，掌握方法要素

按作文知识模块将作文指导方法分为三个阶段，即准备阶段、写作阶段和修改阶段。其中，准备阶段包括积累、审题、立意和选材四个部分；写作阶段包括联想、想象、描写和表达四个部分；修改阶段包括语言、段落、线索和手法四个部分。网络作文也不例外。

1. 准备阶段

也叫写前指导，是完成写作的必备的物质基础，也是构思作文的重要前提。俗话说，不打无准备之仗。这部分内容如果准备得好，就可取得"运筹帷幄，决胜千里"的效果。

（1）积累

就是动笔之前所做的对于写作素材的聚集，是写作成功的最基础的准备。其实，作文就是写生活。因此，作文者必须在生活这一节点上认真下功夫。关心、了解、发现、寻觅、感受，大脑中采集的自然与社会的信息越多，写作素材就越丰富。鉴于这一点，我们不难发现，存储在学生大脑中的素材毕竟是有限的。而哪里才是最丰富的呢？那就是网络。它包罗万象，无所不有。凡是与学生写作有关的材料都可以在网络上找到，而且形式多样、种类繁复。

学生一旦投身到网络中就如同鱼儿游入大海，不仅天地宽了，而且其乐无穷。可见，网络可以全方位化、立体化、多样化、形象化地为学生包装写作材料。它是一个无穷大的作文仓库，是一个丰富多彩的社会缩影，是一个游刃有余的写作舞台。它取之不尽，用之不竭，是学生积累素材的最佳去处。但在使用过程中，教师一定需要求学生善加选用，切忌简单抄袭。

传统的积累方法除了筛选生活外，就是在书本中圈点勾画、眉批旁批、摘抄剪贴、读书笔记、日记随笔等，既显得笨重又使学生感到烦琐，而且还不利于操作。时间一长，学生就会觉得厌烦，甚至拒绝积累。如果借助于网络，情况就大不一样了。我们可以指导学生通过网络链接的办法，把相关的材料剪辑到一起，并按照一定方式进行排列组合，然后建立资料包存储到光盘中，等到用时可以分门别类地去查找，也可以制成动画、电影等音像资料随时视听，既不耽误时间又节省力气，还给人以直观的感受，真可谓"一石三鸟"。

积累还可通过建立博客、信箱等方式搭建交流平台，广泛吸取他人关于此方面的素材，也可听取他人（最主要的是教师）关于素材使用的建议。这样一来，作文就不只是某个学生的个体行为，而是集思广益的合作行为。

(2) 审题

审题是作文的第一步，而且是文章成败的关键一步。它的基本任务，就是要正确地把握命题人的意图，全面准确地理解题目的要求，弄清作文的内容、范围和重点，把握住入题角度，明确立意，确定文体，构造作文的基本框架。无论是哪种形式的命题，都要认真审读，反复推敲，尽量准确地把握住题目的内涵和外延，找到最佳突破口，从而奠定写作的基本方向。

这种审题办法属于常规做法，思路只限于写作者本身，故显得闭塞而又单一。如果拿到网络上，就方便得多。一方面，可以集思广益，听取大家的意见，然后进行比较、分析和综合，从而找到最佳审题方向；另一方面，可以在网络上搜索相关文章，通过分析他人的写作思路，找到独特的、自己不曾有的审题思路，或许能收到独辟蹊径的效果。同样的，独创性仍是必须要强调的，切勿简单照搬他人观点。

传统的审题方法之一就是语法分析法。主要针对命题作文。通过分析题目的语法结构，找到题眼并结合题眼确定写作思路。这就存在着一个"仁者见仁、智者见智"的问题。一个人的思路毕竟是有限的，想法也许是偏激的，弄不好就会影响写作方向，导致偏题或离题的现象出现。如果拿到网络上，在相关论坛上发布帖子，广泛征求他人意见，就会收到事半功倍的效果。

传统的审题方法之二就是补全题目法。主要针对半命题作文。通过联想和想象把已经给出的半个命题补充完整，然后再按照语法分析法进行。由于个人的想象力单薄，易造成思路单一。在网络上就容易了，可把半个命题当作一个话题发到博客中，听一听不同人的建议，回过头来再结合自己的想法，从而确定一个独特的、新颖的内容并将之补充进去，可以使下一步的语法分析法更从容、更得手。

传统的审题方法之三就是材料分析法。主要是通过分析特定的材料来确定写作中心。这需要对材料进行全面科学的分析，从而确定文章的主旨。这种方法很显然会受到作文者能力水平、知识层面、素养深浅的影响，一旦受限就会影响文章质量。在这种情况下，我们可以借助网络的帮助，利用前面所说的方法寻求并创设最佳立意。

传统的审题方法之四就是看图分析法。主要是结合图画来分析立意。这比材料分析法还要难，因为在分析图画时要考虑多种要素，一旦有所丢失，就会犯下"只见树木，不见森林"的错误。同样一幅图画，大人、小孩、男人、女人的看法都不会相同，因而同样适合到网络上寻求帮助，确定最佳途径。

审题中可以找一些年龄相仿、智力水平接近的人建立博客群，经常交流探讨，尽量把文题放大，寻求最大的可能性，做好最坏的打算，求同存异，最后确定写作方向，达到"横看成岭侧成峰，远近高低各不同"的效果。

（3）立意

著名学者金秉文曾说，文以意为主，辞以达意而已。也有人说，意犹帅也，无帅之兵，谓之乌合。这其中的"意"和"帅"就是文章的中心思想，而所谓的立意，就是确立文章的主旨，从而在行文中写出自己的见解，表达出自己的人生感受。如前所说，一个人的分析能力毕竟是有限的，在网络上寻求大家的帮助，听取他人的建议，会更容易找到最佳立意，突破传统的一意孤行的做法。但必须注意的是要对他人意见有所辨识，第一不能轻信滥用，第二不能简单抄袭。

传统的立意方法之一是以小见大。用小事情或平凡的现象来反映社会热点，体现社会的进步、观念的更新以及生活的变化。一个人的接触层面往往较窄，难以展现一个时代和整个社会的变迁，即便选择了很好的素材，反映出来的生活也可能是狭窄的。要想打破这个局面，可以通过网络放开视野，看看他人对于时代和社会的变化有怎样的独特见解和认识，把它们吸收过来，与自己的认识互补互用，这样就可能真正实现以小见大的立意要求。

传统的立意方法之二是多角度立意。通过对作文题目或材料的分析，在不同的认识中找到最佳的立意。由于我们在切分角度时可能会受到单一思维的影响，角度划分不够统一或明确，在寻找最佳立意时就可能犯下盲目的错误，进而影响写作。此时，我们可以把作文题目或材料放到网上，与他人共同讨论划分方法，并从中确定适当的立意。

传统的立意方法之三是"反弹琵琶"。通过逆向思维寻求最佳的立意渠道，从而收到独辟蹊径、出人意料的效果。就这一点来说，学生可能由于个性不同各有各的独特见解。但同时，通过网络尽可能地听取他人的意见也会使学生受益匪浅，至少可以启发其写作思路。

传统的立意方法之四是说自己想说的话。通过内心的呼声来呼吁他人改良时代和社会。也许这种方法是属于个人的，但是，广泛征求别人对作文者的意见与评价，也是一个必要的途径，可以根据他人的评价判断自己的想法是否能得到他人的认同。否则，就将处于被动局面。这就需要借助于网络的手段，在不断更新自己思维的同时，更新自己对社会的看法和意见。

立意还可以通过建立博客、QQ群、网络论坛（BBS）等平台，多渠道寻找合作伙伴，充分吸收他人的意见，不仅对于写某一篇文章有帮助，对于整体创作水平的提高也有相当大的支持作用。经常和他人交流、探讨，可以促进学生对世界、人生、时代、社会的认识，从而形成其独特的人生观、价值观、时代观。可见，进行网络交流不仅有益于写作，也有益于学生的成长和进步。

古人云，情动而辞发，只要能点燃学生情感的"火药桶"，就不愁没有富有文采的作文出现。多媒体特有的直观、形象的特点，更能创设真实、热烈的教学氛围，更容易将学生引入其中，激起情感的涟漪，点燃创作的欲望。

如在写观后感这类文章时，多媒体就能充分发挥作用。以观《宝莲灯》有感为例，在对故事情节有了一定了解后，学生的感受是写作的难点。小学生对画面的理解和分析能力是在观察与思考的过程中形成的。我们可以针对学生感兴趣的内容反复播放，面对定格、放大的主题景物，学生不仅获得了生活的再现，还丰富了对作文材料的选择，明确了对重点片段的把握，收获了事物动静态的观察与描写等写作方法的熏陶与导引，从而能够更为深刻地理解电影的主题。

（4）选材

选材就是在占有材料的基础上根据主体表达的需要选择、运用并组织材料的过程。凡是可用于文章写作的客观事物和事理都可看作被选的对象。就写作而言，只有材料典型、新颖、精当，文章的创作才有成功的可能，可见，材料是文章必备的物质基础。如果缺少了这个物质基础，观点再鲜明、再新颖、再正确、再深刻，都会因空洞无物而使读者印象不深。所以说，选材是写作的一个重要环节。

选材的要求，一方面是围绕主题选取典型材料，另一方面是所选材料要主次分明，详略得当。从选材的原则来看，材料要具有真实性、典型性和新颖性。

学生在作文过程中的选材环节也可以拿到网络上来，以争取到更大的帮助，从而使自己在作文时选择到恰当、充实的材料。借用他人材料无可厚非，但切记尊重他人劳动，避免抄袭。

传统的选择材料的方法之一是着眼于普通人、平凡事，捕捉其闪光点。就这一点来说，一个人的生活阅历可能不足以用来取舍，这就有必要到网络上去"嫁接"他人的材料，拿来为自己所用。如果在网络上有自己的材料包，就会更加得心应手。这两个渠道，都可以在很大程度上弥补学生作文材料不足的问题。

传统的选择材料的方法之二是着眼于当代生活和社会热点，进行主流创作。这种方法受制于作文者的认识水平、道德水平、是非观念。在这一点上，网络为作文者提供了更为广阔的认识空间。通过网络交流不断地交换思想，提高认识水平，是帮助作文者提高立意水平，进而提高选材水平的一个重要渠道。

传统的选择材料的方法之三是事理结合。根据自己对事物的认识选择到最有利于表达自己观点的材料。这种方法取决于自己的观念是否先进，道德水准是否高尚，思想认识是否创新。但这又是不能以自己作为参照物的，把这些放到网络上去，经过大家的审议评判筛选出的材料，会更有说服力。可见，这也是离不开网络帮助的。

选材还可借助网络新闻、网络文章、他人的博客、他人的网络空间来建立自己的资料包、网页、素材基地，从而为自己的写作建立一个素材仓库，并且不断充实和更新，使之在自身作文时能够取之不尽，用之不竭。

2. 写作阶段

这是完成写作的关键，也是重中之重的一个环节。俗话说，看花容易绣花难。也许我们准备了很多，看了很多，但怎样把它们运用到自己的写作中才是关键，运用水平的高低才能真正体现出写作水平的高低。

（1）联想

所谓联想，就是由当前的某一事物联想到另一事物，或由甲观念想起乙观念的心理过程，从而促使作文者在更广阔的领域里挖掘材料，构思文章。

就写作而言，由此事物想到彼事物，可以丰富材料；由进步的联想到落后的，可以加深思索；由具体的联想到抽象的，可以拓宽思路；由现象联想到本质，可以深化理解。可见，联想作为一种构思方法，有助于提炼和深化主题，有助于运用"他山之石"托物言志，有助于进行比喻论证和类比论证，是形成表达技巧的关键一步。

既然是联想，个人的空间就没有网络的空间大。网络虽然是虚拟的，但可以看成是广阔社会的缩影，它可以连接古今，也可以纵横中外，具有多种多样的联想渠道，有助于我们调动思维器官，丰富写作内涵。

传统的联想方式有两种，一种是串联式，一种是辐射式。两种方式从不同角度决定了联想的方向。

串联式，是以一个事物为开头随即联想到第二个第三个直至第 N 个。这种方式是顺着一条线索联系起来的，将相关的、相似的材料串联起来，从中揭示主题，形成一篇文章。如果只限于个人，就会显得闭塞。如果运用网络，就会无限扩展。一个人的联想只是一条线，N 个人的联想就是 N 条线，如果再组合起来，就是无穷尽。可见，网络对于联想的运用是其他途径所不能代替的。

辐射式，是以一个具体事物为中心，所有的联想都从这里发出，环绕这一点形成辐射状态的思维活动。如果只限于个人，就会显得狭小。如果运用网络，就可无限扩大。一个人的辐射联想，只是一个点；N 个人的辐射联想，就是 N 个点。按照集合的观念，借助网络展开辐射联想，就会以点带面，丰富写作空间，其妙处自是不言而喻的。

由于联想的独特方式，教师在指导学生作文的过程中可以运用任何一种网络媒介，只要能够坚持，就一定能够拓宽学生的思维空间，培养学生的联想能力。具体做法可以如下：

一是把某些景物制成多媒体课件，让学生进行联想。如看到圆，可以想到中秋明月，进而想到家人团聚，想到为国戍边、不能享受家人团聚之乐的边防战士。看到蓝色，就想到大海、想到冷静、想到理性，这样逐渐养成联想的习惯，想象力自然丰富。

二是设计场景训练学生的联想能力。可从电视里截取一个片段去掉原来的声音，让学生根据人物动作、表情联想发生了什么事。如从某电视剧中截取这么一个片段：外面突然下起了瓢泼大雨，一个小男孩拿着雨伞站在门外。让学生根据这个片段进行设想，学生的答案生动活泼，精彩纷呈：① 这个小男孩是班级的值日生，看到下雨，想起教室的窗户没有关，于是拿起雨伞准备去学校。② 妈妈正要去上班，还没走多远就下起了大雨，小男孩赶紧拿出雨伞等待妈妈回来取……

三是听音乐或歌曲讲故事，以震撼心灵的音乐激发学生的联想。如听了《一个真实的故事》这首歌曲后，让学生借助联想写一篇记叙文，具体描述小女孩是如何救丹顶鹤的。

（2）想象

想象是人脑对记忆中的表象进行改造并创造新形象的过程，具有"思接千载，视通万里"的功效，无论是对阅读还是写作都具有重要作用。但就写作而言，通过想象可以将生活中的感受和思考串联起来，开拓思路，推动构思。也可以突破现实生活的限制，丰富表现内容和手段，塑造生动新颖的艺术形象。

想象这种手段，最适合运用到网络中。比方说，我们可以把头脑中的某一个抽象概念运用到网络上，用动漫的手段形象地展现出来。然后，再按照网络上的这个画面进行写作，既形象直观，又有很强的可操作性。也可以把我们头脑中的某个情节制成动画，在审视的过程中，按照写作的需要进行不断的修改，从而使心里想的和画面展现出来的形象能够有机结合，进而形成完整的写作思路，内外贯通，一气呵成。可见，运用网络进行想象，可以收到意想不到的效果。

传统的想象方法之一是人物合成法。即同向合成与异向合成，也就是鲁迅所说的"杂取种种合成一个"。可以借助于网络搜索不同的人物形象，在比较分析中，综合出自己想要的人物形象。

传统的想象方法之二是选取"模特儿"法。就是说把生活中的原型完全地搬进来，成为作品中的人物。这种方法在网络上可通过虚拟人物形象的方法和生活原型进行比较，在保持人物原有性格的基础上，进行艺术化的处理，从而活化出自己想要的人物形象。

传统的想象方法之三是情节转借法。就是把别人的故事情节转借到自己的作品中来。这种方法也很适用于网络操作，只要把相关的写作材料收集到一起，找准一个切入点，把他人的情节构造法借鉴过来，再配以自己构造的事件，就可形成一个叙事系统。但要注意，切不可简单照搬，一定要有自己的再创造，否则会有抄袭之嫌。

传统的想象方法之四是引出主题法。这是一种形象化的艺术手法，可以增强文章的感染力，又显得含蓄别致。在网络上，可采取蒙太奇手法对人物形象进行定格，并进行艺术描摹，通过细节展示的办法揭示出文章的主题。

想象主要是运用网络的搜索、剪切、动画、虚拟等手段，再造艺术形象，从而丰富自己的写作手段。

（3）描写

描写是文学作品中经常使用的一种表达方式，是指运用形象的语言对人物、事件、环境的形态、特征做具体的、生动的描摹与刻画，使读者对描写对象产生真切、具体的感受，并在心中形成鲜明可感的印象。

描写不同于叙述。叙述着眼于交代和介绍，重在总体概括和过程说明，而描写则着眼于刻画和描摹，重在表现细微之处，形成具体的形象，使人对客观事物有具体的感受并引起想象和联想，唤起情感体验。

网络给予描写的手段更加丰富。比如，我们要描写一朵花的开放过程，就可以在网上虚拟一朵花，通过动漫来把握它的过程，既形象又立体，还能调动我们的联想和想象，从而更好地完成写作。

传统的描写方法有三种：一种是工笔和白描；一种是直接描写和间接描写；一种是静态描写和动态描写。

无论哪种描写，我们都可以通过网络搜索和定格的办法，观察事物的不同状态，然后根据写作的需要，或工笔或白描，或直接或间接，或动态或静态。各得其所，各尽其妙。

一是直接和网络交流，运用网络上的诸多手段。

二是借助于网络和他人交流，从他人提供过来的画面中展开自己的联想与想象，从而更好地完成作文。

（4）表达

文章不论写人、叙事、描景、状物，还是说理、抒情、言志，都需要借助一定的表达方式，使人从中感受到义、理、情、趣，除了对生活认真地观察、积累、体验、感悟、挖掘、提炼外，还要能够根据表达内容和中心的需要，能用、会用、巧用多种表达方式，并使之相映成趣、相得益彰。表现在网络上，主要是参考他人的意见，来完善自己的表达。

传统的表达方法之一是在重点处添加描写。网络作文教学可教会学生把自己的文章发到网络上，把自己拿不准的地方提出来，看看别人有何建议，合适的我们就学习采纳。

传统的表达方法之二是议论为记叙画龙点睛。同样可以让学生把文章中的记叙部分贴到网页上，征求他人建议，对于那些精妙的意见，我们可以学习借鉴。

传统的表达方法之三是借抒情建构文章主体。也可以让学生把文章发到网络上，学习借鉴他人的抒情方式，充实自己的文章，建构文章骨架。

传统的表达方法之四是综合多种表达方式，使文章异彩纷呈。就是把文章贴到网页上，把自己在文章中综合运用表达方式的地方用不同颜色的字标识出来，以求得他人的评判或指点。

教师可用具有强烈视觉效果的课件将例文重点片段展示出来，借助多媒体，充分地引起学生的注意，激发表达欲望。例如指导学生写《美丽的家乡》，教师首先利用多媒体课件播放多幅反映家乡特色的图片，配上《谁不说俺家乡好》《故乡情》等抒情歌曲，情景交融之中，启发学生思维，激发联想，迸发热爱家乡的情感，从而使其产生描写家乡的欲望。然后以《桂林山水》为范例，引导学生边回忆，边展示，归纳出"抓住事物特点，运用'总分总'结构，采用对比、比喻等手法抒发感情"的写作方法。在这里，例文只是一个台阶，起到了帮助学生"跳一跳摘到果子"的作用。而多媒体等于给了学生"一根拐杖"，降低了写作难度，为学生创造出有利的心理条件，让学生主动投入写作活动之中。

教师还可以借助电教媒体传授方法，让学生自由表达。

首先是分清主次，突出重点地表达。利用音像教材能够克服学生作文时主次不分、详略不当的缺点。录像能够对重点部分进行定格、放大，引起学生高度的注意，并在头脑中留下鲜明而深刻的印象。教学《美丽的学校》时，同时展示各专用教室画面，让学生选择其中一两处做重点描述。在学生重点讲解时，再将所讲画面放大，做到主次分明、详略得当。

其次是理清结构，井然有序地表达。大多数教师经常组织学生开展活动，帮助他们积累写作素材。还有教师在学校组织大型活动后也往往要求学生写出一两篇文章。但是，学生在事后写作这些题材时往往言之无物，远不如玩时开心和尽性。如学校组织"庆六一"游园活动。作文课时，教师把活动录像放给学生看，通过追忆、联想，他们的思维一下子活跃起来，能够根据画面理清起因、经过、结果，明白当时干了什么，动作、神情、心情怎样。有了这些再现，学生滔滔不绝地议论开来。

最后是开阔视野，拓宽思路地表达。学生写作，写来写去就这么一点东西，很少有新的内容。此时，教师要引导学生开阔视野，拓宽思路。如要求写观察作文：写一种自己熟悉的小动物，抓住特点，写出其外形、生活习性等。我们不妨事先让学生观察动物，了解它们的外形。在他们能够比较有条理地叙说的基础上，可以继续引导："大自然中活泼可爱的动物多着呢，不信你瞧！"点击课件，十几种常见的动物跃然于屏幕上。孩子们看着这么多可爱的动物，肯定个个情绪高昂。再趁机问："有你们喜欢的动物吗？想不想把你最喜欢的动物给大家介绍介绍呢？"然后，教师再因势利导，要求学生按刚才观察动物的方法仔细观察，认真组织语言，介绍自己喜爱的动物。鲜明生动的画面一下子就将学生的视线、思维紧紧地凝聚在小小的屏幕上，学生想说的欲望被最大限度地激发起来了。

3. 修改阶段

这一阶段也叫成稿阶段，是在作文大体成型的基础上进行局部修改。对于主旨、材料不再做更大的改动，只是对语言、段落、线索和表现手法进行适当的改动，使得文章文质兼美。这种修改在网络上主要是通过交流的手段，结合他人的修改意见和方案，对文章做最后的"手术"。

（1）借助材料，培养自改能力

叶圣陶认为给学生改作文，最有效的办法是当面改。当面改可以提笔就改，也可以跟学生共同念文稿，遇到要改的地方就向学生提出问题，如"这儿怎么样"、"这儿说清楚了没有"之类的。利用投影教学信息反馈快，面批范围广，易进行对比评讲。

（2）师生共改，集思广益

在教学中，可以将作文评改方式由纸上转到电教媒体中，评改方式由针对个人转向面对集体。具体做法可以是：学生初成文章后，教师浏览，并按训练重点和作文要求，选择反映共性问题的好、中、差作文数篇，投影在屏幕上。集中全班学生的注意力，教师教鞭所指之处，或教师示范改，或师生评议作者改，或学生多人"接力"改，等等，方式灵活。无论是肯定作文的成功之处，还是纠正有代表性的错误，均能做到视听结合、集体受益。同时，教师又能节省大量批改时间，可谓事半功倍。

（3）发挥多媒体的优势

多媒体手段的应用，大大优化了作文教学的过程，是作文教学实现低耗、高效的又一途径。然而需要注意的是，多媒体计算机并不是万能的，各种媒体都有它一定的适应性和局限性。这就要从教学的实际出发，一要对媒体特征做出认真分析，正确选择，努力发挥媒体的特长；二要精心组合多种媒体，尽可能取长补短，从而优化作文课堂教学；三要正确把握时机，运用适时适量，以免喧宾夺主，弄巧成拙。

总之，在小学作文教学中，根据课堂特点，有效地开发多媒体资源，必将突破课堂内外的限制，有效联系学生的生活实际，使课堂焕发更多的活力，让作文教学插上"多媒体"这一神奇翅膀，展翅高飞。

四、 网络式作文的缺陷及补救办法

由于网络是虚拟空间，学生在借助网络进行作文时，最大的弊端就在于很难进行真实的情感交流，久而久之，会造成性格孤僻、不善言谈、闭塞狭隘的后果。

我们可以建立学习小组，通过几个人在网络上的共同合作，在保证获得网络优势的同时，也不失同学间的情感交流。在这一点上，教师要充当导演的角色，起到情感沟通的作用。同时，也可以借助网络上的图像或典型资料适当地对学生进行情感熏陶，以保证学生情感的交流，让他们在运用先进技术的同时，也能够体会到情感世界带给他们的温暖。

教学示例一

我眼中的三国人物

教学目标：

借助网络，收集、整合资料，在网络平台中通过讨论形成写作思路。

教学准备：

《三国演义》影视作品、多媒体网络

教学流程：

一、谈话激趣导入

通过交流看过的《三国演义》小说或影视作品，让学生就《三国演义》中人物的功过是非发表自己的看法，再进一步导出研究的主题：介绍自己最喜欢的《三国演义》中的人物。

二、上网收集信息

网络中，有关《三国演义》的资料非常丰富。为学生提供相关网址以便选择。（学生上网查询遇到困难时，教师给予适当的帮助提示）

三、形成写作思路

学生交流从网上查阅到的资料，并围绕"我喜欢《三国演义》中的人物及理由"这一主题，展开讨论，相互启发，形成写作思路。

教师在学生交流讨论的基础上，给予学生适当的建议。

四、开展在线写作

学生利用网络独自或和同学一起开展写作活动。当遇到问题时教师给予及时的帮助。

五、网络交流评价

通过网络交流作文，并进行评点，然后修改自己的作文，并把完成的作文张贴在网上。

开放式作文教学（第二版）

有一个教师看到逢年过节手机短信满天飞，孩子们也常在一起津津乐道地交流着父母手机中的短信，就设计了一个写短信的作文练习。

教学示例二

短 信 传 情

一、谈话导入

1. 今天王老师不能为大家上英语课了，想知道究竟是怎么回事儿吗？看看我收到的这条短信息就知道了。谁来读读这条短信？

2. 生读短信：昨晚我高烧不退，嗓子说不出话来，现在还在医院，不能赶回来上课了，麻烦你帮我上节课。同时替我向同学们说声抱歉，希望他们上课积极认真。

3. 你们觉得王老师怎么样？

4. 现在王老师在医院里，正发着高烧，此刻，她在医院会是什么感受？那我们快想想办法安慰安慰她吧。

二、走近短信

1. 我们可以想什么办法安慰安慰她？（打电话，发短信）

2. 发短信是个好办法。可是短信从哪儿来呀？（自己编）

3. 怎么编短信呢？要编好一条可不是那么容易呢！看，这里有几条短信，先读读，再互相说说短信有什么特点。

（1）新华书店恭祝您及您全家新春佳节：吃得"书"服，过得"书"适，身体"书"坦，心情"书"畅，"书书"服服过大年！

（2）针刺入肉里，一定很痛吧？没关系，这是为身体好。祝你早日康复，周一我期待着，你活泼快乐的身影，跟我玩耍嬉戏。

（3）一声亲切的问候：你很忙吧？一缕淡淡的柔情：别累坏了！一个衷心的祝福：平安快乐！愿你看到这条短信时，能会心地微笑！

4. 概括：短信要求语言活、字数少、形式新、用途广，更重要的是传真情。

三、短信传情

1. 现在就拿起手中的笔，给王老师写则短信，让她感受到大家的温暖吧。

2. 学生思考，自由创作，教师巡视。然后小组交流，互相修改。

3. 投影出示学生的短信并点评。

4. 请一个同学把最好的短信发给老师。

四、拓展创编短信

1. 老师再考考你们，会不会编其他短信。

（出示：请你任选下面一个话题，自主创编精彩的短信）

2. 指导：

（1）转眼间，一个学期即将结束。此时，你想给曾经教育过你、帮助过你的老师送上一条怎样的短信呢？

（2）马上要过节了，你想给好朋友送上怎样的短信鼓励他（她）呢？

（3）你又长大了一岁，这一年里爸爸妈妈可没少为你操心，你想送他们一条怎样的短信呢？

（4）除此以外，2008 年让你感动、牵挂的人还有很多，在此就通过短信来表达你的心意吧！

3. 自主创编，教师巡视后组织交流。

五、畅谈感受

1. 学生自由讨论，畅所欲言。

2. 别看短信小，功劳可不小，联系你我他，传递真感情。让我们一起记住这节课"短信传情"！请同学们就本节课的内容、感受等写一篇日记。

教学反思：

整节课"真"、"趣"二字贯穿始终，学生兴趣盎然地走近短信、学习短信、编写短信、发送短信、接收短信。由扶到放，既学了编短信，又有了一个很好的作文题材，真是一举多得，情意绵绵。

教学示例三

旅行·感悟

教学目标：

1. 通过网络，浏览学生各自暑假旅游的地方，说说自己的所见所闻；

2. 利用音频、PPT 等软件，制作出自己旅游的电子相册，为自己的旅游配上文质兼美的解说词；

3. 激发学生热爱大自然、崇尚生活、关照生命的情感。

教学准备：

1. 学生上传旅游照片至班级博客；

2. 在多媒体教室授课。

教学流程：

（一）浏览照片，分享感受

1. 登录班级博客，自由浏览照片，并在照片下评论、点赞。

旅行，是眼睛的越野，是心灵的远足。这个暑假，孩子们去了许多不同的地方，领略了各地的风土人情。一处景含有一份情。你们一定曾经偷偷地与山水对话，也在旅途上遇到各色各样的趣事。经历是无价的，但是从经历中觉悟什么，则更加可贵。今天，让我们借助网络，重新回顾假期旅行点滴的美好，向同学们分享每一处触动你的瞬间。

2. 照片获得点赞最多的学生上台进行照片介绍。

孩子们，大家之所以喜欢你的照片，肯定是画面触动到了他们。请你根据拍照的瞬间发生的趣事、拍摄所在地的风土人情以及对自己触动最深的一处景物、一个画面进行分享。

3. 以同桌为单位，相互分享自己照片的故事。

（二）照片分类，确定主题

1. 讲解照片分类细则

学生挑选画面构图、色彩饱和较好的照片进行分类。照片可按照自己的喜好从不同的维度分类：（1）A. 人物类；B. 植物类；C. 动物类……（2）A. 平静类；B. 活跃类；C. 沉郁类……

2. 为旅游相册定主题

以不同的照片分类进行电子相册组装，并为其命题。比如：芳华刹那（花的组别）、上善若水（江湖风景组别）、母亲的孩子气（人物组别）、苗寨的惊鸿一瞥（民俗风情组别）……

3. 用相关软件制相册

将已经分好类的照片放进电子相册软件，生成文件。

（三）观看资料，书写图解

1. 学生依据照片的分类，对拍摄地的人文历史、自然风光与神话传说进行全方位的资料收集，丰富照片携带的信息，并分别放进不同的相册组别所附带的文档里。

2. 观看短片《自然地理》《动物世界》《故宫》，了解介绍某地风景、动物、人文历史的口吻与方法。

3. 整合资料，按照照片的先后与分类写解说词。

（四）配乐介绍，融情于景

1. 以四人小组为单位，播放电子相册，配乐朗读解说词，同组学生提出修改意见，现场进行修改。

2. 每组推荐一位同学上台展示，其他同学从照片拍摄的艺术性、解说词的完整性、情感性、知识性进行评价。

（五）教师小结，布置作业

同学们，有了你们的渲染，每一张照片都会说话了。等到你们长大成人，会发现这是童年最美好的记忆！请把今天制作的电子相册以及解说词在家人面前展示吧！

（执教：叶素珊）

第二节　推理式

推理就是从一个或几个判断得出另外一个判断的思维形式。推理由前提和结论两个部分组成，前提是推理所依据的判断，结论是由推理得出的另一个判断。由"推理"延伸到"推理式"作文，是小学作文一种新的尝试。

一、推理式作文的表述

推理式作文是由一个或几个已知的内容或素材，推导延伸出另一个未知的内容的思维过程。它是把推理演绎的过程以文字的形式表达出来，使推理过程更加生动化、形象化，使其更具人文性和文学性的过程，同时也是富有逻辑与想象力的综合的文字体现。

二、推理式作文的意义

众所周知，思维过程中运用符号表征系统对客观事物所做出的反映是通过分析、综合、抽象、概括、判断、推理以及联想、想象（包括再造想象和创造想象）等不同的心理加工方式而实现的。把这种思维方式的内容整理记录下来，集结成篇，既有利于培养学生自我思考和独立分析的能力，又有利于提高语言文字的逻辑运用能力。在作文教学中，如果能遵循推理的原则，按照推理的思路，采用一定的方法进行大胆推想，文章一定会鲜活而灵动，并富有独特的美。

三、推理式作文的类型

（一）实物推理

实物推理作文是根据生活中的实物特点，推测来源、过程、发展以及意义的推理文章。

推理来源于生活，同时又具有一定的逻辑性。因此，推理的内容只是对生活原型进行加工与重组，必须有据、可靠，不能任性而为。

推理要讲求一定的方法。一般来说，我们可以从以下几个角度进行。

1. 由此及彼的推理

就是由一个事物想到另一个事物。比如杨朔的《荔枝蜜》一文中，作者就由辛勤工作的蜜蜂联想到辛勤劳动的农民，非常自然，不仅使文章内容丰富，而且使主旨得到了升华。

2. 由果到因的推理

世上没有无源之水，无本之木，万事皆有因果渊源。福尔摩斯正是由于利用因果推想，才屡破奇案，成为风靡全球的神探形象。

3. 超越现实的推理

所谓幻想，是指对尚未实现的事物进行的构想。正是因为这种事物尚未实现，才能引起人们的兴趣，文章也是一样。郭沫若《银杏树》中对银杏树的奇妙幻想和推理，不知引起多少读者的向往。

在推理作文教学中，我们可以鼓励和引导学生随心所欲地运用身边的任何一个实物，推测其由来的详细过程、具体作用及其所包含的情感等，在学生发展思维水平的同时，锻炼其作文能力。

（二）图片推理

图片推理是指通过对各种图片的观察，追溯原因，推测过程而形成的文章推理。

图片推理首先要对图片有所展示，并要在展示过程中观察整堂课中学生的情绪、行为反应，以及学生的学习反馈，促使学生积极参与、主动思考。同时，教师还要给予适当指导，教会学生观察，理解图片上的相关细节。

看清图的意思后，接着就要去分析。要根据所提供的画面，分析推理事件所蕴含的中心和意义。大框架把握以后，就要通过画面的细微部分分析推理画面人物与事件的关系，人物的表情、动作等细节。

最后要通过合理的联想和想象，把事件补充完整。因为一个静止的画面，远远不能表达一件事情的全部内涵。联想要着重依据画面所提供的情节来具体展开，要合乎逻辑，并能与图呼应。

（三）科学推理

科学推理就是联系事物以后的发展，运用科技进步的观点来看待事物的变化，以实践的方式来予以验证，描写成功与失败的过程。它注重过程描述。科学探究不仅涉及逻辑推理和实验活动，同时还是一个充满创造性思维的过程。科学推理作文是学生在原有认识水平的基础上结合生活实际，推测事物发展的前景。这样有利于形成学生的发散思维，不断发展想象力，促进儿童想象世界的发展。

我们可以在现实生活的基础上，通过学生的畅所欲言，集思广益，从中提炼出有关科学发展的观点和特性，激发学生推想的兴趣和欲望，进而推动学生更加深入地理解事物发展的全过程，形成宽广的视野。

曾有一位学生在文章的开头处，展开了大胆的推理想象："一位科学家终于发明了一台能穿越时空的可视电话机。"这样，以这种高科技产品作为前提，就使之后发生的"与历史人物"的对话显得非常自然——文章以记者采访的形式，让李白畅谈了自己诗歌《赠汪伦》的过程和写"桃花潭水深千尺，不及汪伦送我情"时的心情。小作者这样安排，显得非常符合常理，读起来毫无牵强之感。文章的结尾，又以信号不好为由，收束全文，看到这里，相信曾经试用过电信产品的人一定会发出会心的微笑，这便是非常典型的科学推理作文。

（四）空白推理

空白推理也称续写。简单地说，就是接续原文的上文写出下文，把原文中残缺的内容补充完整。续写属于"条件作文",一般是给定原文的开头部分,要求续写出主体和结尾部分;或者给定原文的开头和主体部分,要求写出文章的结尾部分,从而使文章成为结构完整、前后连贯、表达清晰、思想集中、主题鲜明的有机统一体。

1. 仔细阅读原文

续写前必须对原文认真阅读,力争完整透彻地理解原文所表达的主要意思,全面分析原文的构成要素,摸清原文的内容、中心和写作思路,以全局的目光审视分析并掌握原文作者的思想倾向、情感指向和思路走向,再对原文的情节、细节进行适当的补充。

2. 展开合理的联想和想象

续写作文虽有一定的限制,但我们可以在限制中求自由,发挥联想和想象,沿着原文的思路写下去。只有张开联想和想象的翅膀,才能进行由此及彼、由表及里、由近及远的联系,才能把原文的情节和自己的生活经验联系起来,并在已知条件的约束下写出合乎要求的文章。

3. 兼顾续写文的完整性和延伸性

所谓完整性,是说续写文与原文应保持一致,相互联系,共同组成一篇文气贯通的文章。所谓延伸性,是说续写时应在领悟原文的基础上,进行补充延伸。

如,我们教《月光曲》这篇课文,讲述了贝多芬创作《月光曲》的故事。文章最后一句话是:"贝多芬飞奔回客店,把月光曲记录了下来。"那么,贝多芬飞奔回客店以后,在创作这首曲子的过程中,他想到了什么?眼前浮现了怎样的画面?他是怎么记录他跟盲姑娘用音乐沟通交流的?在月光下看到波光粼粼的大海,课文没有任何交代,我们就可以要求学生为它补白。再如《穷人》一课,文章的结尾是"桑娜把两个孩子抱回了家"……桑娜抱回孩子以后发生了什么样的故事呢?就可以尝试着合情合理地续写完整。

（五）故事接龙推理

此类作文推理形式属于小学普及性质的,教师可以广泛参与的教学形式。通过前者的叙述,后者把故事富有逻辑地接叙下去,最后由学生形成书面文字,这是班级同学共同参与、进行集体作文的一种好方式。接龙规则是让学生发挥丰富的想象力,顺着前一位同学的叙述把故事接下去。故事情节要求生动有趣,内容健康向上。

如,在班级中,依据孩子们心目中崇尚的美好品质和超自然的能力,创造出一个具有神奇魔力的人物——奇奇。由每个孩子编写一次奇奇的历险,在故事中充分展示他高超的本领和崇高的品质,之后汇集组成别具特色的《奇奇大历险》。这样的故事可以集思广益,取得特殊的效果,启迪学生的思维。

教学示例一

趣编故事接龙

教学目标：

激发学生想象能力，使学生乐于表达，创编一个生动有趣的故事。

教学流程：

一、激趣引新课

1. 谈话激趣：同学们，我们已经学过许多童话故事了，今天，我们首先来和这批老朋友见见面，好吗？

2. 课件展示：你们如果还记得这些童话故事的名字，就请大声地喊出来吧！

从同学们的呼喊声中，老师知道了你们非常喜欢读童话，看童话。你们为什么这么喜欢童话呢？

3. 归纳童话特点。

二、看要求审题

1. 题目展示：同学们，今天这节课就让我们也来当一回安徒生和格林兄弟，学编童话吧！

2. 集体讨论。

3. 汇报作文要求。

三、口头编童话

1. 分析心理：今年的小鸡得到了人们的宠爱，就更加骄傲起来了。你瞧，它们干啥了？

2. 讨论交流：你们刚才说的就是小公鸡的心理活动。（于是，它们来到了一个繁华的大都市，在这里会发生什么事呢？）

（1）要注意抓住心理活动、语言、神态、动物的自身特点和环境的描写来烘托气氛，再用上平时积累的好词佳句，编出的童话才会生动有趣。

（2）如果在一开始注意讲明故事发生的时间、地点，交代清楚故事的人物，就更加具体了。

（板书：时间、地点、人物）

3. 归纳总结：你们说得真不错，编写童话，除了以上注意的地方外，我看还需要大胆合理地想象，要有时代感和创新（例如，进人才交流市场去应聘就是新鲜事物），也要有教育意义。（这个童话故事教育我们：只有认真学习，才能掌握生活的真本领）

四、自编童话

同学们，刚才我们只选了两只小鸡作为我们童话故事里的主人翁，但是，这次作文允许我们选的动物可多了，你想选什么动物作为你童话里的主人公呢？（学生自由说出，教师在黑板上分别贴出动物图画，完成板书）

五、成文汇报

同学们，请勇敢地站起来，把自己编的童话故事说给大家听听吧！

六、创编童话

同学们，听了以上两位同学的童话故事，我们受到了不少启发，还有许多同学都想把自己精心构思的童话故事说给大家听呢。但是，由于时间关系，在这里就不一一讲了，下面请你们把构思好的童话输入你电脑里的文档中去，老师就能看到了，看谁编写的童话最精彩，现在开始吧！

教学示例二

"十二生肖"比功夫

教学目标：

1. 回忆生活中接触过的或者在文章中了解到的动物习性，准确把握其特点。

2. 展开想象，合理推理，为动物主人公编写相声、小品。

教学准备：

多媒体课件、已画好的动物漫画图片。

教学流程：

一、铺设背景，分享动物画像，

同学们，你们知道唐老鸭、叮当猫、hello kitty、熊大、熊二吗？它们虽然是动物，却有着人类的表情、动作和语言，所以生动活泼，备受人们的喜爱。老师前几天让你们根据自己对十二生肖的理解，为其中一种动物画一幅漫画式的画像，还要配上性格标签，都准备好了吗？谁愿意展示给大家看看？

你们真是百变魔术师！一个个小动物画得栩栩如生。今天，咱们要让这些可爱的小动物们从纸上活起来。2015 年的春晚节目组正在招兵买马，收集民间的语言类节目。大家一起出出主意，想想 12 生肖的动物能在小品、相声方面有哪些特长？

（设计意图：让孩子们分辨出不同动物的性格特征，为后面选择相应的节目形式做铺垫。）

二、润色人物，分配角色表演

1. 选择节目，合作交流

水尝无华，相荡乃成涟漪；石本无火，相击而发灵光。每种动物与其他动物相遇，会发生怎样的化学反应呢？请同学们与两三个人组合表演，要求突出各自的特性。比如：猴子生性活泼，聪明伶俐，肯定有一副好口才。它大可以表演一个绕口令。但是牛宝宝天性温驯迟钝，表演时可以放慢语速。再加上一个好斗的善说是非的公鸡，肯定又闹出不少笑话来。确定好组合之后，就在黑板的节目单上写上自己的节目名称。

（设计意图：动物习性与节目形式的搭配主要体现了画像的特点、学生自身的才能与他们对两者关联的推理。小组合作交流易于让彼此取长补短。）

2. 自编童话，形成初稿

还记得五年级下册，我们学习了马季先生的相声，也分析过《半截蜡烛》这个短小精悍的剧本，都为作者老道的语言与对生活现象敏感的捕捉而钦佩不已。那么现在，学以致用。小组合作成员共同完成相声、小品的剧本。

三、展示个人才艺，点评推理

1. 个人展示

（新年音乐声响起）经过大家的思想碰撞，大家精心制作的语言类节目单已经比较丰富了！让我们一起期待"美猴王"上身，或者"白蛇"上身的表演者们最精彩的展示！掌声欢迎。

2. 师生互评

我们一起评价一下他的节目，落脚在两个要点上：一是咱们根据这个动物的特点，谈谈他的节目安排是否恰当；二是各个动物的语言、动作是否合乎常理。

（设计意图：检验学生对动物习性的了解程度以及能否用恰如其分的语言描写、动作描写及神态描写表现出来其应有的特征。）

四、总结习作方法，拓展文体

春节联欢晚会节目组对所有参与此次活动的同学表示感谢！现在咱们一起回顾这节作文课上的收获。（预设：从生活中取材；注重观察；用细致的外貌描写、语言描写、动作描写区分不同的人物）

除了编相声小品以外，在平时的童话故事、寓言故事、小说、观察日记中也可以采用这样的方式去刻画人物。

（设计意图：把人物描写方法引入到不同文体中去实践，既能保持新鲜感，又能反复练习。最后引出课文，旨在以写促读，读写结合。）

（执教：叶素珊）

第三节　下水文式

苏霍姆林斯基说过，作文低效的主要原因，就是教师自己不会写作文。小学生天真幼稚，有着很强的"尚师性"。如果教师率先垂范，亲自动手动口作文，将给学生抛砖引玉，使其打开想象的闸门，拓宽作文的思路。学生在模仿、学习老师的同时，有可能爱屋及乌地爱上作文，爱上语文。作家沈从文就是一个很好的践行者。他每布置一个题目，就亲自从各个角度先写几篇下水文，给学生以潜移默化的示范和影响。可见，下水文式作文教学至关重要。

一、"下水文式" 概念的由来与内涵

刘国正先生说，你要教会学生写文章，自己要先乐于和善于写文章，教起来才能左右逢源。犹如游泳教员自己要专于游泳，钢琴教师自己要精于弹琴，这其中的道理是很简单的。他还说："但看我们的老一辈语文教育家，无一不是文章能手，他们的教学艺术和文章艺术是相辅相成、水乳交融的。如果在不久的将来，从我们语文教师的队伍中涌现出一大批文章能手，很值得我们为此开一个庆祝会，因为这正是提高作文教学质量，乃至提高整个语文教学质量的一项基本建设。"

刘国正先生呼吁教师自己要写文章，其间就包括写下水文。"要学游泳，必须下水；要教运动员游泳，教练必先下水示范。""下水文"一词也就由此产生。

下水文式作文指的是教师在教学中，要求学生练习的作文，教师自己必须面对同一个题目或同一个内容，亲自动手写文章。下水文的写作，尤其是小学语文教师的下水文，必须站在儿童的角度，用孩子的口吻来作文，有时还被称作范例式下水文。

下水文式作文指导包括三种方式，即：教师备课时所写；在课堂上与学生同时写；学生作文后再写下水文。

二、 下水文式作文指导的地位与作用

传统的作文教学是"君子动口不动手"，一个题目抛给学生，教师隔靴搔痒地说上几句，然后学生书写。甚至，我们还有不少老师认为只讲不写有这样几种理由：一是认为作文是学生的事，自己没有必要写学生的文章；二是认为教学事务缠身，无暇顾及；三是认为下水文是小儿科，自己要写就写论文，能见之于报纸杂志；四是认为作文教学大可不必如此大动干戈，小题大做。因为有如此这般的认识和如此这般的指导，学生思路狭窄，行文滞涩，从心底里厌恶作文的现象也就不足为怪。

叶圣陶先生曾说，语文教师教学作文，要是自己经常动动笔，就能更有效地指导和帮助学生。因为教师只有通过亲身实践才会体会作文的甘苦，作文的困难，才能获得感性认识，发现问题，有效地指导学生作文。同时，教师写下水文，这本身就具有榜样和示范作用，能激发学生的好奇心、好胜心，能激起学生的作文欲望。

我们也一直认为，如果一个语文老师不会写作，就像音乐老师不会唱

歌，体育老师不会竞技、不会运动，美术老师不会画画，那是多么可怕和难以想象的事。实践证明，下水文式作文指导好处很多：

一是下水文有利于提高语文教师的基本素质；二是写下水文有利于激发学生的作文兴趣，调动作文的积极性，增强师生之间的感情；三是写下水文有利于促进阅读教学，拓展学生的知识面；四是下水文有利于指导作文讲评，能够使教师迅速抓住要害，增强评改的针对性。

从某种角度上来讲，下水文指导打破了以往教师只指导不示例的模式，体现了作文指导的开放性。

三、 下水文式作文指导的操作方法

写下水文，最终的目的在于引导学生、激发学生。所以，教师也必须明确写下水文的要求：要符合语文课程标准和教材对作文的要求，不能脱离学生的接受能力；要反映学生生活，注意发现和选择美好的事物；要有儿童情趣，选材要新，立意要新，构思要新；尽可能用学生的心理、语言和口气去写，这样便于学生把握和模仿。

（一） 写前下水

在写作前下水，可以启发学生弄清作文的目的要求。如，我们在阅读课中学了《乡下人家》这篇课文，要求学生学习作者如何抓住特点生动描写场面的方法，写一篇学生熟悉的生活画面。为了防止学生盲目照搬，写"乡下"的画面，我把去"中国第一雪乡"的所见所感写了一篇散文《雪之悟》读给学生听。

后来，学生写出了《乡下的竹林》《海天一色》等非常出色的文章。

（二） 写中下水

在写作过程中下水，可以帮助学生解决作文中的具体困难，给学生一个样本，激发学生的作文热情与兴趣，能够做到作文有物可写，有材可用。如，一次我上《美丽的校园》作文指导课，发现学生的语言过于空洞，缺乏细节描写，便随即当场下笔成文：

漫步深圳市宝安区坪洲小学校园，处处有俯拾不完的美丽。"让每面墙说话"、"让每处景育人"、"让校园成为无声的诗，立体的画"的美好追求，形成了各楼层各角落独特的多元的"童真童趣、雅致诗意"的文化气息。它体现出现代元素与传统元素的完美结合，彰显着人文与现代自然和谐的"开放式教育"灵魂，诠释了"天人合一"的理想境界。

眼前的石凳、石桌、石棋盘，精致的白色花纹雕栏，丰富的与之呼应的天花图案……这里是校园大堂与楼梯的一隅，这里是孩子们读书学习的另一块天地。它焕发出中国传统石牌的素雅、古朴之美，更是因地制宜的设计小"杰作"，给人一种极其自然的、舒畅的艺术感受。

课间，孩子们三五成群地来到这里，或两军对垒，在楚河与汉界厮杀；

或手捧一本好书细细品读——唐诗宋词开胸襟，诸子百家明礼义；或依栏远望，"正德楼"、"正言楼"映入眼帘，"智慧门"、"幸福桥"美不胜收……青青校园荡漾着流光亮景，曲径通幽书写着雅韵流芳。孩子们永远是这里的小主人，特长在这里展现，国学在这里延伸，文化在这里传承。试想，能让越来越多的孩子怀抱自己的梦想走进校园、走进殿堂，犹如置身于艺术的山野溪涧，翠色葱茏，繁花似锦，飞花流星……那是何等的弥足珍贵？！

（三）写后下水

引导学生突破作文中的难点，正视作文中的问题，进而修改。如，一位教师指导学生完成一篇写人的记叙文，并要求回忆生活中给自己留下深刻印象的人，能在头脑中再现其音容笑貌、言行举止；学习运用动作、语言、外貌等描写方法，写出人物某一方面的特点。之后，教师根据学生写作中出现的问题，自己写了一篇下水文：

忘不了她

正月初八，也是初三刚开学的第一天。花花绿绿的衣裳，呢呢喃喃的话语满教室都是——毕竟辞去了旧岁，迎来了一个崭新的春天，充满稚气的孩子们好像都忘却了刚刚过去的紧张与繁忙。

"老师，我能报名吗？"非常稚嫩的声音！抬头看去，一个很有灵气的小姑娘不知什么时候出现在我面前。"怎么不能？"我不假思索，回答得很是干脆。但是，身旁却是爆发出一阵听不出是何意的笑声。我认真地看了一下这位姑娘，天啦，不由得打了个寒战，好端端的一个姑娘，怎么……两只脚几乎不能走路，身后，是一根光溜的拐杖！不知是同情，还是敬畏，我非常工整地写下了她的名字："小娟"。

"老师，小娟没有完成作业！"

"老师，小娟又迟到了！"

学生的反映接二连三地汇总过来。这怎么行？！我气得跑进教室，蓦地，我惊呆了——瘦瘦的她趴在桌子上，凝神地望着笔尖，而手，却是吃力地握着，一笔一画都非常艰难，半晌，才写下几个歪歪斜斜的字……她竟然连字也写不好！难怪每次交上来的作业很难看——同学们用10分钟能完成的作业，她至少要一个小时！她就是这样学习的。我不敢再想下去，悄悄地退出了教室……

"老师，她不要我们帮忙！"

"她很倔强的……"

她就是这样一个女孩！

"老师,我可不可以报考重点中学?"声音很小,但是,听得出来很坚定。我望着她,既兴奋,又担忧:她,行吗?这又该付出多大的代价!

"老师,再大的困难我也不怕,真的!"眸子里,闪耀着的是自信与固执。她会怕什么呢!她战胜了自己,战胜了同学,月考一次次夺得第一名!但是她的身体?

我无言以对,也想不出什么语言来劝阻和安慰她。之后的日子里,她越来越瘦,越来越瘦……望着这情景,每一位老师都摇头;她的母亲,只是暗暗地流着泪,但是,我们的小娟,却笑着,顽强地笑着……

毕业的那天晚上,月光皎洁,夜色真的很美。我带着孩子们兴奋地坐在草地上,小娟也坐在我的身边,很安静。但是,看得出来,她清秀的面庞绽放着喜悦——她的梦真的成功了!

当然,下水文式作文指导于师于生,确实大有益处,确实是作文教学的一条成功经验。但是,目前在运用下水文上还存在一些问题。有的教师将下水文当范文让学生盲目仿写,结果是严重地束缚学生思维的发展,不但没开放,反而将学生引入"死胡同";有些教师自身作文能力有限,下水文写的、说的都粗制滥造,对学生不仅起不到示范作用,反而在某种程度上影响了学生的作文兴趣和作文能力的提高;还有的自己写不出来,从网络上下载,同样收不到好的效果。

基于这些问题,要求我们教师正确认识下水文的作用和意义,不能图形式开放而开放;此外,写下水文也是教师的一项基本功,我们要广泛阅读,多方涉猎,充实自我,给学生树立一个儒雅型、知识型教师形象,激发学生强烈的求知欲、创作欲。

教学示例一

自己的故事

教学目标:

拟通过读豆豆的漫画故事、听老师讲自己的故事和读老师的故事,使学生学会从身边、从生活中选材,逐步走出作文无话可写的困境。

教学准备:

豆豆的漫画、多媒体课件、教师自己的故事。

教学流程:

一、观看漫画,引起学生童年之趣

导入:同学们,昨天发的几张有关豆豆的漫画,喜欢吗?哪一组给你的印象最深?

小结：虽然是漫画，我们却从豆豆的身上找到了自己童年的影子。

二、分享故事，唤起学生童年印象

1. 同学们，我们相处多长时间啦？你们认为我是一个怎样的人？

2. 出示女儿的作文，学生朗读。

"说起爸爸呀，他小时候可是胆大包天的'孙悟空'，啥事都敢做。比如：拆抽水机，野地里去追兔子，把青蛙送上天，一把火差点烧了爷爷奶奶的家……可现在一穿上溜冰鞋，他就变得胆小如鼠，一动也不敢动了。"

根据这段文字，猜一猜，我小时候可能是一个怎样的人？

3. 教师讲自己的故事。

看了豆豆的故事，想听我的故事吗？教师讲述《冬天里的一把火》（口头下水文）。还想不想听？再讲一个《虚惊一场》（口头下水文）：

星期三第三节课是语文课。我早早地来到教室候课。班上的调皮生陈家辉望着我，露出狡黠的笑。"笑什么，这段时间给班里添的乱还少么！"我一边想，一边轻轻地拍打着他的手。他笑得很腼腆，越来越不好意思。

他索性离开座位，从一个女生抽屉里掏出一个东西，"老师，你猜，里面是什么？"调皮鬼！我没好气地望着他：一个小盒子，是褐色的。

"你能拿出什么好东西？"我瞪了他一眼。

"老师，你猜猜嘛！"他望着我，央求着，嘿嘿直笑。

我提过来，小心翼翼地。看了看，没有什么特别的机关，应该是一只普通的盒子；听了听，没有声响，也应该不会有什么别的东西。我端详了好半天，才轻轻地去揭盒盖。而此时，身边早已围了一大堆同学，静静地望着，谁也没有出声。

慢慢地，慢慢地，拉开了，里面看上去只有一只像蝎子一样的东西。应该是塑料的。我舒了一口气，惬意地笑了。我还怕这个？

"老师，你看！"猛地，我的手被陈家辉拉了一下。一只闪着荧光的蝎子突地从盒子底下蹿出来，硬是黏在了我的手上！痒，毛茸茸的，还有些滑！天啊，平生，我最怕这些毛毛虫什么的！手猛地缩了回来，但是已来不及了，全身，如触电般，冒出了冷汗，身子也不由自主地后退！

还没回过神来，教室里爆发出一阵从未有过的笑！

"老师，假的，假的……"

"哈，老师也怕……"

"吓死我了，吓死我了……"我喘着粗气，明白了，孩子们早都知道，都来逗我！虚惊一场！我终于笑了，和孩子们爽快的笑融合在一起……

笑声，一直飘荡到上课铃响。

最精彩的地方在哪里？用了哪些方法把精彩的地方表现出来的？学生评价，从中感受怎样写具体，写精彩。

开放式作文教学（第二版）

4. 引导学生读文，理解运用。

还想不想听？不说啦，大家看几篇短文吧！下面几个故事写得怎样？（教师备课时提前写的下水文）

癞蛤蟆飞上了天

刚过完春节，手头上有的是鞭炮，特别是几个又大又长的，连大人都不敢放。因为，放在地上，可以炸个箩筐那么大的坑；扔在水塘，溅起的水柱有几层楼高。那声音呀，连我耳聋了几十年的邻居老奶奶都为之一震！

春天，太阳暖暖地照着，癞蛤蟆从洞里爬出来了！平日我最讨厌它了——全身的疙瘩，一见就害怕。

三四个小伙伴玩腻了，傻傻地望着悠闲的蛤蟆。有了！我立刻把鞭炮拿了出来，找了一个脸盆，然后来到田野里。

"干吗？"伙伴们很纳闷。

"你等着瞧。"我一边把鞭炮插在泥土中，一边把盆子盖上，然后将蛤蟆绑在上边，"大家看好啰！一、二……"

等到鞭炮点着了，小伙伴们看清了是怎么回事，一个个吓得捂着耳朵，飞快地撤退……

轰，脸盆飞上了天，像火箭一样，带着蛤蟆一直飞向天空，越来越小，越来越小，大家都吸了一口凉气。"我的妈呀！"

还没等大家回过神来，脸盆从天上落下，"铛"地砸在地上，吓得大家直吐舌头。还没来得及喘气，又是"啪"的一声，蛤蟆就重重地掉在我们的一个小伙伴头上，呜呜，他哭了。

而我，则在一旁笑痛了肚子。

妈妈，我的鼻子也会吃豌豆

望着大人吃得那么香，我还真美慕。捏着光光滑滑的豌豆，突发奇想：别人都是用嘴巴吃豌豆，鼻子就不能吃吗？

我偎依在母亲怀里，将一颗像珍珠般美丽的豆子悄悄地拿向了鼻子。可惜的是，鼻孔竟然小了！——要让鼻子吃豌豆还不是一件容易的事情！我就这么想着，换了一粒。

"你吃这么快？连咬的声音都没有听到呢？"妈妈望了我一眼，感觉有些奇怪。

"呵呵，我会让你们大吃一惊的……妈妈，我的鼻子也会吃豌豆啦……"

"什么？"妈妈大吃一惊，"你不要命啦！快掏出来！"妈妈可急坏了，开会的叔叔们也急了，赶紧停下来，围在我身边。

我一慌，赶紧把小指头伸进去掏。谁知麻烦来了，越往外掏，豆子就越往里面钻，连气也出不了了，我只得张开嘴巴喘气。

"怎么办啊，会憋死的！"大家急得团团转，我也慌了神，张着嘴巴直喘气。

10分钟过去了，20分钟过去了，一个小时过去了……

就这样，我一直张着嘴巴，喘着粗气。突然，我实在忍不住了，"啊嚏"，打了个喷嚏，只听得"叮"的一声，豆子出来了！

整个屋子又充满了笑声，而我，害羞地躲在妈妈身后，还在找那粒豆子。

一分钱一个

家里虽有200多本小图书，但都是从表哥那里借来的。没有一个月，全看完了，有些还反复读了10多遍！

每每趴在书店柜台，望着那些充满诱惑的图书，羡慕得不得了。贵的才两毛钱一本，便宜的也才两三分，可还是太贵了，我一分钱都没有！只得眼睁睁地望着，渴望能够买到一本。

邻居有个有钱人，种了不少的黄麻。冬天，麻浸泡在水里，早已经发臭发黑发烂，让人恶心。加上湖南的冬天冷得出奇，泡在水里撕麻的手没几下就冻僵了。撕完几十根的一捆麻，差不多要花上半个小时，而工钱才1分钱！

大人很少做这种事。但是，我去了，就为了那几分钱！

每天上学前，我撕一个；中午，又去撕一个；放学后，再撕一个。一天能够得到三分钱。我高兴得不得了，虽然手逐渐变得像爸爸妈妈的一样粗糙，而且裂开了血口子，肿得像馒头！

但是，我高兴！就这样，我先后买回了几百本小图书，包括《吴越春秋》《史记》，知道了春秋争霸和司马迁……

三、评说故事，激起学生动笔欲望

几个故事，就是几篇文章。评价一下，有什么启发吗？

事实上，《冬天里的一把火》《虚惊一场》《癞蛤蟆飞上了天》《妈妈，我的鼻子也会吃豌豆》《一分钱一个》都是教师的下水文，有些是备课时所写，有些是课堂即兴所说，它们给学生起到了暗示的作用，即作文是可以从生活的小事中选材的，作文可以从人物的动作、语言、神态等方面去写具体发生的事，可以反映自己的喜怒哀乐，等等。正因为有了这样的暗示和启发，学生的思维被激活，作文欲被强化。所以，已经有同学按捺不住，开始说自己的童年，说自己的往事，乃至最后将时间定格在某一特定的时刻，抒写自己难忘的往事。

教学示例二

童 年 趣 事

教学目标：

1. 通过阅读交流教师下水文，勾起学生回忆，习得写作方法。
2. 激发学生真情实感，写一件"童年趣事"。

教学重难点：

把人物写活，把趣事写生动。

教学流程：

一、教师口头下水文导入

童年是一架纸飞机，无忧无虑；童年是一朵花骨朵，娇艳稚嫩；童年是一张旧照片，回味无穷；童年是一株新发的小草，欣欣向荣。你们是幸福的，正处于这美好的童年。（板书：童年）对我来说，童年还是一桶沉甸甸的水——（师现场口述自己的一件童年傻事）

二、鲜活的人物，生动的趣事

1. 听完老师的故事，你觉得这是一件什么事？（板书：傻）童年的快乐正因为天真无邪，每当想起那些"傻"，都不禁会心一笑。你做过哪些傻事？
2. 一件件傻事让人捧腹大笑，因为有一个个鲜活的"傻孩子"。出示下水文：

如此"妙招"

童年是五彩缤纷的，就像海边漂亮的贝壳；童年是无忧无虑的，就像整天嬉闹的浪娃娃；童年是纯真甜美的，就像山溪中清亮的泉水。说起童年，我不禁想起小时候的一件傻事来——

那年我5岁，非常黏人。爸爸常出差，妈妈工作很忙，总是没时间陪我。一天晚上，妈妈在家里加班，我又缠着她陪我玩，尽管她好说歹说哄我，我还是不依不饶。妈妈实在没辙，一气之下，把自己关在房间里，门一锁就不理我了。我在门外哭着闹着，不管我怎么敲门，妈妈还是不理睬我。我在门外守着，边哭边嚷："妈妈——妈妈！别不理我，我会乖乖的——呜呜！"可是妈妈还是无动于衷。我哭着哭着，突然冒出了一个主意。"这主意一定能让妈妈出来！"我心想。

我走进厕所，打开水龙头，装了满满的一大桶水。5岁的我个头很小，水桶都有我一半高，要提一桶水谈何容易，可是当时不知哪来的力气。我岔开马步，双手抓住把手，一咬牙把水桶提了起来。我摇摇晃晃地走出卫生间，水一直在晃荡，溅得我满身都是，湿透的衣服贴着身体，可我一点都不觉得冷，只觉得浑身发热。水桶被我连拖带拽地提到了妈妈的房门前，只觉得手臂都麻了。我擦擦额上的汗，一手拉着桶沿，一手托着桶底，往门缝一倒，水"哗"一声全都倒出来了，像小河一样流进了房间里——"妈妈，我要把你冲出来，冲出来！"我一边嚷一边倒水，只听见房间里一声尖叫："啊！怎么回事！"房门果然打开了——"哈哈！我成功了！"我心里一阵得意。

妈妈看到如此画面，哭笑不得："天啊，你这是干什么?！"

"你不理我，我要把你冲出来！"

"你这孩子，我要被你气死了！"妈妈虽然嘴上这么说，却忍不住笑了出来。"快！拿拖把过来拖干净，不然揍你！"妈妈拿起衣架吓唬我。

我只能乖乖地拿着比自己还高的拖把，把满地的水拖干。妈妈呢，气也不是，笑也不是，在一边憋红了脸！

3. 这个故事，最精彩的地方在哪里？文章是怎么样把最精彩的地方表现出来的？尝试用上老师的方法再说一说自己的童年傻事。

4. 傻事让人捧腹大笑，乐事让你回味无穷。你的童年有哪些快乐的回忆？（板书：乐）

5. 出示下水文片段：《忆童年·农家乐》。为什么在老家是我童年最快乐的回忆？写了哪几件快乐的事？是怎么把童年的"乐"展现出来的？对比前文，这篇的写法有什么不同？

忆童年·农家乐

忆童年，最快乐的回忆是什么？要数在老家的那一年——

春天，是一朵朵吊钟花。老家的春天，除了那枝头上嫩绿的新叶，我最喜欢的就是路旁的"吊钟花"——实际上，这是我给她取的名字。花儿小小的，紫红色的花瓣像是一个小喇叭，轻声吟唱着春天的到来。这朵看似平常无奇的小花，在我们孩子的眼里，却内藏玄机。等花儿绽放，连着花柄摘下，轻轻地旋动末端的"帽子"，就能抽出一条细细的花心，拿在手上，花就像是吊钟一样。我和几个小伙伴每次经过那条小路，都忍不住摘下一朵拿在手里，一路走一路玩，"吊钟花"摇着晃着，陪伴我们度过美丽的春天。

夏天，是一声声蛙声蝉鸣。没到蝉声大噪，我们就知道夏天来了，便约上几个小伙伴跑到外婆家旁的小荷塘玩耍，那里是我们夏天的乐园。荷叶挨挨挤挤的，像是一张张娃娃的笑脸。荷花虽然不多，但是每有一个花苞绽放，都足以让我们手舞足蹈，开心一整天。夏天雨水多，阴天不能出门见小伙伴的时候，憋在家里难受，突然从池塘传来阵阵蛙声，此起彼伏，这边响，那边和，像是一场自由的演唱会。我总会想："池塘里的青蛙和伙伴玩得多开心啊，天快放晴吧！我也想和小朋友一起玩！"隔天，小伙伴们比平时更加的亲密，哪怕是吵过架的，似乎早已跑到九霄云外，自然和好如初。

6. 读到这里，让你想到自己在老家哪些快乐的回忆？仿照文章的写法，试着续写一段。

7. （出示原文）请学生读。

秋天，是一棵棵野果树。在老家的秋天，我常常与小伙伴们跑入林子里，头戴一顶草帽，在林中寻找着野生果树，找到了，几个男生便爬上树干，把果子一个个地打下，女生就在树下接果子。运气好的时候，还能打上一篮子回家，也不管能吃不能吃，都当作宝贝一样。

冬天，是一层层白雪。南方的雪，轻轻的，薄薄的，铺在地上像轻纱一样，可是一踩就脏，看得我心疼。所以每到下完雪，我都仔仔细细地把鞋子擦干净才出院子。如果下了一夜的雪，屋顶上就堆满了厚厚的积雪，像白云，像棉花，像雪糕，别提多惹人喜欢了！有一次，我带着饭勺和脸盆，偷偷地爬上了一座低矮的煤房屋顶，用饭勺把瓦上的雪一点点地挖出来，小心翼翼地放在脸盆里，一边挖一边想着：可以做雪人咯！没发现屋顶有个窟窿，用厚纸板垫着，我没注意，一脚踩了上去，"扑通！"我整个人从屋顶上掉进了煤房里，新衣服沾满了煤灰，我吓哭了，从煤房出来，一边抹眼泪一边跑回家，整了一个大花脸！

忆童年，数农家最乐。老家的春夏秋冬都给我留下美好的回忆。

三、自拟题目，现场写作

傻事让人捧腹大笑，乐事让人回味无穷，这都是童年趣事。（板书：趣）细细回味，是温暖的，是甜蜜的。把你记忆中值得回味的童年趣事写下来。

第十章
开放的评价

长期以来，作文评价与其他的教育评价一样，作为一种筛选、选拔的工具，更多地体现了它的淘汰功能。教师对学生作文能力的评价，往往关注的是学生成文后的一次性评价，只注重结果评价，忽视了形成性评价；把学生当成评价客体，忽视学生的主体性；其内容也以教师的意志为中心，没有关注学生的真正体验，对学生的作文方法、作文习惯以及情感、态度、价值观等方面不够重视。

由于认识上的错位，直接导致作文的评价与批改定位于教师和作品之间，是一种单向的评改活动。教师精批细改，耗时大，反馈效率低，且不及时；批改内容往往又很抽象概括，没有充分顾及学生的意愿，远离学生的生活真实，使学生难以理解，更难以接受和提高。这样，学生的创造性思维没有得到发展，个性没有得到张扬，学生只能顺应教师的评价和批改，效仿教师的思维。久而久之，学生作文成了千篇一律，没有灵性，没有童真和童趣，缺乏真情实感的"标准件"，学生也处在作文的被动状态之中。长此以往，学生对作文的修改失去了应有的认识和兴趣，认为自己只管写，修改是老师的事。这些问题的存在，反映了教师在作文教学过程中疏忽了对评价这一环节的研究，对作文的评价没有提出严格的要求。

"解铃还须系铃人"，针对上述问题，我们认为，批改作文是作文评价的一个最重要的方面，批改不能仅仅局限于作文文本本身，更要关注文本背后的人——学生。

依据"以人为本"理念以及"主体发展性评价"原理，我们提出开放式作文评价，强调评价主体多元，使学生成为评价的主体。更重要的是改变评改方式，让学生体会成功与快乐，激发学生作文的兴趣，进而享受作文成功的快乐。

第一节 开放评价的基本原则

新课标指出，"对学生的学习评价要以课程目标为依据，并考虑每一个学生的起点，应使过程评价与结果评价、定性评价与定量评价、横向评价与纵向评价、主观评价与客观评价紧密结合"。作文评价是作文教学中的重要环节，直接关系着作文教学的效果。在开放式作文评价中应遵循以下基本原则。

一、及时性原则

及时性原则就是学生完成作文后，在较短时间内对学生的作文做出评价，及时反馈信息。以满足学生的期待，提高作文的效果。

心理学的研究成果表明，期待感会随着时间逐渐淡化。在较短时间内，学生对教师的评价结果十分关注。教师应充分理解学生的求知心理，设法在较短的时间内批改完毕，迅速反馈，使学生对自己的作文能及时总结。如果拖延时间太长，学生淡忘了写作的印象，教师批改、评讲的效果就会比较差，达不到预期的目的。

二、发展性原则

发展性原则要求在作文评价的过程中，要把作文的发展和学生生命的成长相结合，用"将来时"的眼光看待"现在时"的作品。

教师必须用发展的眼光走进儿童的经验世界，体会儿童心理，学会用儿童的眼光来观察、体验生活。对不同学生提出有层次的要求，为每个学生提供机会，让其创造属于自己的成功，体验收获与自信。

充分发挥评价的杠杆作用，充分体现评价的发展性。评价的重心不仅仅关注内容，还要兼顾写作的兴趣、情感、态度、习惯、创造性等；评价的形式可以以书面的方式呈现，如等级、评语、简笔画、特定符号等；可以以动作方式呈现，如竖大拇指、摸头、拍肩、击掌等；可以以象征性物品的方式呈现，如赠送小图片、动物形剪纸、笑脸娃娃等。

三、激励性原则

少年儿童的"情感效应"极为明显。当代学者认为，"情商"甚于"智商"。如何激发学生的写作热情，调动他们的写作积极性是作文教学中亟待解决的问题。在作文评价中，要发挥激励机制的作用。

叶圣陶先生说过，批改不是挑剔，要多鼓励，多指出优点。著名文学家茅盾先生在小学时代有两册三十二篇作文，其间老师的评语对茅盾先生的发展起了很大作用。其中《宋太祖杯酒释兵权论》一篇的评语是："好笔力、好见地，读史有眼、立论有识，小子可造，其竭力用功勉成大器。"在《秦始皇高祖隋文帝论》后，老师大加称赞："目光如炬，笔锐似剑，洋洋千言，宛若水银泻地无孔不入，国文至此亦可高无罪矣。"这样热情洋溢的批语，能不激动人心吗？当然，不可能每个人都能写出好文章。对学困生的作文要采取纵向比较的思维，看到他们的哪怕是一点点的进步，都要给予表扬，力求"为每一个学生的进步而教学"。

四、 启发性原则

启发性原则要求教师不能以讲代思，通过点拨、诱导，启发学生深度思考，挖掘知识潜力，让学生知道怎么写，还要知道为什么这样写，逐步提高学生的作文水平。

在《纸团疑云》的作文教学中，有位教师这样评价学生的作文："面对着这个纸团，如果你是老师，你一定会有许多的想法，对吗？"这样的启发让学生对人物的心理描写茅塞顿开。

启发性的评价，是学生攀登作文高峰的阶梯。只有通过启发，才能够激活学生的作文思维。启发性的批语要诚恳、亲切。多用商量的口吻，使学生乐于接受，喜爱思考，达到完善作文的目的。

五、 多样性原则

作文难，作文评价更难。语文教师工作量最大的莫过于批改作文。怎样寻求作文批改的新路子，减轻教师的负担，这是长期困扰广大语文教师的一个问题。批改多样化，能改变呆板、单一的批改格局，让教师从繁重的批改中解放出来，同时也让学生在批改中受益。多样化可以是精批、略批相结合，指导学生自改和互改相结合，个别批改和集体批改相结合，等等。这样，能突出学生的主体地位，丰富作文批改的模式。

第二节　开放评价的主要特征

反思当前的作文教学，提倡发展性评价，促进学生写作情感、态度、知识、能力、个性等全面发展已刻不容缓。小学生作文发展性评价力图使每一次评价对每一位学生的"现在"和"将来"都有价值，都是这一次作文的延续和下一次作文的起点。

一、 评价是"为发展而评"

语文教师大多为批改作文犯难，虽然是"精批精改"，但效果却不明显。其中很重要的原因是教师忽视了作文背后的人——学生，而总是以成人的视角、思维、情感等作为评判的标准。

开放式作文评价是以发展小学生写作素养为核心，根据现代评价理论，并考虑小学各阶段写作内容和要求以及小学生身心特点，形成的小学生作文评价体系。

（一）尊重学生个体差异

开放式作文评价尊重个体间的差异，承认每个学生的价值，从对每一个个体作文的现状分析中去发掘其潜能，重视学生作文中的个性体验，从而激发学生的作文热情，激励、唤醒学生的智慧潜能，促进学生个性发展。

允许学生"二次作文"，做"二次评价"，力求以立体的评价目标、多元的评价方式，让每位学生感受作文的成功和欢乐，并能在各自的起点上得到个性的充分发展。如，有的学生口头表达能力较强，课堂上发言积极，回答精彩，但在作文时词不达意，按照书面情况给予评价显然会挫伤他们的积极性。不妨多给他们作口头作文的机会，适当提高他们的作文成绩，同时不忘提醒："你说得真好，如果写得也很好，那就更棒了！"个性化的评价与鼓励，点燃了学生的作文热情，促使学生扬长避短，不断进取。

（二）寻找学生作文闪光点

根据学生好表扬的特点，还可以在批阅学生作文时把情感倾注在笔端，努力寻找学生的闪光点，哪怕是一丝一毫，只要有独到之处，进步之处，就写上几句鼓励性的评语，以激发学生自改作文的兴趣。如："这里的内心活动写得好！""现在，你的芭比娃娃好像就在我的眼前。""修改后的文章真是精彩多了，巧手出精品！"……这样的点评费时少，收效却很高，学生从这些评语中品读出老师对他们的爱，怎能不由衷地听老师的话，认真改作文呢！

（三）促进每个学生发展

评价力求面向全体学生，使每一位学生参与评价，促进每一位学生的发展和提高，用发展的眼光看待学生，促其不断地超越自我。

依据小学生身心发展特点，以小学各学段作文目标和要求为核心，确定小学生开放式作文评价的内容为：① 情感与态度；② 知识与能力；③ 作文过程与方法。

小学生作文评价重在"写真话，抒真情，做真人"。在每单元的作文教学过程中，由教师、学生按照具体作文要求和实际情况制定出作文评价标准，考虑到学生的个体差异，可制定分层的评价标准。

开放式作文评价实施纵向比较，通过个体的前后参照评价，发现和挖掘每个学生的潜能，促进其逐级发展。评价活动力求全员参与，自我评价、小组评价、家长评价、教师评价互动，形成网状评价结构，努力体现评价的开放性、民主性、实效性和发展性。

二、 形成动态的评价方式

开放式作文评价既注重写作知识的掌握，写作方法、写作能力的培养，还强调情感体验、写作兴趣和习惯的培养，形成发展的动态评价，使评价过程成为一种学生自我需要内在满足的过程。评价作文不再只给一个分数,而看是否有真情实感,是否在原有基础上有所"悟"。

（一）评价沟通"你我他"

小学生作文的情感与态度评价要通过家长、教师多次观察记录来完成,也要通过学生自我反思来完成,强调关注学生的优点和长处。传统的作文教学,往往忽视了学生这种思想情感产生的过程,学生很少有时间去观察体验,作文的质量便可想而知了。

开放式作文评价使师生之间、生生之间、"自我"之间、学生与家长之间、师生与各种教育载体之间能够进行对话,形成互动,使师生之间的"平等对话"变为现实,写作成为学生精神生活的一部分。长此以往,学生学会沟通,学会接纳,学会辨别,学会汲取,学会进取,学生的思维和人格都会得到发展。

（二）评价打破束缚

作文的过程是学生将自己的思想、情感"外化"表达的过程。开放式作文评价去掉了束缚学生作文的许多框框,学生用自己的语言描述自己生活中的事情,表达真情实感,极大地激发了学生的作文兴趣。

我们引导学生随时注意观察周围的人和物,学会从生活中选取作文材料,捕捉生活中有趣的、印象深刻的或者新奇的人、事、物、景,提供学生交流所听、所见、所思、所感的时空,对积极地通过观察、调查、体验等获得真实材料的学生给予好的评价。如,对学生的日记批改采用星级评价后,极大地激发了学生的作文兴趣和欲望,许多学生把写日记当作是一件乐事。

（三）突出评价过程性

在作文教学实践中,教师突出过程性评价,收到了较好的效果。

我们的具体做法是:先根据学生的作文打一个基本分,同时提出改进意见,让学生根据评语来修改自己的作文;教师根据学生修改的情况及学生在修改过程中表现出来的态度、情感等,再进行加分;然后,引导学生把修改后有明显进步的作文作为修改的范例。

教学中,让学生每人自己设计评价表,注意积累自己的奖项。如鼓励学生积累材料"生活百事通"、"放大镜"和"小记者"评选,激发学生写作兴趣的"趣文奖"、"妙语奖"、"进步奖"、"想象奖"和"成果展示台",等等。学生每次得奖后,都会及时记在评价表上,同学之间互相展示,互相促进,使学生在老师、同学、家长及自我肯定中激发作文动机。

第三节　开放评价的操作量规

学生的作文能力是其语文综合能力的最终反映,如何评价学生作文,正确评价学生作文，一直是每一个语文教育工作者研究与实践的热点与难点问题。近年来，不少同仁尝试运用新课程标准，提出了各种各样的作文评价方法，提供了作文评价的新思路。我们紧紧围绕"开放"二字，探索行之有效的开放的作文评价量规。

开放的作文评价活动有利于学生交流思想、互相帮助、互相启发、积极发表意见，形成切磋争论的良性氛围；有利于学生开阔视野，扩展思路，提高分析能力和鉴赏能力，提高作文评价的效率；有利于学生团结合作，乐于合群的良好的心理品质的形成，可谓是"一石三鸟"。

学生的作文兴趣越来越浓厚，作文自信心不断增强，作文水平也有质的飞跃。

一、 评价主体的开放

对于作文评改，叶圣陶先生曾说，要责令探索，彼必将用心而得之矣。意思是说，学生自己写了作文，还要引导学生自己用心评改才会有所得。传统的作文讲评是"教师导—学生练—教师批—学生改"，口耳授受，不难看出，在此模式下，教师把学生视为灌输知识的容器。

作文的评价主体（读者）还是语文教师。学生已习惯于唯一的读者——教师给出的评价，大多数学生对自己的作文并没抱有很高的期望。这对培养学生的写作能力实际并无多大裨益。

"年年岁岁花相似"，写作的那股新鲜劲儿、那份热情就在这平平淡淡的单一评价中逐渐地销蚀殆尽。事实上，作文讲评不应成为教师的"一言堂"。将评价主体（读者）开放，作文教学所收获的绝非只是评价活动本身。

教学示例

去年，班委发起了一次在母亲节"感谢母亲"的活动（也是一次作文训练）。活动内容是让每个学生给自己的母亲写一封信，并在母亲节的前一天晚上，将信悄悄地放在母亲的枕头上，让母亲读完之后写几句感想。有一位母亲是这样写的："谢谢你，孩子，你长大了，在我看来，你写给我的信是世上最美的文章！"还有一位母亲说："从你这封信里，我感受到世上最美的情愫：感恩之心。孩子，妈妈永远爱你！"

评价主体由教师转变为家长，效果显而易见。

对于评价主体（读者）的开放，我们可以从自我评价、互相评价、小组评价、集体评价、家长评价等方面入手。

（一）自我评价

叶圣陶先生曾说过，修改作文的权利首先应属于本人。教师有责任为学生构建一个能够尽情交流沟通、学习借鉴、体验成功、分享喜悦的和谐平台，让每个学生都有展示作文、展现自我的机会。教师应引导学生运用诵读法、推敲法，边读边思，进行增、删、换、改，并在文后写下"我最欣赏自己……我还有待改进……"

在这个过程中，教师应站在儿童的立场，用商量和欣赏的口吻提出自己的见解和感受，和孩子们共同修改文章，同时授予学生一定的作文方法和技巧，指导学生学会修改、学会评价，学会用自己的见解和独特的眼光去看待每一种事物。

教学示例

母亲节的礼物（初稿）
陈　战

今天就是母亲节了，这是属于妈妈的节日。我开始在想，我能为妈妈做点什么？对了，妈妈每天为了我们的衣食住行，真的很辛苦！为了表达对妈妈的爱，我决定为妈妈洗脚。

"妈妈，让我来为你洗洗脚吧。"我说，"今天是您的节日呢。"妈妈不说话，但我却看见了她脸上挂着的高兴。

摸着妈妈那满是硬茧的双脚，我才真正体会到妈妈的辛劳。

为妈妈洗脚，看得出，妈妈是幸福的。

自我评价：

我觉得这篇作文开头太直接了，好像给妈妈洗脚是母亲节的一个任务一样，有点不好。

看了小作者的自我评价，教师推荐孩子看中央电视台的一个公益广告，让孩子联系这个广告，再写了一次，改后稿如下。

母亲节的礼物（改后稿）
陈　战

"妈，烫烫脚对您的腿有好处。"

"忙了一天啦，歇一会儿吧！"

"不累。"

老人的脸上荡漾着幸福的微笑。这一切被躲在墙角的小男孩看见了，扭头便跑了……

"妈妈，洗脚。"小男孩也摇摇晃晃地端着一盆水朝他的妈妈走来。清脆的风铃声里飘出"父母是孩子最好的老师"。

多好的一个广告！每看一次，我都要感动一回：爱，需要从自我做起。

今天就是母亲节了，这是属于妈妈的节日。于是，联想起了那个广告，我开始在想，我能为妈妈做点什么？对了，妈妈每天为了我们的衣食住行，真的很辛苦！为了表达对妈妈的爱，我也决定为妈妈洗脚。

"妈妈，让我来为您洗洗脚吧。"我说，"今天是您的节日呢。"妈妈不说话，但我却看见了她脸上挂着的高兴。

摸着妈妈那满是硬茧的双脚，我才真正体会到妈妈的辛劳。

为妈妈洗脚，看得出，妈妈是幸福的。

这个母亲节，我把幸福当成了礼物送给了我的妈妈。

（二）互相评价

学生有了自评自改的基础，教师还应引导学生互评互改。作文写好后，要发动全班同学都来参加讲评。这样的互动除了能使学生了解同学的作文态度、作文习惯、作文水平之外，还能使讲评者把握作文的优缺点，激发自身的学习动机，促使参评者主动了解他人的作文特点、作文习惯，扬长避短。于同学，于自己，都是一个互动的参与过程、学习过程和提升过程。

学生间相互评价作文是一项脑力劳动。对别人的作文进行评价，需要开动脑筋，发挥自己的聪明才智，是一项创造性的劳动。如何让尚在学习写作起始阶段的学生学会评价自己及他人的作文呢？学生的评价能力又从何而来？应该说，这是一个由浅入深、循序渐进的过程，当然更多的是需要教师的指导。

为了让学生的评价有所归依，教师应依据新课标有关作文方面的要求，设计制作适合学生年龄特点、便于操作的作文互评表格。这份表格紧紧扣住新课标中的三个维度的要求，分列作文资源、作文条序、作文内容、作文态度、语言表达等评价项目。每个评价项目又分为三个不同的等级，分别是好、较好、一般。

作文评价课上，教师选取几篇典型的学生作文，引导学生按评价表上的细则进行评价：先让作者读文，其他人听后对照作文要求谈谈看法，说说作文的优缺点，要求学生说真话、实话、心里话，不说假话、空话、套话。如针对作文中的优点，可以这样评："我觉得这个句子写得好，因为……这个词用得好……我喜欢这样写……"对于作文中的不足，开展"小小诊所"活动，把作文中出现的与作文要求不符合之处当作病例，把我们修改活动当成一次诊治，对出现的问题开出相应的处方，能动"手术"的地方就立即动"手术"。可以这样评："我认为此处可以改成……"或"建议此处换成……"也可以说"如果这样写是不是更能表达……"而这些指导其实就渗透在平时阅读的语文基本技能的训练中。

一个阶段后，就可以把这样的集体评价改成"四人小组"（根据学生作文水平的不同进行分组）讨论或修改，提出自己的修改意见。同时，为了让学生不觉得每一次的互评是一种枯燥机械的活动，我们想方设法创设课堂情境，把每次作文的目的和要求变成有趣的东西让学生去对照，把作文评价的原则、要求、重点和具体做法通过生动有趣的活动向学生交代明白。

这样，既为学生运用语言创设了实践的机会，同时也能促其发挥本身智能，进行创造性的工作，对其创造能力的培养也提供了可创性的舞台。使学生能从成功中总结经验，从挫折中收获教训，从而促进学生作文水平与作文能力的健康发展。

教学示例

在"一次意外引发的……"作文讲评课上，学生分组互读互评。第一组龚祖同学的作文，受到同组同学的一致好评。该作文是学生借助自己收集的资料，谈自己的生活感悟，行文有理、有情、有感，亦有合理的想象。她的作文区别于别的同学的地方在于：大篇幅介绍资料，三言两语说感受，让人耳目一新。同时也让小组同学感受到："作文还能这样写啊！"在个案点评时，同学们抓住了以下几方面进行评析：人物动作描写突出了情况的紧急，小作者的所见、所闻、所感突出了场面的混乱。这样一评，小作者和其他同学都明确了场面描写不仅可以描写当时的环境，还可以抓住场面当中人物的动作、语言、内心活动来突出场面的特点。

（三）小组评价

经过前几个模式指导训练后，学生对作文的辨别能力有了较高的评价意识。这时，教师可以把评改权移交给大部分学生。让全体学生一起参与评价作文，做到人人参与评价，个个分享劳动成果。

1. 拟定小组，互改互评

学生作文交上来后，教师稍作浏览，就可以将学生分组了。每个组由写作能力分别为上、中、下三种不同程度的学生组成，并相对固定。每个成员轮流担任组长。教师给每位学生随意发下一本作文本和一张作文评价表。评改时，各小组内首先拿到作文者为第一评改人，第一评改人对自己拿到的第一篇作文负全责。第一评改人批完后交第二评改人，以此类推，每篇作文由组内成员轮流批阅一遍，并按要求填写作文评价表（内容包括卷面、字数、条理、内容、语言、审题、标点、修辞、错别字、语病等分项得分栏，综合得分等）。

2. 评价者与作文者交流

评价人在基本上掌握了写作要求及评改情况后，对如何写评语也有了感性认识。然后依据评价标准，给自己负责的文章写出评语，并参照评价表上的评分标准，得出该文的分数，再给作文写出评改意见。上述环节结束后，将自己批阅的作文本连同作文评价表返还给作者本人。作者认真阅读评改记录表及评语，写出后记，总结文章得失。也可针对评语提出自己的不同意见，与评改者进行讨论、交流，此为"反馈交流阶段"。如在交流过程中双方意见分歧较大，可向教师提出申诉，教师可对作文的优缺点进行点评，为"申诉阶段"。教师如果发现该问题是学生作文中的普遍问题时，可对该问题作文进行全班讲解。

3. 总结作文及评价情况

反馈交流结束后，由科代表将作文及作文评价表收交教师。教师仔细审阅后，整理出这次写作及评改的情况，总结经验，肯定成绩，指出存在的问题及改进办法，以供下次写作及评改时借鉴。同时结合优秀评语，再次对评语写作进行指导。

这里需要注意以下几点：①学生互批过程中，教师应巡回辅导，一方面帮助学生解决评改过程中遇到的各种疑难问题，指导批阅和拟写评语；另一方面随时发现并订正学生评改中出现的问题。对于典型问题，引导学生展开讨论。②互批结束后，由教师对一些争论较为激烈的文章进行点评，再让下面的同学议论评语及教师的点评是否恰当、中肯，得分是否合理。③教师点评应对评价文章及评改意见的主要优缺点进行评议，不必面面俱到。需要强调的是，评语要有诱导性、启发性，措辞要委婉且富有激励性，绝不可恶语伤人或一棍子把人打死，以免挫伤学生的积极性。互批互改时，教师还要给学生介绍批语常用的两种形式（眉批和总批）以及应注意的问题。至于文中的错别字、不恰当的词语以及语言不通的句子，可用相应的符号标出来，让学生自己去改。

在此模式中，教师引导学生批改，使学生在选材立意、结构安排、语言技巧等方面进行了深入分析，说出其褒贬，让学生明确作文中的某个问题，增强对作文的鉴别能力，提高作文水平。

（四）集体评价

集体评改是教师组织全班学生一起参与评价批改的一种方式。这种方式目标清楚、要求明确。集体评改应在教师的指导下，共同商讨，相互切磋，充分调动学生评改积极性。这种评改方式的具体操作步骤如下。

1. 选择范文

选择问题作文，即班级本次作文中较突出的带共性毛病的作文或当前作文教学中要重点解决的问题。如"童年趣事"训练中对"趣"的理解偏差，"……给我的启示"一类的作文结构出现千人一面现象（先叙事件，结尾议论点题）等。范文选好后，教师再设计好评改要求细则。

2. 展示评改

教师通过多媒体出示要修改的范文（也可印刷文稿）及评改的问题要

求，学生看要求，读范文，思考、探究、商讨。

3. 点评总结

教师引导学生辩解争论，学生是评价修改的主人，教师适时辅以诱导、点拨，并形成定论。最后教师进行总结，有理的就肯定，有亮点的就表扬。

（五）家长评价

家长评价也是我们常用的评价方法。家长对评价自己孩子的作文很有兴趣。如果家长能够慢慢地、客观公正地评价自己孩子的作文，有助于孩子树立学习的信心。每一篇作文有同学、家长、老师多人的评语及签名，那将是一份精神大餐，将是思想的交流与汇集，对于学生则是一笔很好的精神财富。

家长应该积极主动地参与对自己孩子作文的评价，指出优点和不足，提出希望。即使有些家长不能在写作技巧上给予学生多大的帮助，评价本身也能促进家长与孩子间的沟通，使家校教育协调统一。

这些不同形式的评价方式，目的是相同的，即活跃课堂气氛，提高学生积极性，培养其对作文的兴趣。当学生站在同学面前朗读自己的成功之作、陈述自己的独到见解时，其喜悦的心情是可以想象的。师生、家长合作讲评使学生成为讲评的主人，会令学生深受鼓舞，而且大家评议的过程，是互相启发、互相学习的过程，有利于提高他们的认识能力和表达能力。同时，也有利于学生学会实事求是地评价自我与他人，学会正确地对待自己与他人的优缺点。

教学示例

一位教师新接了一个四年级班的语文教学任务，为了增强学生语文的兴趣，在班里创办了一份班刊——《雏鹰展翅》，定期在班刊上刊登学生的优秀作文。没多久，学生的写作积极性就被调动起来了。一次，在编排新一期《雏鹰展翅》的初稿时，教师突然心血来潮，就在刊物上开辟了一个栏目，对比较关心孩子学作文、学日记的一部分家长表示感谢。没想到，时隔不久，那些家长竟陆续找教师交谈，言语间流露出想给孩子的学习助一臂之力却苦于无计可施的苦恼。事后，教师就一直在思考这个问题，并向语文组的同人求教。经过努力，我们一起研制了这样一份"亲子园"活动答卷。

亲子园

检验你对爸爸妈妈的爱

爸爸妈妈那么关心我们，可我们是否关心他们呢？请任意选择（爸爸的手、妈妈的手）为题目，写一篇文章。最后由爸爸或妈妈评改，如果他们说写得真实、感人，说明你已经学会关心爸爸、妈妈了。

爸爸或妈妈的评改：

这篇作文写得_____。

自己的话：我是一个（_____）的孩子。

爸爸妈妈的话：_____。

听听看，爸爸妈妈究竟说些什么。

写作兴趣：

（1）我的孩子在家写作文，_____。

A. 很自觉完成；B. 有时要我们监督；C. 经常要我们监督。

（2）平时孩子和我们在一起，_____。

A. 经常谈到学校里学习写作的事；B. 有时会谈学习写作的事；C. 不谈学习写作的事。

写作态度：

（1）在家里，我们看见孩子写文章，_____。

A. 总是专心致志；B. 有时会开小差；C. 翻来翻去，就不安静。

（2）我的孩子写作中碰到困难，会_____。

A. 主动向我们请教；B. 喜欢查字典翻书；C. 胡乱应付。

写作交流：

（1）我的孩子写好作文主动念给我们听的次数_____。

A. 相当多；B. 不是很多；C. 没有。

（2）当我要看孩子的作文时，他表现得_____。

A. 很愿意；B. 不太愿意；C. 不愿意。

写作积累：

（1）平时，孩子主动向我们提出请求买书的次数。

A. 很多；B. 不太多；C. 很少。

（2）平时，我们看见孩子在家里_____。

A. 经常看书；B. 有时看书；C. 不太看书。

给你提个醒：

对于孩子学习写作，我对他（她）感到_____。

希望今后孩子能_____

_____

_____。

随后，我将答卷发给全班学生每人一份，并一再叮嘱他们要按要求和爸爸妈妈一起完成。三天后，学生交回答卷，结果让我大为震惊。因为家长对待活动的认真态度令我肃然起敬，同时学生在作文中流露出的真情也让我深深感动。想不到我的一个小小创新之举竟让孩子与家长如此专注，竟能洋溢出如此深厚的亲情。

我们将部分答卷选编如下。

答卷一
姓名（叶紫）　作文能力（中等偏下）

爸 爸 的 手

我的爸爸是一位木匠，他今年四十二岁，背有点驼了。我最难忘爸爸那双手。爸爸的手很大，很有力气，可是上面有很多的伤疤，而且手掌上的茧子很厚、很厚，打起人来特别痛。我现在想到爸爸的手落在屁股上的感觉，还禁不住发抖。

可是我却仍旧很喜欢爸爸的这双手，因为它们很巧。有一次，学校里举行小制作比赛，我想好了做一个可升降的篮球架模型。但是，我不知道该从哪里先开始动手。那一天爸爸工作很晚才回来，自己很累了。可他了解了我的困难，就毫不犹豫地帮我一块解决难题。我们父子俩一会儿锯板，一会儿钉架，我看到爸爸敲铁锤几次差点砸到自己手上，就叫他先睡，可他反倒要我先去睡。最后，我们忙到子夜一点才大功告成。

后来，老师选上了我的小制作，还鼓励我再加工。于是，爸爸又和我一起多次修改小制作，直到它获得县二等奖。我真是太高兴了，当然我更高兴的是爸爸有一双灵巧的手和一颗爱我的心。

爸爸妈妈的评改：

这篇作文写得真是太好了，我自己都忘了这件事，想不到孩子还记得那么清楚。我真的太高兴了，因为孩子长大了。我要感谢你们老师，真是非常感谢。

自己的话：

我是一个贪玩又调皮的孩子。

给你提个醒：

对于孩子学习写作，我对他（她）感到有一些对不起，平时没怎么关心、帮助。以后要多多关心他、鼓励他。希望今后孩子能认真学习，听老师的话，多学知识，希望老师多多管教，谢谢。

开放式作文教学（第二版）

答卷二

姓名（王俐）　作文能力（上）

妈妈的手（节选结尾）

……

我知道在今后的人生路上，妈妈的手还会像阳光一样，给我关怀和温暖，还会像翅膀一样，给我腾飞的力量，它是我幸福的源泉、成长的动力。

爸爸妈妈的评改：

这篇作文写得十分有感情，孩子长大了，懂得了做父母的艰难，我们很欣慰，也很感动，不过，有关妈妈织毛衣的事例要真实些。比如妈妈是分好几个夜晚完成的，并不是一个晚上加班就大功告成的。希望老师多开展这种活动，我们家长感谢这样的好老师。

自己的话：

我是一个有志气、爱学习但还有些顽皮的孩子。

在回收的全部62份答卷（回收率达100%）中，所有家长都不约而同地肯定并支持这项活动，还有约20位家长对孩子的作文提出了一些修改意见，其中很多意见非常有价值。而且，学生也都写出了对父母的感恩之情。总的说来成效有以下几点：

一、实现了多元评价

先前家长即使有心想对孩子作文做些指导，也没有合适的方法，所以评价总会落空。如今采用了"亲子园"评价活动，家长不仅可以和孩子一起参与到作文活动中，还可以针对孩子的作文内容与自己熟悉的经历进行比较，从而提出不少有实效的修改意见，真正体现家长评价的价值。

二、搭建了亲情热线

这项活动不仅吸引家长越来越积极地参与到作文评价中来，更贴紧了孩子与父母的亲情距离。借用一位父亲的话说："以前看孩子对我们不理不睬，好像没父母似的。现在才知道，其实他心里也一直关心着我们，今后一定要多和孩子聊聊、说说。"同时也让学生真切地看到了写作文的实际价值，萌发了自觉写作的意识，同样引学生的原话——"想不到，一篇作文竟让爸爸妈妈如此感动，他们现在对我可亲了，像对待大人朋友似的，凡事都会和我商量了。以后，我要多写作文，多和人沟通，肯定对自己有更大帮助。"——孩子的感慨多深！

一次小小的活动在班内掀起了一个大大的波澜，也给了我深深的触动。教育的真谛是什么？是"为了每一位学生的发展"。为实现这个目标，我们有责任为学生营造和谐、健康的学习环境，为他们提供积极向上的人生奋斗方向。正因为上面的活动与教育的真谛不谋而合，所以会产生如此大的反响。

三、兼听则明，重在育人

不同的评价者提供多样的评价信息。对于教学组织者而言，信息越多，我们就越能从中遴选出有价值的要素，更好地改进自己的教学工作。家长提供的信息非常真实地反映了许多孩子在作文态度、习惯方面还不为我们所知的情况，这对我们的教育教学策略的调整确实能起到相当可贵的参考作用。

新课程改革提倡评价功能要向重激励、促发展转变。在上述的评价改革中，学生无疑受到了一次非常深刻的亲情教育，这对他们来说，等于在人生的道德成长旅途上经受了一次洗礼，使他们对做人的责任、做人的意义有了更深的理解。这难道不是对促进学生和谐发展做出的最生动的诠释吗？

二、 评价符号的开放

传统的作文评价符号比较单调，一般是在好词佳句下加圆圈或波浪线，最后用一两句话写上总评，打上等级。作文本发下后，学生首先看等级，然后欣赏一下被教师圈画出来的词句，最后看总评。学生会为得到一个优秀星而欣喜，会为本子上圈画的词句而自豪，但这大多是作文优等生的待遇，一般学生可能很少感受到。因此，开放的作文评价符号注重多样化。

（一）形象符号

从学生的天性看，他们喜欢追求新奇，只有常变常新的东西才更能吸引他们的注意，激励他们不懈努力。所以，教师应尝试丰富多彩的评价符号，给不同层次的学生以鼓励。

比如，对写得出色的作文奖励一个大苹果，或画上一只跷起的大拇指；对有进步的作文画一粒糖果；对有待努力的作文画上一只小白兔，加上一句"加油啊！"等等。这样，既体现评价符号的人性化、个性化，更能符合小学生的情感需求。

（二）等级符号

"没有调查就没有发言权"，等级符号是在调查的基础上确立的。教师只有在掌握学生写作情况的第一手资料后，才能在教学中有针对性地区别对待。

对学生的调查摸底可采用作文考试和平时作文观察相结合的方法。作文考试即当堂布置一篇作文，要求学生在规定时间内完成，以考察其作文水平。平时作文观察即通过平日布置的 2—3 篇作文来摸清学生的作文能力。考试作文是学生真实能力的反映，但缺少灵活性；平日作文准备充分，却略显零散或有模仿之嫌，故两法齐用，双管齐下，才会相得益彰。

摸清学生的作文水平后，就可实施区别教学的第一步——分层。将学生的作文状况分为优良、中等、偏低，相应地确定 A、B、C 三个不同层次。

每次作文时因人而异，进行分层评价，以鼓励、赞赏为主，激发学生作文的兴趣和欲望。

A级学生要求文章有真情实感，有对自然、社会、人生独特的感受，中心突出，条理清晰，文句流畅，表现手法灵活，没有错别字，书写端正；

B级学生要求文章感情真挚，中心突出，条理清晰，文句通顺，没有错别字，书写端正；

C级学生要求文章具有较明确的中心，分段清晰，文句力求通顺，不写错别字，书写端正。

A级学生得"中"及以下，累计多次要降为B级；B级学生得"优"或"优下"多次后可以升为A级，得"中"及以下，累计多次要降为C级；其他级学生以此类推。

（三）分层符号

每一个级别又分成几个小级别，如"优"、"良"、"中"、"下"。每次作文之后，教师根据实际分层评价，然后登记在册。

分层评价的意义在于：第一，针对写作能力不同的学生提出不同的要求，有利于全体学生作文水平的提高；第二，让不同层次的学生得到不同程度的提高，使写作水平高的学生力求更高，不至于故步自封；写作水平较差的学生体验到成功的快乐，不至于妄自菲薄、丧失信心；第三，避免以统一的标准分高低的弊端，减轻学生的心理负担。

三、 评价方式的开放

（一）口头评价

口头评价是教师和学生面对面以口语的形式进行交流、探讨并做出评价的方法。它又可以细分为集体口头评价和个别口头评价。

集体口头评价是指在作文评价中，教师把所有学生作文中最具典型性的作文作为案例和全体学生进行交流、探讨和评价的过程。在这一过程中，教师可以就典型作文的优点与学生共同欣赏、对学生进行激励，也可以把不足之处找出来与大家斟酌商议。集体性评价有利于引导学生深入理解与把握作文目的，有利于学生避免一些常见错误，并吸收一些已经被全体同学充分肯定了的作文心得和技法。

个别口头评价是指教师针对一些认知、智力、情感、个性等方面较为特殊的学生的作文进行个别交流与评价。在这个评价的过程中，教师的主要任务是通过心理的疏导、思想的引导、技法的指导等手段激起学生自发写好作文的内在情感，使其想写作文、爱写作文，化解对作文的"恐惧"，在此过程中，教师可以突破作文本身，影响学生的道德形成和行为养成。个别评价有助于使一些特殊学生个体形成对作文的良好态度与情感，有助于促进学生心理技能的发展与完善。

教学示例

班上有一名男生母亲病故，这对一个孩子的打击太大了，他情绪低落，不能专心读书。在一次作文《我的妈妈》中，他写到了妈妈生前对他的爱，字里行间表达出对妈妈怀念的感情，写得真实感人。我看完作文，仿佛看透了他的心思，我用这样的评语同他交谈："人生的道路是漫长的，谁也避免不了受到挫折。妈妈的去世，令你悲痛，老师理解你的心情。但你要面对事实，坚强地面对生活，走自己的人生之路。另外，你不要因失去母爱而孤独，振作起来吧，因为你身边有许多关心你的同学，有爱护你的老师，你一定会得到集体的温暖，顺利地完成学习任务！"老师的一番评语，帮助他从郁闷中解放出来，努力读书，取得了好的成绩。

（二）书面评价

书面评价是作文评价者对被评价者的单向性活动，它是以书面文字或其他符号形式对被评价者作文的整个动态过程和所得结果进行的综合评价。

书面评价的单向性特点，决定了它必须遵守两个原则：一是综合性；二是预见性。

综合性首先指完整性。书面评价一般都是终结性的语言，所以对学生作文的整个动态过程和作文文本的各个方面要有充分的认识，并分别做出评价，指明优缺点和努力方向，不能顾此失彼，有失完整。其次指概括性，即书面评语要求文字表达上的精确与简练。

预见性体现了作文评价的教育功能和人文关怀。它要求评价者（主要是教师）在进行书面的终结性评价时，要充分考虑到学生个体的特点，对不同的个体要有不同评价语言的引导。其目的在于引导学生对作文形成正确的认识和积极的态度。

（三）网络评价

充分发挥现代教育技术在作文评改教学中的作用，倡导网络化作文评改。利用校园网络开辟出学生作文专栏，并建立起课题博客、教研博客、班级博客，将学生引至论坛，为学生提供展示、交流、评价的舞台。学生可以在网站上和博客中了解其他同学的作文情况，拓展自己作文的视野，吸收同学作文之长处。也可以从中选取自己感兴趣的作文提出自己的评改意见，这些意见可以是就全篇的，也可以是就某一段话或某一句话的。

当然，作者也可以即时进行回应；教师（包括其他教师）也可以参与作文评改的讨论，并适时做出指导。同时，教师还可以把收集到的与本次作文相关的资料提供给学生作为参考，例如同样话题的名家作品、作家修改文章的例子等。

学生、教师在网上是平等互动的民主关系，共同探讨、交流的关系。在这种虚拟的网络环境中发表自己的看法，学生感觉无拘无束，因而更能畅所欲言，视角新颖、见解独特的评改意见会时时涌现，这必然会更加激发学生参与作文评改的兴趣、热情，培养学生的创新精神和实践能力。

借助网络的开放性，这种交流完全可以突破时空的局限，让更多的人参与进去，他们可以是本校其他年级的教师、学生，也可以是外校的教师、学生，甚至可以是外国的教师、学生。

四、 评价语言的开放

教师运用批语对学生作文进行导向、激励、调控，是帮助学生提高作文水平的有效手段。批语，如旁批点评、尾批总评并不是什么新奇的评价方法，但历久弥新，沿用至今，这类评价语言的确起着点拨启发、指点迷津的作用。开放的评价语言应以发展性的眼光审度学生作文，使评价与指导相结合，取精华，扬长处，因材施评。

（一） 巩固式评语

巩固式评语针对学生作文内容单调、取材范围狭窄的情况，鼓励学生广泛收集资料，以丰富作文内容，达到巩固作文的目的。

学生作文

克隆（初稿）
李 济

地球上人口迅猛增长，人们滥用化学物品，随意浪费自然资源，毫无节制地毁坏生态环境。N年后，地球的生态环境已变得一发不可收拾，地球面目全非。如果再不及时采取措施，人类就会面临着灭亡的危险，到时候恐怕就来不及了。

N年后，我成了一位鼎鼎有名的科学家。此时我正匆匆忙忙地赶去星际学院商议星球大事。我坐上时空穿梭仪，一眨眼来到了星际学院。这里来了许多科学家，他们来自银河上的"五湖四海"，都是星际中家喻户晓的著名人士，此时大家正在激烈地探讨着。一位来自S星球的科学家说："不如从别的星球找些能源来吧！"刚说完，就有人提出："去哪找？地球所需要的能源很多，一时间上哪找那么多能源去？"又有人说："不如移居到其他星球去！"马上就有人反驳："附近能移居星球的都已被移居了；其余的距离太远，时间有限，恐怕不太现实。"突然，我脑子转了个弯，跨过门槛，对大家说："不如克隆一个地球吧！"在座的都震惊了！"对啊，克隆地球！"大家都一致认同。于是，我接着说："那还得请大家帮帮忙呢！"大家异口同声地说："别客气，都是大家的家园，帮个忙不足挂齿。"于是再三商量后，决定了方案。

经过一段时间，终于克隆成了地球。

消息传开了，激动人心，全球人们一起欢跃起来，人们陆续迁移到克隆的地球上去了，开始了全新的生活。呀，这里美极了：天空湛蓝深远，空气清新，令人神清气爽，陆地上到处都是绿洲，充满生机；海洋的水这般清澈，这般湛蓝，成了鱼儿们的乐园；岛屿上还栖息着各种各样的鸟儿，陆地上到处都是各式各样动物的踪迹。一切都并不陌生。的确，这确实是地球的真实写照，那样亲切，那样熟悉。人类似乎领悟到了什么。从此以后，他们勤恳地开创自己的家园，忠诚地保护自己的家园。

教师评价

瞧，这个克隆的地球，天蓝地绿，一派生机。但是，这个可爱的地球，你是怎么克隆出来的呢？查查资料，看看克隆需要做哪些工作。

学生作文

克隆（改后稿）

李 济

地球上人口迅猛增长，加之人们滥用化学物品，随意浪费自然资源，毫无节制地毁坏生态环境，N 年后，地球的生态环境已变得一发不可收拾，地球面目全非。如果再不及时采取措施，人类就会面临着灭亡的危险，到时候恐怕就来不及了。

N 年后，我成了一位鼎鼎有名的科学家。此时我正匆匆忙忙地赶去星际学院商议星球大事。我坐上时空穿梭仪，一眨眼来到了星际学院。这里来了许多科学家，他们来自银河上的"五湖四海"，都是星际中家喻户晓的著名人士，此时大家正在激烈地探讨着。一位来自 S 星球的科学家说："不如从别的星球找些能源来吧！"刚说完，就有人提出："去哪找？地球所需要的能源很多，一时上哪找那么多能源去？"又有人说："不如移居到其他星球去！"马上就有人反驳："附近能移居星球的都已被移居了；其余的距离太远，时间有限，恐怕不太现实。"突然，我脑子转了个弯，跨过门槛，对大家说："不如克隆一个地球吧！"在座的都震惊了！"对啊，克隆地球！"大家都一致认同。于是，我接着说："那还得请大家帮帮忙呢！"大家异口同声地说："别客气，都是大家的家园，帮个忙不足挂齿。"于是再三商量后，决定了方案。

我们把地球上的各种细胞都收集起来，再存入人体基因繁殖器里，放入克隆所需的材料，精心设计后，就开始克隆地球了：先是克隆地球上的各种动物、植物、微生物，以及制作出人类生存所需要的各种环境条件，包括生活环境、生产条件、生活的必需品，等等。经过一段时间，终于克隆成了地球。

消息传开了，激动人心。全球人们一起欢跃起来，人们陆续迁移到克隆的地球上去了，开始了全新的生活。呀，这里美极了：天空湛蓝深远，空气清新，令人神清气爽，陆地上到处都是绿洲，充满生机；海洋的水这般清澈，这般湛蓝，成了鱼儿们的乐园；岛屿上还栖息着各种各样的鸟儿，陆地上到处都是各式各样动物的踪迹。一切都并不陌生。的确，这确实是地球的真实写照，那样亲切，那样熟悉。人类似乎领悟到了什么。

从此以后，他们勤恳地开创自己的家园，忠诚地保护自己的家园。

（二）鼓励式评语

大量的生理心理学实验证明：情感愉快则感知敏锐，记忆牢固，想象活跃；反之，消极情感则会阻抑认识活动的开展。对于学生情感的熏陶和激励，我国明代大教育家王守仁曾有过一段形象而又精辟的论述："大抵童子之情，乐嬉游而惮拘俭，如草木之始萌芽，舒畅之则条达。今教童子，必使其趣向鼓舞，心中喜悦，则其进自不能已。辟之时雨春风，霑披卉木，莫不萌动发越，自然日长月化。"

作文评价的目的之一也是通过对学生作文态度、作文过程及作文结果等的评价，来激发学生对于作文的学习兴趣，培养爱读书、爱写作的内在情感，从而推动学生作文学习的发展。对学生作文学习的激励性评价，应注重全面性和适度性原则。

所谓全面性，就是从学生作文的整个动态过程进行评价，可以是作文之前的准备情况、作文的态度、作文的内容、作文的文字表达技巧、作文中所体现出来的道德情操，等等，不一而足。金无足赤，学生的作文不可能十分完美，经常会存在着这样或那样的不合要求之处，但如果教师以激励的眼光审视学生的作文，即使水平很低的学生作文也有值得教师肯定并鼓励的地方。

所谓适度性，即指在肯定学生作文中的优点时，既要充分肯定，又要注意科学性，不能为激励而激励，结果反而导致学生沾沾自喜、容易满足、不思上进。激励性评价的尺度就在于既充分肯定学生作文的优点，也要明确缺点和不足，提出希望和努力的方向。

学生作文

树　叶

罗蔚彦

　　一片叶子离开了树，它飘在空中，虽然是只身，但它不觉得闷，而是很快乐，因为这是它的第一次！

　　的确是呀，它怎么能不兴奋呢？自从它冒出枝头，看到这个世界以来，就再也没有离开过。就它生长的这个位置，顶多能看到几米远的地方，可那有什么用呢？眼前这些花呀草呀什么的，它早就看腻了。偶尔，它会惊奇地发现一些能飞而且会叫的东西飞来，这对它来说简直是再稀奇不过的了。"它们可真好！"每一次看到它们，树叶都会发出这样的感慨。它渴望着有一天也能过上这样自由自在的生活。在和它们的交谈中，树叶知道了它们有自己的名字。大一点儿的叫鸟，嗡嗡叫的是蜜蜂。树叶想，要是能像它们那样的话，它要飞去的第一个地方就是山的那一边，因为它常常听到从那儿传来的"哗啦啦"的声音。尽管它从那些会飞的朋友那里打听到了那是会唱歌的小河——这一点点根本满足不了树叶日日夜夜堆积起来的无限的好奇心：小河究竟是什么样子的？它为什么会唱歌，而且声音那么好听？小河旁边都有谁？……

　　它飞啊，飞啊，飞过了森林，终于飞到了小河边。瞧那河水，流得多么欢快，歌声一刻也不停歇，似乎永远感觉不到累似的。这就是它日思夜想的小河！

　　树叶并没有多想，一头就栽进了小河里，随着小河欢快地向前漂流。也许这是树叶早就做好了的决定。也就在这时候，风停了。

教师评价

　　风就是树叶的翅膀，帮助树叶实现了见小河的梦想。树叶的一生，从"冒出枝头"到"离开枝干"，始终固定在这个位置上，让人感受到了它有多么无奈呀！树叶能与小河相依为伴了，这可是个完美的结局呢！小作者纯美的想象的确值得学习！

（三）商榷式评语

　　商榷式评语是指教师在评价学生作文时，在充分肯定其优点的基础上，指出其在作文的整个动态过程中各个部分存在的问题和缺失，并分别提出建设性的改进意见。它是与激励性评价相互补充、相互依存的。

商榷式评价需要遵守合目的性与合规律性原则，即作文指导性评价中，针对学生作文动态过程各个部分存在的问题提出的建设性改进意见，必须有一定的指向性，指向本次作文教学的原始目的，符合目的性要求。同时，也要符合学生身心发展、认知发展规律，根据不同年龄阶段、不同家庭背景、不同个性特征的学生要采取不同的建议态度、方式和改进的具体内容，真正做到作文评价中的因材施评。

学生作文

精彩课间（初稿）
刘思慧

还没等到下课的"圣旨"，教室就沸腾起来了。

楼下的"小豆豆"这儿一丛，那儿一堆，玩起了"老鹰捉小鸡"。得了，他们年纪太小，玩法自然没有新意啦。

左勾拳，右勾拳。对手已经趴下。倒计时：十，九，八，七，六，五……咦？对手奇迹般地站起来了！两个拳击手继续纠缠。真是一出不错的比赛！这时，小卫士从天而降。比赛只好暂停。

"畅饮百事可乐，你将有机会参加'美年达'巨星见面会……"let's go！"周杰伦"来了个漂亮的传球。投篮！哎呀，太可惜了，球碰到篮筐上，"嘭"的一声，掉了下来。一个假动作，把球传给了队员"姚明"。这时，对方四面包抄，"姚明"一个转身扣篮，球乖乖地进了。Yeah！

好了，现在我们来到了一（5）班教室。哇！多么精彩的蒙古摔跤。小个子搂着高个子的腰，高个子抱着小个子的头……

叮咚叮咚——上课了。

教师评价

你就像一个摄像师，给观众呈现了精彩的课间十分钟。要是把你所拍摄的这些镜头串成一个节目，当成一次现场直播，那一定是非常吸引观众的哦！

学生作文

精彩课间（改后稿）
刘思慧

还没等到下课的"圣旨"，教室就沸腾起来了。精彩节目该上演了！

楼下的"小豆豆"这儿一丛，那儿一堆，玩起了"老鹰捉小鸡"。得了，他们年纪太小，玩法自然没有新意啦。还是换个频道吧！

左勾拳，右勾拳。对手已经趴下。倒计时：十，九，八，七，六，五……咦？对手奇迹般地站起来了！两个拳击手继续纠缠。真是一出不错的比赛！这时，小卫士从天而降。比赛只好暂停。

现在是广告时间。

"畅饮百事可乐，你将有机会参加'美年达'巨星见面会……"let's go！"周杰伦"来了个漂亮的传球。投篮！哎呀，太可惜了，球碰到篮筐上，"嘭"的一声，掉了下来。一个假动作，把球传给了队员"姚明"。这时，对方四面包抄，"姚明"一个转身扣篮，球乖乖地进了。Yeah！

转台——好了，现在我们来到了一（5）班教室。哇！多么精彩的蒙古摔跤。小个子搂着高个子的腰，高个子抱着小个子的头……

叮咚叮咚——观众朋友，感谢收看本期的《精彩课间》节目。待会儿见。

（四）启发性评语

启发性评语旨在为学生留下思考的空间、时间，让学生揣摩评语的言外之意、弦外之音，以欲言又止的语言技巧引导学生反复推敲、锤炼。有的同学已经掌握了写作技巧，平时善于观察，注意积累材料，作文时做到主题鲜明、内容具体，让人读后印象深，给人启示。

如学生曾有一写景作文，内容涉及竹林和桃花。作者运用一般化的语言来叙述，把充满诗意的场面写得很平淡。教师在批语中启发道："以诗入画更精彩，聪明的你能联系与画面相关的古诗吗？"

又如有一个爱好体育的学生，平时比较贪玩，学习成绩不太好，但作文写得不错，他写了一篇《有趣的课外活动》，不但内容充实，语句通顺，还从课外活动中真正体会到了快乐，教师看过后写了这样的评语："课外活动给了你快乐，也给了老师快乐，真有趣呀！愿你在今后的学习生活中，科学地安排时间，做到学习玩要两不误，你的学习成绩会提高的。到那时，你会获得更多的快乐。"这个学生看过后很受感动和启发，开始尝试合理地安排学习与玩的时间，学习的自觉性有所加强，成绩也有了明显提高。

学生作文

鸟语林 （初稿）

李　航

今天，我们到东莞的"绿色世界"游玩。

乘车到了绿色世界，我们先去鸟语林看秃鹫。秃鹫很大，大得很。如果把头伸直，高度绝对不亚于我们。秃鹫头发是白的，在笼子里飞不高也飞不远，所以翅膀都变得伤痕累累。笼子上方有几只小鸟，秃鹫很想吃上面的几只小鸟，可惜老是够不着。

随后，我们去看鹦鹉表演，鹦鹉打保龄球最有趣，那小鹦鹉打了六个，还有四个没倒，那"小家伙"跑到前面去把四个保龄球——啄倒了。惹来众人一片哄笑！

我们还去了驯兽场。单说这小猴骑车吧。这真是个可怜的小东西！骑在车上，不时地回头看它身后的驯兽师。不，确切地说应该是在关注驯兽师手中拿着的那条鞭子。由于它的左顾右盼，落得个撞车的结局。当然，也免不了挨揍。

鸟语林里，到处都是鸟，大多数鸟都凌空展翅，只有少部分鸟在地上走。我先是看到天鹅，骄傲的天鹅把脖子伸得老高，好像要我们赞美它似的。就在这时，一群小鸽子像一阵风般地飞过来，吓得我差点掉进天鹅湖里去了。我走着走着，突然从草丛里蹿出了一个丑陋无比的"怪物"，我一时也叫不出它的名字，接着是两个、三个，然后就是一大群。它们都看着我，好像要向我讨些食物。我无可奈何地扔出几片薯片，就悄悄地溜走了。

现在在我身旁的是一只大鸵鸟，它的腰笔直笔直的，走起路来斯斯文文的。要比我们显得更有绅士风度呢！前面有个小卖部，专卖鸟食的，我买了一杯。我把鸟食放在地上，鸟儿们都抢着吃，一只孔雀走了过来，吃了起来，孔雀虽然很美丽，可吃起东西来，还是狼吞虎咽的。我想把鸟食拿回来，可又怕孔雀啄我手指。不一会儿，孔雀不吃了，也是个"喜新厌旧"的家伙。

鸟语林的鸟真是各有特色，有趣极了！

教师评价

读了你的题目"鸟语林"，就让我想象到了一个鸟的乐园，鸟的家园。你丰富的描述，证实了这一点。只是，鸟语林里忽然"跳"出猴子来，让人有点儿吃惊！

学生作文

鸟语林（改后稿）

李　航

今天，我们到东莞的"绿色世界"游玩。

乘车到了绿色世界，我们先去鸟语林看秃鹫。秃鹫很大，大得很。如果把头伸直，高度绝对不亚于我们。秃鹫头发是白的，在笼子里飞不高也飞不远，所以翅膀都变得伤痕累累。笼子上方有几只小鸟，秃鹫很想吃上面的几只小鸟，可惜老是够不着。

随后，我们去看鹦鹉表演，鹦鹉打保龄球最有趣，那小鹦鹉打了六个，还有四个没倒，那"小家伙"跑到前面去把四个保龄球给一一啄倒了。惹来众人一片哄笑！

鸟语林里，到处都是鸟，大多数鸟都凌空展翅，只有少部分鸟在地上走。我先是看到天鹅，骄傲的天鹅把脖子伸得老高，好像要我们赞美它似的。就在这时，一群小鸽子像一阵风般地飞过来，吓得我差点掉进天鹅湖里去了。我走着走着，突然从草丛里蹿出了一个丑陋无比的"怪物"，我一时也叫不出它的名字，接着是两个、三个，然后就是一大群。它们都看着我，好像要向我讨些食物。我无可奈何地扔出几片薯片，就悄悄地溜走了。

现在在我身旁的是一只大鸵鸟，它的腰笔直笔直的，走起路来斯斯文文的。要比我们显得更有绅士风度呢！前面有个小卖部，专卖鸟食的，我买了一杯。我把鸟食放在地上，鸟儿们都抢着吃，一只孔雀走了过来，吃了起来，孔雀虽然很美丽，可吃起东西来，还是狼吞虎咽的。我想把鸟食拿回来，可又怕孔雀啄我手指。不一会儿，孔雀不吃了，也是个"喜新厌旧"的家伙。

鸟语林的鸟真是各有特色，有趣极了！

（五）谈话式评语

小学生生活空间十分狭窄，不是家里就是学校，他们接触到的人，除了父母就是同学、教师。因此，他们对于社会的理解显得朦胧而稚嫩。但他们毕竟是处在生机勃勃的人生花季，同学的交往，师生的接触，家庭成员之间的情感，又使他们在这一人生时期有着独有的特点：单纯美好，对未来充满无限憧憬。同时，这种憧憬和朦胧的社会认识会转化为对社会的自觉思考，并在他们的作文中有所体现。因此，用谈心鼓励期望式的评语，引导他们正确地关注生活，更加热爱生活，以一颗诚挚而无畏的心去编织美好的未来，帮助他们构建生活美好的理想。

教学示例

一名学生在学校表现还可以，学校班级活动他积极参加，课下与同学谈笑风生，在老师的印象里他是一个活泼开朗的孩子。在一次周记中，他却表明了紧张的家庭关系：在家中不与父母主动说话，讨厌爸爸妈妈，甚至恨妈妈。教师看过后，心里很不是滋味。这是我们熟悉的孩子吗？我们该怎么样去引导他呢？

经过深思熟虑后，教师在评语中写道："如果你相信老师，就把你和家长关系紧张的真实原因告诉老师，有怨气肯定有你的理由的，说出来老师同你一起承担。"第二周他在周记中写出了原因：每天放学后，爸爸妈妈从来不让他下楼去玩。即使完成作业也总是让他写这写那，总说他不如表哥，表哥考上重点中学，他也必须考上，父母给他的压力太大。老师告诉他："父母的心情可以理解，希望你能出类拔萃，只是方法欠佳，老师要与你的家长谈一谈。"后来老师两次与他的家长谈话，改变了他们错误的做法，给孩子制定了切实可行的目标，他渐渐改善了与父母的关系。

有句俗话说得好："人不可貌相，海水不可斗量。"班上有一个看起来很幼稚的小孩子，却有着敏感而丰富的内心世界。一次随笔中，他叙述了自己的父母经常为一点小事争吵，让他很烦，父母总是说要不是为了孩子早就离婚了。他最烦听这句话，问老师该怎么办？老师琢磨着告诉他："可以分别和父母说说自己的烦恼。既然为了你能在一起，为什么不能为了你不争吵呢？"后来老师与他的父母交流了看法，以朋友的口气告诉了他们孩子的想法，劝解他们不要希望改变对方，而要学会适应对方，为孩子创造一个和睦温馨的家。改变了家长，孩子的思想也随之而变化——他也重现了活泼与可爱。

剪贴画式

我的剪贴画，我的故事王国

执教教师：深圳市宝安区坪洲小学　梁敏瑜

执教班级：二（6）班

教学流程：

一、谈话导入，创设情境

师：同学们，你们见过会说话的木偶、会游泳的雪人吗？

（学生纷纷摇头）

生：见过，在《木偶奇遇记》里见过会说话的木偶！

师：是啊，这就是童话故事。在这个奇妙的世界里，一切都有可能。你不仅能够看到会说话的木偶、会游泳的雪人，还可以看到用云朵织成的衣服，用巧克力建起的工厂；你还可能看到一座城市飞上了天空，一只茶壶里变出了巨人，就连慢吞吞的蜗牛都能成为赛车冠军呢！你们想知道这个奇妙的世界藏在哪里吗？

生：想！

师：（出示课题：我的剪贴画，我的故事王国）就藏在剪贴画中，藏在你们的故事王国里！你们都是天生的故事大王，只要能够大胆想象，一张简单的剪贴画都能编出许多精彩的故事来！今天，老师就带来了几张剪贴画——

二、教师贴画，激活思维

师：（出示背景图）春天来了，冰雪融化，泉水叮咚。（出示老鼠的贴画）你们看看这幅图，在这只小老鼠身上，发生了怎样有趣的故事呢？

生：春天到了，小老鼠想，在美好的春天里，该玩什么呢？它看到家门前的那条小河。不如划船兜兜风吧！可是他被难住了。那用什么当船呢？这时，它看见身旁有半个西瓜，灵机一动，跳进西瓜里，吃了个精光。接着，它把西瓜推进小河里，捡了根树枝当船桨，再跳进西瓜里，一边划"船"一边唱：春光真美，春光真美！

师：是啊，春光真美！这只老鼠真聪明，能想到如此绝妙的主意！你不仅把老鼠过河的过程说得很清楚，还把老鼠上船的动作和划船时快乐的神态描写得活灵活现！（板书：活）你们看，一只聪明又机灵的老鼠就出现在我们眼前！（出示猫的贴画）咦，你看，这幅画多了一位小主人公——一只猫！故事大王们，你们再想想，他们之间又可能发生怎样的故事呢？

生：一天，小老鼠找来一块西瓜皮当船，一根树枝当船桨，想划到河对岸去。突然，岸上来了一只猫，老鼠赶忙掉头往回划。猫看见了，想都没想，一下子扑了上去。但是，他没能抓住小老鼠，却扑到河里去了！小老鼠看到了，被逗得哈哈大笑。猫在河里大叫："救命啊，救命啊！"小老鼠把树枝伸向猫，说："猫先生，您上来吧！"猫感激地说："谢谢你！"上船后，小老鼠说："我们做好朋友吧！"猫不好意思地说："好！我以后再也不吃你了！"

师：没想到这只老鼠不仅聪明，还这么善良！都说猫和老鼠是死对头，这回，猫被老鼠感动了，你的想象可真丰富！同学们你们看，一幅画只是故事的一个瞬间，这位同学能够大胆想象，由一幅画联想到几个画面，再编成一个完整的故事，这样啊，就能让画面像动画片、像电影一样"动"起来！（板书：动）其实，用剪贴画编故事一点都不难，就两句话：通过描写人物的神态、动作、语言，甚至是心理活动，使人物"活"起来；再发挥想象，由一个画面联想故事的整个过程，通过丰富的情节，让画面"动"起来。（板书：人物、画面）

三、自主贴画，巧编故事

师：同学们，课前你们也收集了剪贴画，已经完成了剪一剪的过程，现在咱们就贴一贴你们的剪贴画，用上这两个方法说一说自己的故事吧！开始——

（学生自主贴画、自己说故事）

师：谁愿意上来分享自己的故事？

（学生上台展示贴画）

生：（声情并茂地）有一只小猫，它非常可爱，可是它却有一个坏习惯，就是不守时。有一天，它和小猫约在公园里玩。可是，小猪在公园里等了好久，小猫都没有出现，小猪还是耐着性子继续等。突然，天黑了下来，下起了大雨。小猪赶紧往家里跑，可还是淋湿了。那天，小猪发烧了。晚上，小猫来找小猪玩，看到小猪病倒在床上，心里很内疚。它向小猪道歉，并下定决心要改掉这个坏习惯。

师：这个故事真不错！看来不守时可真是个坏习惯，有时可能还会给朋友带来麻烦呢！这个故事编得好，这位同学让小猪通过一件事、一次教训改掉了坏习惯。看，听完她的故事，这个画面是不是就动起来了呢？

（学生上台展示贴画）

师：这幅图虽然很简单，但是看得出你很用心，还在上面画了一张床。说说你的故事吧！

生：（生动地）小猪一直想要一双旱冰鞋，它想：怎么样才能得到一双旱冰鞋呢？对了！圣诞节快到了，我可以请求圣诞老人送给我！于是，小猪每天都在窗前祈祷：圣诞老人，请送我一双旱冰鞋吧！终于，平安夜到了，这一天晚上，小猪早早就睡觉了。猪妈妈偷偷出去买了一双旱冰鞋，打扮成圣诞老人的样子，趁小猪睡着的时候，把旱冰鞋放在小猪的床头。第二天早上，小猪醒来，看见床头的旱冰鞋，它高兴地抱着礼物冲出房门找妈妈。"妈妈，妈妈，我有旱冰鞋了！"妈妈神秘地一笑，说："恭喜你，孩子！只有乖孩子才能得到圣诞礼物呢。"

（观众席响起了掌声）

师：你的故事真精彩！能给你的故事起个题目吗？

生：小猪的圣诞夜。

师：谢谢你的故事。你一定是个特别有爱心的孩子，能编出一个这么感人的故事。你看，这只小猪真幸福，拥有一个这么爱它的妈妈。猪妈妈特地扮演成圣诞老人，半夜起来给小猪送礼物。这不就是妈妈对孩子的爱吗？"妈妈神秘地一笑"，这一笑可不简单啊，让我看到了一位慈爱的妈妈。还有一点，你做得很好，你通过小猪的语言和神态表现它对礼物的期待和收到礼物后的兴奋，一下子让这只小猪活了起来，了不起！同学们，刚才我看到一位同学的剪贴画很特别，也很精致，想不想看一看？

生：想！

（学生带着布贴画上台展示）

师：请你给大家介绍你的剪贴画吧！

生：这是我在配方课程做的布贴画，我用纸板剪了一座房子、一只小猫、一轮月亮，还用布缝了一个小女孩。这幅画讲的是一个小女孩在中秋节时发生的故事。

师：真漂亮！原来，剪贴画不仅可以用纸片，还可以用布料，甚至连树叶、糖果纸都可以做成剪贴画。看来配方课程给你带来不少灵感呢！请你说说自己的故事，好吗？

生：我的故事题目是"中秋节的梦"。从前有一座小村庄，村庄里住着一个可爱的小女孩。中秋节到了，月亮就像一个圆圆的玉盘挂在天上，真美啊！小女孩带着自己心爱的宠物小猫爬上了屋顶，一边吃月饼，一边欣赏这美丽的月亮。"妈妈说，月亮上住着美丽的嫦娥姐姐，还有一只特别可爱的玉兔呢！每当中秋节的时候，嫦娥和玉兔就会到人间来。可这可爱的玉兔在哪呢？"小女孩一边想，一边目不转睛地盯着月亮。"如果能和玉兔一起玩游戏该多好啊！"小女孩看着看着，不知不觉睡着了。她梦见了从月亮上跳出了一只雪白的兔子，身上绣着精致的花纹，两只眼睛像红宝石一样，可美了！她高兴极了，抱着玉兔玩起游戏来……小女孩做着甜甜的梦，脸上挂着甜甜的笑容。

（观众席响起了掌声）

师：多美的中秋，多美的梦啊！我被你的故事吸引了，仿佛我们也坐在屋顶上和玉兔一起玩耍呢！你的剪贴画很美，而你的故事更美！这么漂亮的剪贴画，谁还想再编一个故事？

生：一年一度的中秋到了，鱼儿和她的爸爸早早就挂起了灯笼和对联，还买了美味的月饼。鱼儿左盼右盼，终于把中秋节盼来了。这一天，她带上月饼和小猫米卡一起爬到屋顶上欣赏月亮。突然，人们点燃了烟花，烟花在空中绽放，真美啊！嗯——（不好意思地）没了，谢谢！

师：（笑）我们都知道中秋节，都享受过中秋节美味的月饼，欣赏过皎洁明亮的月亮，谢谢你让我们重温了中秋节的美好！感谢这几位同学给我们带来的精彩，他们的故事各有特色，让我们看到一个个鲜活的人物，一个个生动的画面。

四、小组合作，创编故事

师：接下来，我们发挥集体智慧，小组合作，一起编故事吧！（教师出示贴画背景图，把背景图贴在黑板上）每人选一张自己最喜欢的剪贴画，六人小组合作，一起贴一幅图，编一个故事。你们可以选择一张图作为你的故事背景，可以是茂密的树林，可以是叮咚的小河边，可以是冬天的夜晚，也可以是烟雨蒙蒙的下雨天。当然，如果你们不需要这四个背景，也可以自己设计一个。待会儿，你们可以这样展示（出示展示要求）：选一位同学作为代表讲故事。可以是组员各扮演一个角色，一边贴一边讲故事，对同一幅图，编两个不同的故事，也可以是组员一起讲，一人讲一段。别忘了，为你们的故事起一个题目。现在就开始吧！

（学生小组交流合作选背景、贴画编故事）

师：我看第一小组已经做好展示的准备了，其他小组怎么样？

（学生纷纷举手）

师：真不错！老师特别期待你们的故事。哪一个小组是派一位代表讲故事的？

（学生纷纷举手，抢着发言）

（教师选其中一组上台贴画讲故事）

师：他们小组的故事背景是树林，一起听听在树林里发生的故事吧！

生：我们小组的故事叫《乐于助人的小明》。（学生一边讲，一边摆贴画，随着故事内容在纸上滑动贴画）老奶奶养了一群小鸡。一天，一只顽皮的小鸡从家里跑了出来，老奶奶连忙去追，一不小心被绊倒了。小明刚好路过，连忙把老奶奶扶了起来。（学生让贴画"小明"扶起贴画"老奶奶"，观众席发出了笑声）"老奶奶，您怎么跑这么快，小心摔跤啊！"小明说。"我的鸡跑了，我追着追着不小心摔了一跤！"小明说："我比您跑得快，我帮您追鸡吧！"不一会儿，小明就把鸡追了回来（贴画"小明"和"小鸡"回到了画上，观众笑），把鸡放在老奶奶的手上，老奶奶高兴地回家了。

师：果然，看老奶奶笑不拢嘴的。（学老奶奶的语气）哎呀，这只鸡终于抓到了，太感谢你了，小朋友！（观众笑）你们小组一定都是有爱心的孩子，编了一个这么温情的故事，谢谢你们的故事。那么，哪一个小组是每人扮演一个角色，一起讲故事的？

（教师选一组上台贴画讲故事）

师：你们选的背景是？

生：下雨天！

师：下雨天的故事。你们怎么安排？

生：我是旁白。我先开头！

师：好，开始吧！

（组员各拿着自己的贴画，扮演一个角色，一个接着一个贴画讲故事）

生1：我们的故事题目是"小动物找伞"。有一天，四个小动物一起出去玩，突然，雷声大作，下起了倾盆大雨。大家都没有带伞，该怎么办呢？

生2（摆上"兔子"）：小兔灵机一动，看到旁边有一只大蘑菇，就把蘑菇摘下来当伞用。

生3（摆上"蚂蚁"）：小蚂蚁左看右看，看到一朵美丽的花，就把花摘下来当"花伞"用。

师：花伞，真美！

生1（摆上"小鸡"）：小鸡左看右看，看见一片大叶子，把它当伞用，不大不小正合适！

生4（摆上"小鸭"）：小鸭看见大家都有属于自己的伞，便抱怨道：你们都有自己的伞，我该怎么办呢？

生1：小兔说——

生2：你可以和我同撑一把伞啊！

生4：谢谢你，你真好！

生5（摆上"青蛙"）：小青蛙见了这四个这么聪明的小动物，开心地叫起来：呱呱呱！你们真聪明！

生6：（摆上"小鸟"和"树"）：小鸟在树上，对小白兔竖起了大拇指：你真是一只乐于助人的小兔子！

生1：四个好朋友撑着自己的伞，开心地回家了！

师：故事真有趣！没想到，一只蘑菇、一片叶子、一朵花都能成为雨伞呢！你们还让我们认识了一位乐于助人的小白兔呢！刚才是一幅图讲一个故事，有没有哪个小组能同一幅图讲两个故事的？

（小组上台贴画讲故事）

师：他们选的是树林的小河边，一起听听同一幅图会编出两个怎样的故事。

（两个学生分工，一个学生讲故事，一个学生根据故事内容摆画）

生1：春天来了，小明和爸爸一起去公园玩。他们走啊走啊，突然看见远处有一丛美丽的花，走进一看，还有一只蜜蜂呢！小明想：我要把这美丽的景色拍下来！小明举起相机正要拍，突然从他们俩头上飞过来一只五颜六色的小鸟，叽叽喳喳地叫着，真可爱！于是，小明把相机转向小鸟，想把小鸟拍下来。小鸟以为那是猎枪呢，吓得马上飞走了！小明很失望，说："哎，真可惜，这次没拍到，不知什么时候才能看到这么漂亮的小鸟了。"爸爸安慰小明说："小明啊，虽然这次没拍到小鸟，但是你已经把它美丽的身影记在了脑海里了呀！"

（观众席响起了掌声）

师：是啊，留在心里的美好，才是永恒的。这个故事真不错，请问题目是？

生：春天的趣事。

师：既然是一幅图两个故事，那有没有《春天的趣事2》呢？

生2：有！

（生3和生4在图上加了一只猫、小鸭和一些小鱼）

生3：小河边，有一只猫和一只小鸭子。小猫对小鸭子说："鸭子，我们来比个赛吧！"

生4：好啊！比什么？

生3：看，河里有好多鱼，咱们比抓鱼吧！

生4：好！我饿着呢，正想吃鱼呢！

生3：小猫等了一会儿，就钓到了一条小鱼。

生4：（声情并茂）小鸭子说："我要把你的鱼儿抢过来！这是我的鱼！"

生3：（撒娇似的）这是我抓的鱼，你为什么要抢我的呀？

生4：（提高音量）因为小河里，就你这条鱼最大，其他这么小，我就要你的鱼！

生3：（怪声怪调地）不给不给，我就不给！

生4：我就是要抢，你怎么办？

生3（把"小猫"移到"草地"上）：看你能把我怎么样！我逃——

生4（把"小鸭"移到"小猫"身边）：我追——

（观众哄堂大笑）

师：（笑）还真够执着的！我特别想知道故事的结果，接着讲。

生4：（霸道地）我一定要把你的鱼抢过来，哈哈哈！我要抢到了！

生3：小猫是个很和气的人，说："这条鱼就让给你吧，我重新抓好了！"

师：（笑）嗯，不跟你计较。

生3：（声情并茂地）小猫等了一会儿，又钓到了一条鱼，它坐在河边，"唔嘛唔嘛"地吃了起来。

（观众笑）

生4：（笑）这鱼真好吃，你别想抢我的鱼！

生3：（笑）你干吗啊？明明是你抢了我的鱼。

生4：（回过神来，不好意思地）那我又要把你的鱼抢过来！

师（把"鱼"拿走）：哎哟，这抢来抢去的，看，天都黑了啊，鱼都走光了！

生4：（笑）好吧，那我回家了！

生3：（怪声怪气）拜拜！

（观众哄堂大笑）

师：我本以为会听到一件趣事，没想到你们演了一个小品。真是意外收获啊！不过，你们让我看到了一只和气的小猫和一只淘气的鸭子！有一点你们做得很好，通过不同的语气表现主人公的性格，让这个故事更精彩了！看同学笑得多欢啊！

五、教师激励，编写故事

师：现在你们的小脑瓜里一定藏着不少有趣的故事吧？选一个你最喜欢的，可以是自己的故事，也可以是小组或别人的故事，写下来。下节课咱们写完后，开故事会，评一评咱们班的故事大王！这节课虽然结束了，但是"我的剪贴画，我的故事王国"才刚刚开始，今后同学们还可以继续收集剪贴画，建立属于自己的故事王国吧！下课——

生：谢谢老师，老师再见！

读写结合式

童年·童诗

执教教师：深圳市宝安区坪洲小学　陈树民

执教班级：四（3）班

教学流程：

师：上课之前，我想先请大家欣赏一首诗。

（出示课件：蒲公英的羽毛　好久没有见过你/不经意地飘落在我的掌心/轻轻地把你捧起/吹落满地/你呀/又随风而去。用不能飞翔的翅膀/在天空中飘荡/像断了线的风筝/喜欢长途旅行/又回到我的身边。我轻轻地把你吹向天际/等待不远处那边的回音。）

（教师捧书诵读）

师：你们知道这首诗是谁写的吗？

生：张子恒。

师：你们能猜一猜他是谁吗？

生：一个诗人。

生：一位作家。

生：一位很有诗意的作家。

师：其实，他就在我们身边，我还见过他几回。你们再猜一猜。

生：校长的儿子。

师：你怎么知道？

生：五（2）班的同学说的。

师：原来是我在五（2）班试教的时候，让他们先知道了。对，这就是我们敬爱的张校长的儿子张子恒先生的诗集。这是他在十七岁的时候出版的两本诗集，描绘的都是他童年和少年时期的生活体验，很了不起！

（学生鼓掌）

师：同学们，其实诗就在我们的身边，诗人就在我们的身边，诗人就在你们中间。

（学生笑）

师：今天，读张子恒先生的诗，又把我带回了童年，你们的童年又是怎样的呢？能不能也用诗的方式描绘你们的童年？

生：能。

师：童年是看不见，摸不着的，但却是我们实实在在经历过的，怎样才能把我们的童年描绘好呢？

生：先阅读儿童诗，再试着自己写诗。

师：是的，我们先来读一读名家的诗作。

（出示投影：高洪波的《我想》，内容略）

师：先请一个同学来读一读这首诗。想一想你能从中领会到哪些写诗的方法。

（一个学生诵读全诗）

师：你觉得我们现代诗与其他文体的文章有什么不一样的地方？

生：现代诗的格式与记叙文的格式不同，现代诗是一小节一小节的，还要分行。

师：对，要分行，这是现代诗与其他文体在格式上的区别，分行，就让诗有了节奏与韵律。

（板书：分行）

生：我还从这首诗中看到了想象。

师：对，想象是诗的翅膀。你能说一说这首诗里哪些是想象吗？

（板书：想象）

生：我从这节诗中看到了想象：我想把脚丫/接在柳树根上/伸进湿软的土地/汲取甜美的营养/长啊，长——/长成一座绿色的篷帐。

师：你只是把诗又读了一遍，谁能用自己的话表述出来呢？

生：作者想把自己的手按在桃树枝上，想把自己的脚丫接在柳树根上，更想把自己种在土地上，作者在这里表现了自己的很多想法，表现出了自己的愿望，想变小草，想变小花，这就是想象。

师：对，这就是想象，童年看不见，摸不着，我们只有通过想象才能呈现出那快乐的童年。

生：我读到了反复，每一小节都有反复，比如说每一小节的开头都是"我想"，而且其中的"悠啊，悠——""长啊，长——"也是一种反复。

师：你真是一个细心的孩子。

生：诗中有对偶，每一小节都有那么两句对偶的句子。

生：我发现了比喻，如"望啊望，蓝天是我的课堂"这句就有比喻，把蓝天比作我们的课堂。

师：是的，有比喻，比喻可以让看不见，摸不着的童年有了形象的表现。

生：我发现，这篇文章主要是表现作者的童心，那种自由自在的童心。

师：是的，每一首童诗都是要表达诗人的那份童心，表达一种情感。

（板书：童心）

师：比喻、拟人、反复这些我们把它统称为什么？

生：童心。

师：不对，这是一种修辞手法。

（板书：修辞）

师：修辞可以让诗歌更加生动迷人。如果没有了修辞，语言就不生动了，就没有诗的意味了。所有的修辞、想象都是为了表达诗人的一片童心、一份情感。

师：想自己写一写诗吗？请大家拿出你们的"随感本"，模仿高洪波先生的《我想》，用"我想……"来仿写一小节，描绘你们的童年，看我们能否把刚才学到的方法运用上。

（学生认真模仿写诗，教师巡视指导）

（几分钟以后）

师：我想找一个同学来读一读你的诗，看是否有诗的味道。

生：我愿流入波澜壮阔的大海/与活泼的小鱼们玩耍/大海就是我的乐园。

师：谁来点评一下？

生：他用了比喻、拟人的手法，表现了童年的幻想。

师：是的，这就已经有了一点点诗的味道了。写诗原来还是不太难。

生：我想/要鸟儿的翅膀/让我自由地飞翔/飞啊飞/飞出天空的快乐。

师：想象不错，如果能用一些比喻可能会更有意思。

生：我童年读过很多名著故事，这使我常常发出一种愿望，我是这么写的：我愿穿越/化身为诸葛亮/向曹操借箭十万余支。

（学生与听课者笑）

师：这是一个能穿越的孩子。（边说边抚摸学生的头）

师：刚才我们读了《我想》，也试着写了一些有点诗味的文字，要找到诗的味道，还真是不容易，要找到它，我们还得来读诗。

（出示课件《小童话》：在云彩的南面/那遥远的地方/有一群树叶说/我们想像花一样开放/有一群花朵说/我们想像鸟一样飞翔/有一群孔雀说/我们想像树一样成长……）

师：我们来读一读这首诗，看我们从中读能到一个怎样的童年。

（学生齐声诵读这首诗）

生：我读到了一个盼望的童年。

（板书：期盼）

生：我也觉得这是一个期盼的童年。我们拥有了这个还想要那个，拥有了那个，还想要以前的那个，总是不知足。

师：我们再来读两首诗。

（出示课件：《手套》圣野　一只手套不见了/另一只手套哭了/不知藏在袋里好/还是戴在手上好/觉得/非常的冷清。　《草帽》/草帽上的小洞洞/是我给阳光/开的一扇扇门/你看/阳光钻下来了/他们调皮地踩着我的影子/我的影子上留下了他们的脚印。）

师：我们一起来默读这两首诗，对比阅读，我们从中又能读到怎样的童年？

（学生自由地默读）

生：我读《手套》，读到了一种友情，两只手套那种难舍难分的友谊。

师：是啊，这是一种不一样的友谊。

（板书：友情）

生：我读到了一种孤独无助的童年，一只手套不见了，另一只手套哭了，说明他失去了朋友，有点悲伤。

师：是有点悲伤，有点孤独无助。

（板书：悲伤）

师：你觉得哪一句诗特别能让你感受到那种忧伤呢？

生：最后这两句：觉得/非常的冷清。一停顿，好像是在默默地伤心，就感觉到一种忧伤的情绪。

师：你真是一个情感细腻的孩子。谁来读一读这首诗，看是否能把那种忧伤读出来。

（学生诵读这首诗）

师：《手套》这首诗，我们读到了一种淡淡的忧伤，一种失去朋友的淡淡的忧伤。《草帽》你又能读出点什么来呢？

生：我能读到，作者是一个阳光的小朋友，草帽上的小洞洞成了他玩耍的玩具。

师：你能把他读得阳光一点吗？

（学生读）

生：我读到了一个调皮的童年，作者不怕父母的责骂，在草帽上开了一个小洞洞，还跟调皮的阳光玩起了游戏。

（学生笑）

师：自己给他开了个小洞洞，把阳光给放进来，多么有童趣啊。

生：这是一个充满想象的童年，并且，这个小男孩一定是一个活泼开朗的人。

师：你确定他是一个小男孩？女孩子就不能这么顽皮？

（众笑）

生：是一个调皮的小孩。

师：你能把调皮的感觉读出来吗？

（学生读这首诗）

师：我们还可以读得更调皮一点，如：你看，阳光钻下来了。

（学生再读。在教师的指导下有趣了许多）

师：多么有趣的童年啊！

开放式作文教学（第二版）

（出示课件）

师：我们的童年啊，正如冰心先生说的：童年呵！是梦中的真，是真中的梦，是回忆时含泪的微笑。

师：我们的童年能看得见吗？能摸得着吗？

生：不能。

师：但，童年又是我们实实在在经历过的，那我们的童年到底是什么呢？既然都是看不见、摸不着的，我们用什么来形容我们的童年呢？

生：我们可以用比喻、拟人的手法，借助一些东西来表达童年，表达童年的那份童真。

师：是的，那你们说一说，你们的童年又是什么呢？

生：我的童年是一首诗，诗中有我儿时的伙伴，是我梦想的乐园。

生：我的童年是一个梦，梦醒了以后还可以让我们回味无穷。

师：一个值得回味的梦！

生：我的童年是一片云，我的童年是无忧无虑的，我的童年就像一片云一样无忧无虑地在大空中飞。

师：一片云，好，想象的翅膀飞起来了。

生：我的童年是一个梦，坪洲小学是我们梦起飞的地方，坪洲小学是我梦的温床。

（全场鼓掌）

师：是啊，你真会发现，坪洲小学正是我们每个孩子梦起飞的地方，原来，诗就在我们身边。

生：我的童年是一段独舞，小时候我的爸爸妈妈去打工了，爷爷也去世了，只剩下我跟奶奶，因为在农村，我又没有多少小伙伴，而我又很爱舞蹈，所以我的童年是一段独舞。

师：哦，原来是一个有点伤感的童年，是一段独舞，很期待你的诗。

生：我的童年是一只鸟，自由自在地飞翔在大森林里。

（学生纷纷举手，还想表达）

师：还有很多同学想说点什么。童年是人生最美的春天，萌发出多少美好的梦想，童年留给我们的一切，都会带来力量。

师：我们刚才读了几首诗，也试着写了写，还说了自己的童年。现在，你们最想做的是什么呢？

生：写诗。

师：就让我们挥动手中的生花妙笔，用自己的方式，借诗的名义，描摹童年这座美丽的花园！我们可以模仿高洪波先生的《我想》的格式，可以是我的"童年是……"也可以按照自己喜欢的方式来写。请把诗写在开放式作文的稿纸上。

（学生自由写诗，教师巡视指导）

师：我看到不少同学的诗已经写好了，可以先自行修改一下。愿意展示的，就请举手示意。

（学生继续写）

师：好，我们就来欣赏我们自己的诗吧。

（学生上台把自己的诗稿放在投影仪上，并诵读自己撰写的童诗）

师：先来看看那位穿越的孩子写了什么。

生：我想穿越/化身为诸葛亮/向曹孟德借箭十万余支/我想穿越/化身为刘备/也来个刘关张三结义/我想/化身为周瑜/与黄盖打一打架。

师：建议把最后一句改为：与孔明斗斗法。

生：《我想》/我想拥有一支马良神笔/画啊，画——/把夏天的太阳画成绿色/ 给我们一片凉爽。我想把我自己/化为肥沃的土地/让丑陋的边疆/也有小麦的芳香。我想把眼睛/安在石头上/和小鱼打招呼/跟田螺讨教讨教静的方法/可是/我只能把它们藏在心底/因为，我知道/这些都是我触不到的遐想。

师：建议把"丑陋"一词改一改，把"在石头上"改为"安在溪边的卵石上"。谁来点评一下这首诗？

生：这是一个充满无穷想法的童年。特别是这一段：我想把眼睛/安在石头上/和小鱼打招呼/跟田螺讨教讨教静的说法。特别是"静的说法"这一句，"静"字太美妙了，田螺总是安安静静的，真有童趣。

师：是啊，这一小节的想象最有情趣，其他小节相对逊色一些。

生：童年/是一场美梦/坪洲小学是梦起飞的地方。享受这场梦带给你的/喜怒与哀乐/知识与文化。桂香园/是我们的花香之梦/地理园/是我们的科学之梦/走进一场神秘之梦/竹节园/是我们走向自然的梦。我爱坪洲/这里是我梦起飞的地方。

（全场鼓掌）

师：是啊，坪洲小学就是我们梦起飞的地方。原来，诗啊，就在我们的身边，就看你有没有一双发现诗的眼睛，有没有能把诗意表达出来的语言积累。再请一个同学来读读他的诗。

生：我愿/我愿轻轻踏上云毯/在白云间漫步/仰望蓝天/俯视大地/像一只雏鹰/在天地间遨游。我愿慢慢步入雨帘/在细雨间游走/迎接细雨/驾驭冷风/像一朵小花/在风雨中成长。我愿悄悄躲在树上/在绿叶间穿梭/身着绿衣/静下心灵/化为一片叶/聆听鸟的歌唱。我愿偷偷潜入草丛/在花朵上飞舞/赏着花朵/闻着花香/化为一只蝶/与风共同舞蹈。

（全场鼓掌）

师：真美，谁点评一下这首诗？

开放式作文教学（第二版）

生：诗一样的童年，每一句话都那么有诗意。

生：心灵飞扬的童年。如：梦幻般的天堂/我永远的愿望/心弦已然奏起/波澜悄悄涌动/扬起心灵的翅膀/我要去飞翔。写得很美。

师：是啊，我们的翁舒敏，在报纸杂志上发表过好几篇文章，真不愧是我们的小作家。确实是有文采，佩服佩服！

（全场笑）

生：我想/我想有一双健步如飞的跑鞋/来到草原/与草原上的麋鹿/一起奔跑。我想/拥有一对翅膀/飞向蓝天/与鸟儿们一起歌唱。我想/拥有鱼儿的尾巴/游进大海/与海龟们一起游弋。

（学生把"弋"读成了"戈"）

师（指着"弋"问）：这个字读什么呢？肯定不读"戈"。

（学生望着老师）

师：那读什么呢？我不告诉你，你自己回去查查字典吧。

（群笑）

师：这是一个怎样的童年呢？

生：充满想象的童年。

生：梦想自由的童年。

师：是啊，虽然诗的味道还不是很足，但是，这足以表达出他对大自然的向往。

师：刚才我还记得有位孩子说，她的童年是一场独舞，我们来听听她是怎么写的。

生：《独舞》 夜晚/我穿着昙花衣裙/在月光下飞舞。忘我地舞呀，舞/萤火虫是我的舞伴/月牙儿是我的灯光/一草一木/都成了我的点缀。池边/我穿着月季衣裙/在池塘边舞蹈/时而缓，时而急/婀娜多姿，柔情妩媚/所有的鱼儿，都因我陶醉。我的童年/就是这样舞过去的/那时/只有太阳和月亮/不停地交错在/那湛蓝的天空。但是/没有人能发觉我的舞蹈。

（全场鼓掌）

师：（扶着学生的肩膀）这首诗有点伤感。诗中更多的笔墨是在描写一段舞蹈，美丽动人，但是，最后那一句，我们的心为之颤抖，我们一起来读一读这句。

（师生一起读：但是/没有人发现我的舞蹈。）

师：真好！今天，台下来自全国的老师们都是你的观众，你开心吗？

生：（想了想）开心！

（全场鼓掌）

师：孩子们，诗谓之诗歌，是可以吟唱的，这么伤感的诗，能不能找到一段合适的音乐为之伴奏呢？

（教师即兴拿起手机，寻找音乐）

师：（翻找了十来秒）不好意思，不一定合适。

（手机音乐没放起来，但是，现场响起了音乐，原来是控制台播放的音乐）

（教师扶着学生的肩膀，两个人一起声情并茂地诵读这首诗）

（全场再次响起掌声）

师：孩子，好样的！感谢你这么感人的诗歌，愿你成为真正的诗人！

师：今天，我们读了好几首诗，也自己试着写了诗，感觉真美妙。课堂开始的时候，我们欣赏了张子恒先生的诗集，我们是否也能出本自己的诗集呢？

（学生笑，说：有点难）

师：有点难，是的，但是我们可以出一本班级的诗集。我们可以把我们的诗稿加上一些插图，试试看，会不会为我们的诗集增色。

（教师现场绘制插图）

师：你们看，加上一些插图是不是更美呢？不过，画得不太好，心雨对不起！

（群笑，鼓掌）

师：如果每个孩子都能为自己的诗稿画上插图，我们就可以制作一本班级的诗集了。就能像张子恒先生一样，拥有自己的诗集了。

师：好的，最后祝愿大家有一个快乐幸福的童年！今天的课就到这里，谢谢大家！

话题式

水

执教教师：深圳市宝安区坪洲小学　叶素珊

执教班级：五（1）班

教学流程：

师：准备好了吗？

生：准备好了。

师：上课前，叶老师先让大家听几段声音。能听出来是什么声音的同学可以举手回答。（播放水声）

生：这是水滴声。

师：它的声音有什么特点？

生：滴答滴答。

（继续播放水声）

生：我听到小溪的流水声。

师：那它的声音有什么特点呢？

生：哗啦啦。

生：小溪很清澈。

师：你居然可以通过听声音就判断出它很清澈，说明你心里有流水的画面。

生：我觉得是一条奔流不息的河流。

师：都说得不错。再听听下一段。（继续播放水声）

生：我觉得这应该是澎湃的大海。

师：仅仅是浪潮翻滚的声音吗？

生：海浪拍打在海岸的岩石上。

师：最后一段。（播放水声）

生：我听出来是哗啦啦的瀑布声。

师：那和前面那位同学说的哗啦啦的溪流有什么不同？

生：水比较猛，比较大声。

师：你们同意吗？

生：同意！

师：没想到你们也听过瀑布的声音。我们国家的黄果树瀑布、壶口瀑布都非常有名。你们长大之后可以亲临现场去看一看。那你们能够通过这几段声音猜出我们今天的话题是什么吗？

生：水！

师：大家和我一起写这个字，好吗？

生：好！

（教师在黑板上写，学生书空，粉笔受潮后不停地断）

师：老师似乎没有把这个字写好，谁愿意帮忙写一写？（部分学生举手，师点名回答）

（学生在黑板上写字）

师：嗯，你们在写这个字的时候有什么体会呀？你说吧。

生：我觉得这个水的笔画虽少，但是我能体会到水对于人的重要性，所以我们要珍惜水资源。

师：请坐，有没有不同想法的？

生：我在写这个字的时候发现它的笔顺都往下，我能够感受得到瀑布往下流的感觉，而且它时而向左撇，时而向右拐，很像水流躲开石头的样子。

师：讲得很有道理，请坐。

生：我观察了前面的同学和老师写的"水"字，你们的风格是不一样的，或许水在人们心中印象也是不一样的吧。

师：是的，不一样的人，心中有不一样的水。

生：有一个成语叫作心如止水。这个"水"字的笔画非常柔软，让人感到很舒适，我就马上想到了心如止水这个词，让人非常舒服。

师：你心里有水，心境自然就像水一样舒适。那你们曾在生活中见过怎样的水呀？

生：汗水。

师：汗水是怎样的？

生：是证明人们的付出的一种水。

师：你能描述一下它的样子吗？

生：晶莹剔透。

（教师点名回答。生欲言又止）

师：你在生活中常见的水，离你很近的。

生：（顿悟）我见过泪水。

师：也是晶莹剔透的，对吗？还有吗？

生：我还见过墨水。因为生活中有很多人用"墨水"形容一个人十分有才华。

师：那你认为我们班谁最有"墨水"？（生回答一个同学的名字）

师：为什么？

生：因为他每天都说出十分有哲理的话。

师：所以，你觉得他有墨水，那是看书看来的，对吗？（生点头）

生：我想到我家旁边臭烘烘的西乡河。

师：那条河每天都影响着你，对吗？

生：刚刚，同学说到墨水，我就想到了"白开水"。这个词通常用来形容一个人写文章很"干燥"。

师：叫作干燥吗？应该说干瘪的、干巴巴的。其实有很多大家都曾经写过关于水的文章。你们能够想起来描写这些画面的文字吗？想到哪个就说哪个。

生：我想到了桂林山水——漓江的水真静啊，静得让你感觉不到它在流动；漓江的水真清啊，清得可以看见江底的沙石；漓江的水真绿啊，绿得仿佛那是一块无瑕的翡翠。

师：你看，四年级上册学的，她现在还记得。

生：我记得第二幅图——"九曲黄河万里沙，浪淘风簸自天涯。"

师：我们这个学期学过的一首诗叫作"浪淘沙"，写的就是弯弯曲曲的——（学生齐说）黄河。

生：我还记得第一幅，出自《小桥流水人家》这篇课文。它通过描写小桥，还有门前的流水，写了那里的人家家家户户悠闲自在的生活状态。

师：这样，我们一起来读一读。

生：一条清澈见底的小溪，终年潺潺地环绕着村庄。溪的两边，种着几棵垂柳，那长长的柔软的柳枝，随风飘动着。婀娜的舞姿，是那么美，那么自然。有两三枝特别长的，垂在水面上，画着粼粼的波纹。当水鸟站在它的腰上歌唱时，流水也唱和着，发出悦耳的声音。

师：最后一幅图有同学想起来了吗？

生：我想起了钱塘江大潮。

师：浪潮越来越近……

生：浪潮越来越近，犹如千万匹白色战马齐头并进，浩浩荡荡地飞奔而来；那声音如同山崩地裂，好像大地都被震得颤动起来。

师：你们更喜欢图片，还是文字呢？

生：（部分抢答）图片。

师：有没有不同意见？

生：我！先说文字吧。它给读者留出了想象的空间，而直接看图片，反而没有身临其境的感觉。

师：嘿，老师也和你有同感。还有谁有同感？

生：我觉得文字能够把一件事物生动地表达出来，而图画仅仅是一幅图画。

师：我能理解你的意思。一幅图画仅仅是一幅静止的画面，但是一段文字却可以在你的脑海中呈现出很多幅图画。请坐。还有想说的吗？

生：我也觉得文字比图画好，因为光看图片感受不到它的意境。比如第一段话，我最喜欢那句话："那长长的柔软的柳枝，随风飘动着。婀娜的舞姿，是那么美。"

师：这种美感染了你，是吗？

生：是的。还有，它用了一个拟人句。

师：哦！婀娜的舞姿。从阅读中观细节，这是一个很好的学习习惯。

师：你们看，文字就是有这样神奇的魔力，让我们读了之后还念念不忘。这些文字把水的什么特点写得既形象又生动呢？

（学生沉默不语）

师：这样吧，我们先分别用一个字概括一下这几段分别写了水的什么特点，好不好？

师：第一段——

生：清。

师：第二段——

生：曲。

生：浊。

师：第三段——

生：静、清、绿。

师：第四段——

生：猛。

师：这些都是水的——

生：动态。

生：外形。

师：所以，水，既有我们一开始听的变化多端的声音，又有你们刚才说的千变万化的形态。

生：有声有色。

师：对，就像有同学脱口而出的，有声有色。所以从古至今，人们都喜欢观察水，研究水，还拿"水"来造词。你们知道哪些跟水有关的成语呢？

生：高山流水。

生：水漫金山，顺水推舟。

生：行云流水。

生：水火不容。

生：车水马龙。

生：水滴石穿。

生：君子之交淡如水。

师：淡如（纠正 yú 为 rú 音）水。

生：山清水秀。

生：水天一色。

生：水到渠成。

生：似水流年。

生：上善若水。

生：水落石出。

师：还有很多同学想说，但是时间关系，咱们先把手放下。足以见得，大家积累的成语真不少。我对其中一个词特别感兴趣——上善若水。听过这个词的同学举手。（小部分举手）你们知道这个词是什么意思吗？

生：这句话出自老子口中，他说，"上善若水，水善利万物而不争"，突出了水润泽万物而不与万物相争的精神。

师：说得好，给他一点掌声。你是从什么书看来的？

生：《世界上下五千年》。

师：这也是本册书推荐我们大家读的一本书，你们都读过了吗？

生：（部分点头）读过了。

师：水，有着善的特点，它还有哪些其他的秉性呢？想想看，你身边有

开放式作文教学（第二版）

没有像水一样的人。

生：我想到了母亲。因为母亲给我的关怀像水一样。

师：有什么样的特点呢？

（学生沉默）

师：你怎么把水和母亲联系在一起？

生：奶水。（众笑）

师：详细说说。

生：因为母亲用奶水哺育了我们。

师：说得真好，每个孩子都应该记得母亲甘甜的乳汁。

生：我认为是父亲。虽然水有时会变成"号啕大水"，但是它为人类奉献了很多，就像父亲在默默地工作。

师：有"号啕大水"这个词吗？

生：就是父亲很卖力地工作。

师：指的是父亲挥洒的汗水，汗如雨下，像滔滔江水。

生：我觉得是母爱，因为水滋养了万物，就像母爱一样，养育了我们多年。

师：你们知道我们国家的母亲河是什么水吗？

生：黄河。

师：如果让你用水来形容班上的一个同学，你觉得是哪位同学？

生：我觉得是×××。因为她很爱哭。

师：如果让你对她说一句话，你想说什么？

生：你能坚强一点吗？别再随便哭啦！（众笑）

生：我觉得是老师。因为我想到一个词——"如鱼得水"。我感觉我们是鱼，老师是水。我们相依相存，不能分割。（众生鼓掌）

师：说得非常好。我还想到另一个词，"水可载舟，亦可覆舟"。反过来说，你们也是我的水，哪一天我说得不对，你们也可以站起来告诉我。班干部也是一样，平时真诚对待同学，同学就拥护你。

生：我觉得水可以代表一种精神。因为中国海军有一句誓言叫作"我要把最后一滴血流进祖国的大海"。而且古代兄弟结拜的时候都"歃血为盟"，把血滴进酒里喝掉。

师：表达的是一种肝胆相照的——

生：友情。

师：义气。

生：我觉得水还像我们班的××，她的心胸就像海一样宽广，对待我们也像小溪一样，很温柔。

师：同意吗？同意就给她掌声呼应一下。（鼓掌）

生：我觉得是一些女生。

师：确实，女生都是水做的。

生："上善若水"的"善"就是指女生，她们都很善良。

师：女生应该为他鼓掌。难道男生就不善良吗？

生：男生讲义气。

师：所以他们不像水，像什么？

生：像太阳，有阳刚之气。

师：男生也应该为她鼓鼓掌。（众生鼓掌）

生：我从水想到了柔，因为有一个词叫作柔情似水。

师：哦，是形容女生的。但也可以形容心思细腻的男生，像我们班的——（生齐说一同学名）

生：我想到老子说的一句话"以柔克刚"。因为他说人年老的时候，坚硬的牙齿掉光了，但是舌头却完好无损。

师：那么用在你自己的身上，该怎么体现以柔克刚呢？比如，你遇到一个性情暴躁的人，你该怎么办？

生：我会先让着他。

师：对呀，这就是处理人际关系的好办法。

生：我还是联想到了墨水。因为它可以表达出我学书法时的心境。每次练书法，都要心很静。

师：你学书法几年了？

生：五年。

师：五年学习书法的时光，也可以说是滴水穿石的精神。你的作品在我们学校的坪洲艺苑刊登出来，也多次在全国获奖，我们应该为你的坚持鼓掌！

师：你看，在我们身边，有着有水一样秉性的人。那么水除了有声有形以外，还有什么？

生：情。

师：老师也做了功课，有些和你们刚才讲的类似，但是也有一些是你们没有讲到的。老师也想和你们分享一下。（出示图片）

师：这是一个人在帆船上……你们猜猜老师想说什么。

生：逆水行舟，不进则退。

师：说得通。

生：我觉得老师是想说"乘风破浪"。

师：“乘风破浪会有时，直挂云帆济沧海。”这是李白的诗句。是的，你们都懂我。人啊，无时无刻不在面对生活的风浪，但是我们要有战胜风浪的勇气和志向。叶老师想借这句话告诉你们，水不仅有情，还有——

生：有志。

生：有勇。

师：是的，还有志。

师：我们今天谈了这么多，涉及了方方面面的话题，一起领略了有声有色的美景，也感受到情感丰富的人，认识到水还有表达志向的一个特点。你们现在能不能思考一分钟，选择其中一个角度写下三个题目，并且任意选择一种文体来搭配。（出示多种文体）转过身去，我们试着写一写。

生：我想跟大家分享我的第一个题目《似水流年》，采用散文的形式。

师：为什么你偏爱散文呢？

生：因为我认为散文像诗一样富有诗意，能够把我的想法更生动形象地表达出来。

师：所以，散文要更加锤炼语言，对不对？透过文字把你的诗意传递给读者。你也是一个诗意的女孩儿，从题目就判断出来了。

生：看到这么多形式的作文，我真的有点犯迷糊了。不过我还是条理清晰地写下了四个题目。第一个是《需要》，用的是散文的形式；第二个是《水孩子》，因为我读过一部书叫作《水孩子》，可以写读后感；第三个是《写给水》，用的是书信的方式；第四个是《如饥似渴的画面》，用记叙文的方式。

师：你最喜欢第几个题目？

生：我最喜欢《如饥似渴的画面》。因为我想到有一次上体育课，我忘带水瓶了，一回到家就如饥似渴地找水喝。记叙文可以夹议夹叙。

师：记叙文可以写事，也可以写人。写事情的时候要抓住事情的"起因—经过—结果"。你是想写你当时口渴的心情，是吗？

生：是的。

师：好，可以。把每一个生活的小触动、小感受记录下来就是一篇好文章。

生：我第一个题目是《友情》，用的是议论文的形式。

师：你写的是自己的友情，还是别人的友情？

生：我是想讲高山流水的故事。俞伯牙是春秋时期著名的琴师，有一天他外出旅行，在船上弹琴的时候，听到外面有一个人在拍手叫绝，那个人就是钟子期。他是一个樵夫。当俞伯牙弹到"高山"那一段的时候，钟子期就会拍手叫好，说这一段有"高山之巍"；当俞伯牙弹到"流水"这一段，钟子期就说它有"流水之柔"。

师：你知道钟子期这两句话的含义吗？

生：不知道。

师：看来你知道这个故事，但是对这个故事的细节不太清楚，是吗？你还可以继续去查阅资料了解一下。那你打算怎么写？介绍完故事之后……

生：写一写自己的感受。

师：写自己对知己般的情谊的看法，对吗？这也是一个好题材。

生：我只想说一个题目——《水的博客》。

师：咱们班有博客，但是我不知道水也有博客。

生：我想从水对人们的看法来写。比如洪水，它很凶猛，夺去了很多人的生命，但这并不是洪水的错，而是因为人们乱砍伐树木造成的生态失衡。

师：所以你是从环保的角度来写的一篇想象作文。这个题目取得好。

生：我写的题目是《水的污染》，用书信的方式。

师：写给谁的？

生：写给联合国秘书长。（众笑）

师：好，小小的年纪，大大的志向。用心写，我帮你寄。

生：我的第一个题目是《最后一滴眼泪》。我用了拟人化，其实指的是水。第二个题目是《生命之源——水》，以散文的形式。

师：但我觉得你这个题目起得有点像另一种文体。

生：说明文。

生：第三个题目是《不可缺少的资源》，以议论文的方式写。

师：你是怎么考虑的？

生：我想先写一下人们一开始对水资源的保护是很在乎的，但是人慢慢地疏忽大意了……

师：议论文最重要的是亮出你自己的观点、评价。

生：我想说的第一个题目是《水之情》，用的是议论文的形式。我曾看过一个科学频道的纪录片，名字叫作《海洋》，那里说海洋包括了大部分生物的栖息地。我由此联想到了"上善若水，水善利万物而不争"，水孕育了千万种动物，却不与他们相争。我第二个写的是《水之行》。我想写记叙文，记录我在老家的所见所闻。

师：《水之行》，诗一样的题目。同学们刚才想了很多，也用了自己认为最恰当的文体。现在请同学们选择其中一个题目，把它写下来。

（习作10分钟）

师：刚才老师在巡堂的过程中，有几个题目给我留下了深刻的印象。《心情复杂的雨》是哪位同学写的呢？（一生举手）你能念一段吗？

生：云姐姐带着我游玩世界，但当我走到一半就把我丢弃了。云姐姐对我冷冷地说："你得自己去体验才行。"我无助地掉落在花盆里，不知谁从土里冒出来，对我说："谢谢你！"

师：这位同学我很想知道你为什么带头鼓掌。

生：我觉得每一篇文章都有它的价值，而这篇文章有一份难能可贵的童真。她把水比作一个天真可爱的小孩子。

师：这是一种什么文体呢？

生：拟人。

师：拟人是一种修辞手法。

生：童话。

师：对，我们班很多同学都是童话大作家。我还对另一个同学写的题目印象深刻，叫作《流逝》，是哪位同学写的？

生：时光像河水一样奔腾不息地流逝，它何处而来，又去向何方？谁也不知道。它悄悄地走过来，却又一声不吭地离开，让人捉摸不透。

师：散文家朱自清先生写过一篇文章，名字叫作《匆匆》，有看过的吗？

生：（部分）有。

师：有的看过，有的没有看过。我觉得你和他，各有千秋。

师：还有想说的吗？

生：我写的是《友谊似水离去》。水，在我们第一印象中像时间一样，一闪而过。而我之所以写"友谊似水离去"，是因为友谊在我们五、六年级旺盛，到了中学、大学就可能没有了。因为长大的人心里有了自己的想法，多数因为怀疑而让友谊消失，所以小学的时候我们思想很纯洁，就像我和我的好朋友，我们没有什么时候怀疑过对方，我们交友两年来，一直玩得很快乐。

师：你读过中学、大学吗？

生：没有，但是叶老师您曾经说过。（众笑）

师：我说过？人总有健忘的时候。但是，我觉得你不必把未来看得那么黯淡，其实知己在人生的不同阶段都有可能遇到。就像坐火车，在不同的站台、不同的地点，你都能看到不同的美丽风景。你现在年龄这么小，不要轻易下这个定论。但是有一个观点我同意，童年的时候，你们的心灵如水一样纯洁。

生：我写的是《水之行》，一股水流，从小坡上涌来。蔚蓝的水流，咆哮着，怒吼着，流到这个小洞中。

师：有没有同学特别喜欢她的这段话？

生：我特别喜欢她的那句话，把水比作人，咆哮着。

师：适当的修辞手法可以使文章更添光彩，让别人记忆深刻。

生：思前想后，我还是写下一个题目《需要》。人一生中有很多需要，生下来需要母亲的哺育，长大需要老师知识的传授，成人需要金钱生活，死时需要别人的念想和尊敬，但人们经常忽略一个极为重要的需要——水。小时需要奶水，渴了要喝白开水，吃饭要喝汤水，写字要用墨水，可以说，水与人们密切相关，不可缺失。假想一下，如果世上没有水这样的液体，将会是一种什么姿态呢？人往高处走，水往低处流。水明明对人的用处最大，但却永远谦虚地低着头。

师：给她一点掌声。她用这短短的一段话，就把水的各种作用都写出来了，并写出了很好的议论文。同学们，如果让你们课后继续完成这篇文章，你们愿意吗？

生：愿意！

师：那咱们就把作文留到课后继续完成。其实我们每个人都是大海里的一滴水，飞到天空，就可以变成滋润大地的雨水；落到井底，就可以变成滋润人们的甘露。从你们小的时候就要思考自己想要成为怎样的一滴水。下课。

参 考 文 献

钱理群．语文教育门外谈［M］．桂林：广西师范大学出版社，2003．

吴立岗．小学作文教学论［M］．南宁：广西教育出版社，1993．

谢海龙．网络作文教学模式的研究与实践［J］．电化教育研究，2003（1）．

叶澜．新基础教育实验研究报告集［M］．上海：上海三联书店，1999．

叶圣陶．叶圣陶语文教育论集［M］．北京：教育科学出版社，2015．

叶圣陶．作文概说［M］．上海：亚细亚书局，1935．

赞科夫．论小学教育［M］．俞翔辉，译．北京：教育科学出版社，1982．

张化万．张化万作文教学［M］．太原：山西教育音像出版社，1996．

张云鹰．开放式教育［M］．北京：教育科学出版社，2011．

张云鹰．开放式阅读教学［M］．北京：教育科学出版社，2012．

中华人民共和国教育部．义务教育语文课程标准：2011 年版［M］．北京：北京师范大学出版社，2012．

朱慕菊．走进新课程：与课程实施者对话［M］．北京：北京师范大学出版社，2002．

朱永新．新教育之梦：我的教育理想［M］．北京：人民教育出版社，2004．

后　记

用文字为生活拍照

　　作文是运用语言文字进行表达和交流的重要方式，是认识世界、认识自我、进行创造性表述的过程。语文教学的核心内容是作文教学。它作为语文教学最终的物质成果显现之一，是学生语文素养的综合体现。学生言语意识的苏醒和成长，言语技巧的创造和运用，以及生命情感的宣泄和升华，精神状态的自由与张扬等，都会在作文的过程中互相交融，相映生辉。

　　长期以来，我国小学语文教学界给予作文教学的关注是积极的，也催生了不少关于作文教学的理论、方法和模式，并且在一定时期内产生了积极的影响，形成了一些作文教学的流派，夯实了作文教学的根基，推动了语文教学的整体改革。但是，作文教学依然面临着"入不敷出"的尴尬局面，"高投入，低产出"的问题似乎并没有得到根本的扭转，使我们不得不理性地透视作文教学中存在的种种问题，从根本上改变作文本身所应承载的言语使命和言语功能。所以，作文教学必须"变革"和"创新"。

　　作文教学要革新，就必须挣脱传统的束缚，以尊重学生生命和现实为前提，构建独树一帜的理念体系，探索行之有效的操作策略，将传统教学中注重传授所谓"技巧"、"经验"的"形而下"形式，转变到关注作文者的情感、思维和状态的"形而上"的需要上来。而这种转变，需要从思想到行为上的全面"开放"。只有"开放"才能引来春风，让一度沉闷的作文教学迎来鲜活的气息。

　　正是基于这样的思考，我寻求了"开放"这一独特的视角来审视作文教学的真实状态。让作文主体得到解放，这种解放，对于教师，是理念的重新建构，是思维的碰撞更替，也是方式的重新设计。对于学生，是从要我学、要我写到我要学、我要写，从怕学怕写、厌学厌写到乐学乐写，乐在其中，乐此不疲，乐而忘返。

　　作文教学为什么要开放？开放什么？怎样开放？我用了10年的时间去定义、解析、思考和实践，在这一过程中，我切身的感受就是，我们和作文教学贴得很近，虽无形，却可触可摸，以至于看到了一些潜藏在一个作文者内心深处的东西。说到底，这就是意识的开放，是心灵的开放，也是胸怀的开放。因此，在渐行渐进中，我把自己的思考感悟和老师们的教学收获点点滴滴地记录在这一本《开放式作文教学》中，与广大语文教师共同分享。

《开放式作文教学》从理念、思维、情感、内容、表达、文体、范式和评价等方面，揭示了开放式作文教学的内涵，全方位展现着开放式作文教学的体系。《开放式作文教学》没有高姿态，它和广大语文教师站在一起；没有距离，它像携手并进的伙伴，和语文教师平等对话，为语文教师提供参考。所以，它有规可循，有章可依，却没有既定的模式，一如"开放"二字的命题。《开放式作文教学》探寻的是作文思维的变革和教学方式的更新，但这并不是归宿，真正的落脚点是作文的主体，是学生用生命在写作，是学生用文字为生活拍照。学生这个作文主体的智能生成才是检验教学效果的最好标准。我们更多地关注作文者的言语意识、言语状态和言语动机，并以此为切入口，优化作文教学。

多年前，我在英国考察教育时，看到了伦敦博物馆前广场上的一尊青铜雕像。这是一个孕妇形象，从左侧看，孕妇面容恬静安谧，隆起的腹部形成了一道柔美的曲线。而转向右侧，却看到一幅血肉模糊的怀胎的生理解剖图，令我为之一颤，心生敬畏——艺术和生命竟是如此相映生辉，如雨入水，相融无痕。

艺术孕育着生命。如果把《开放式作文教学》看成是一种艺术的探索的话，我相信它也是有生命的，而且是有伸张力的。这样，也就无愧于为此书的出版给予关心的各级领导、专家和同行。

我提出和实践"开放式作文教学"这样一个课题由来已久，除了出于对作文教学本身的研究兴趣，还有身为广东省正高级语文教师和特级教师的一种责任——我应当在深圳、广东，乃至整个语文教育教学界有所作为。尤其是当"开放式语文教学探索性研究"获得广东省第八届教育教学成果一等奖第一名，荣获教育部首届基础教育国家级教学成果奖二等奖时，我把近年来这些新的成果凝成文字奉献给大家。

特别感谢吴立岗研究员和周一贯前辈在百忙中赐序鼓励，谨向他们致以崇高的敬意！特别感谢教育科学出版社所广一社长、李东总编辑和谭文明等有关编辑对出版此书给予的鼎力相助！对《开放式作文教学》一书提供案例的老师和参与此课题研究的老师，在此一并表示深深的谢意！

作文教学研究与实践是一项长期而艰巨的任务，《开放式作文教学》还有待进一步完善与升华，恳请广大教师提出宝贵意见！

张云鹰于深圳坪洲
2015 年 12 月

出 版 人　所广一
责任编辑　代周阳　谭文明
版式设计　杨玲玲
责任校对　张　珍　刘　婧
责任印制　叶小峰

图书在版编目（CIP）数据

开放式作文教学／张云鹰著. —2 版. —北京：
教育科学出版社，2016.3（2022.12 重印）
（开放式小学语文教学丛书）
ISBN 978-7-5191-0404-7

Ⅰ.①开… Ⅱ.①张… Ⅲ.①作文课—小学—教学参
考资料　Ⅳ.①G623.243

中国版本图书馆 CIP 数据核字（2016）第 056172 号

开放式小学语文教学丛书
开放式作文教学（第二版）
KAIFANGSHI ZUOWEN JIAOXUE（DI ER BAN）

出版发行	**教育科学出版社**			
社　址	北京·朝阳区安慧北里安园甲 9 号	**市场部电话**	010-64989009
邮　编	100101	**编辑部电话**	010-64989422
传　真	010-64891796	**网　址**	http://www.esph.com.cn
经　销	各地新华书店		
制　作	北京金奥都图文制作中心		
印　刷	保定市中画美凯印刷有限公司		
开　本	720 毫米×1020 毫米　1/16	**版　次**	2016 年 3 月第 2 版
印　张	16.75	**印　次**	2022 年 12 月第 5 次印刷
字　数	294 千	**定　价**	48.00 元

如有印装质量问题，请到所购图书销售部门联系调换。